· DSGE经典译丛

[英] 阿比·亚当斯（*Abi Adams*） 达米安·克拉克（*Damian Clarke*） 西蒙·奎因（*Simon Quinn*） 著

段鹏飞 冯文成 译

微观计量经济学与MATLAB

结构估计与非参估计入门

Microeconometrics and MATLAB

An Introduction

东北财经大学出版社
Dongbei University of Finance & Economics Press
大连

辽宁省版权局著作权合同登记号：06-2023-217

This is a simplified Chinese translation of the following titles published by Oxford Publishing Limited.
Microeconometrics and MATLAB: An Introduction
ISBN: 978-0-198-75449-7

图书在版编目（CIP）数据

微观计量经济学与MATLAB：结构估计与非参估计入门 /（英）阿比·亚当斯，（英）达米安·克拉克，（英）西蒙·奎因著；段鹏飞，冯文成译．—大连：东北财经大学出版社，2024.1
（DSGE经典译丛）
ISBN 978-7-5654-5050-1

Ⅰ．微… Ⅱ．①阿… ②达… ③西… ④段… ⑤冯… Ⅲ．Matlab软件-应用-微观经济学-计量经济学-教材
Ⅳ．①F016 ②F224.0

中国国家版本馆CIP数据核字（2023）第254623号

东北财经大学出版社出版发行
大连市黑石礁尖山街217号 邮政编码 116025
网 址：http://www.dufep.cn
读者信箱：dufep@dufe.edu.cn
大连图腾彩色印刷有限公司印刷

幅面尺寸：185mm×260mm 字数：256 千字 印张：13.5
2024年1月第1版 2024年1月第1次印刷
责任编辑：李 季 责任校对：刘东威 刘慧美
封面设计：张智波 版式设计：原 皓
定价：63.00元

教学支持 售后服务 联系电话：（0411）84710309

如有印装质量问题，请联系营销部：（0411）84710711

序章

苏格拉底：接下来，让我们把受过教育的人与没受过教育的人的本质比作下述情形。让我们想象一个洞穴式的地下室，它有一条长通道通向外面，可让和洞穴一样宽的一束亮光照进来。有一些人从小就住在这洞穴里，头颈和腿脚都绑着，不能走动也不能转头，只能向前看着洞穴后壁。让我们再想象在他们背后远处高些的地方有东西燃烧着发出火光。在火光和这些被囚禁者之间，在洞外上面有一条路。沿着路边已筑有一带矮墙。矮墙像傀儡戏演员在自己和观众之间设的一道屏障，他们把木偶举到屏障上头去表演。

格劳孔：我看见了。

苏格拉底：接下来让我们想象有一些人拿着各种器物举过墙头，从墙后面走过，有的还举着用木料、石料或其他材料制作的假人和假兽。而这些过路人，你可以料到有的在说话，有的不在说话。

格劳孔：你说的是一个奇特的比喻和一些奇特的囚徒。

苏格拉底：不，他们是一些和我们一样的人。你且说说看，你认为这些囚徒除了火光投射到他们对面洞壁上的阴影而外，他们还能看到自己的或同伴们的什么呢?

格劳孔：如果他们一辈子头颈被限制了不能转动，他们又怎样能看到别的什么呢?

苏格拉底：那么，后面路上人举着过去的东西，除了它们的阴影而外，囚徒们能看到它们别的什么吗?

格劳孔：当然不能。

苏格拉底：那么，如果囚徒们能彼此交谈，你不认为，他们会断定，他们在讲自己所看到的阴影时是在讲真物本身吗?

格劳孔：必定如此。

苏格拉底：如果一个过路人发出声音，引起囚徒对面洞壁的回声，你不认为，囚徒们会断定，这是他们对面洞壁上移动的阴影发出的吗?

格劳孔：他们一定会这样断定的。

苏格拉底：因此无疑，这种人不会想到，上述事物除阴影而外还有什么别的实在。

格劳孔：无疑的。

苏格拉底：那么，请设想一下，如果他们被解除禁锢，矫正迷误，你认为这时他们会怎样呢？如果真的发生如下的事情：其中有一人被解除了桎梏，被迫突然站了起来，转头环视，走动，抬头看望火光，你认为这时他会怎样呢？他在做这些动作时会感觉痛苦，并且，由于眼花缭乱，他无法看见那些他原来只看见其阴影的实物。如果有人告诉他，说他过去惯常看到的全然是虚假，如今他由于被扭向了比较真实的器物，比较接近了实在，所见比较真实了，你认为他听了这话会说些什么呢？如果再有人把墙头上过去的每一器物指给他看，并且逼他说出那是什么，你不认为，这时他会不知说什么是好，并且认为他过去所看到的阴影比现在所看到的实物更真实吗？

柏拉图[1]

[1]Plato in Rouse W. H. D. (editor), *The Republic Book VII*, Penguin Group Inc. (1961), pp. 365-401.

导言

经济学家需要研究人的行为，故而需要建立模型、收集数据和使用计量经济学。在研究中，经济理论模型和经济计量估计二者之间应该建立起直接的“对话”，这是因为，理论模型将行为主体的行为看作是在特定经济激励结构下做出的最优反应，这就意味着，被观测到的经验数据中应该能体现出这些激励结构给行为主体带来的影响，即行为主体所面临的激励结构会在经济学家所观测到的数据上“投射出自己的影子”。本书所讨论的技术，就是要帮助经济学家建立起这种“对话”。

本书在写作时突出实际操作性，介绍如何基于经济理论来开展经验分析。书中涉及的数据，都是从个体层面（例如个体家庭、个体厂商、个体工人等等）收集的，也就是我们时常听到的“微观数据”。具体而言，这将是一本致力于用微观经济模型来拟合微观数据，以增进我们对人类行为理解的书。

从本书的标题可以看出，Matlab 是本书的主角之一。但是，它并 *不是* 本书行文的主线索。这不是一本全面介绍 Matlab 的书，市面上已经有不少这方面的好书。[1] 此外，这也不是一本全面介绍微观计量经济理论的书。本书的定位是，介绍一系列应用微观计量经济学中的标准问题，然后重点讲解如何用 Matlab 来处理这些标准问题。

读者在自己的研究工作中遇到某一具体的经验研究问题时，是否可以照搬本书中的某一具体模型呢？基本上不可能，因为实践中遇到的问题不会跟书中的 *任何* 一个模型完全一样。也正是考虑到这一点，本书决定采取跟其他微观计量经济学教科书不同的写法。市面上有很多优秀的教科书致力于介绍标准的微观计量经济方法，也有很多优秀的软件包使得这些标准方法的实现变得非常简单，通常一个标准的估计量（estimator）只需要一行代码就可以实现。使用 Matlab 当然也能实现这些功能，但是 Matlab 的比较优势并不在于其对标准方法的实现。

Matlab 的比较优势在于其非凡的灵活性。使用 Matlab 能够很方便地构造和调试我们自己需要的估计量，所以 Matlab 使得我们可以定义崭新的模型、探索崭新的思想，这些是标准计量经济学软件包做不到的。我们不妨拿啤酒打个比方：现成的瓶装啤酒琳琅满目，消费者完全可以按照自己的口味随意从货架上取用，这非常方便。与此类似的是，各种计量经济的算法，都有现成的标准软件包可以调用，这也非常重要。但是在本书中，我们要讨论的是：如何自己酿造适合自己口味的啤酒。

[1]例如，您可以参考 Hahn 和 Valentine（2013）。

本书结构

作为开端，本书的第一部分讨论的是构成微观计量经济学基础的几个主题。第 1 章首先简要回顾了 Matlab 的基本语法，然后展示了如何使用 Matlab 来求解经济学里的一些最基本的最优化问题。第 2 章使用 Matlab 来刻画经济模型里进行最优化决策的行为主体（agent）。本章将首次出现两个很重要的函数，`linprog` 和 `fmincon`，本书后面各章中将反复出现这两个函数的身影。第 3 章延续第 2 章的思路，继续讨论使用 Matlab 求解最优化问题的技术，但是会用于不同的目的：为模型找到最优化的参数取值，以使得模型和数据的拟合度最好。本章将介绍两种估计方法：最大似然法和广义矩法。

有了这些重要的基础知识的准备，我们接下来转向一系列应用性的主题。第二部分讨论离散选择。第 4 章是关于离散多项式选择。本章会介绍最大模拟似然的概念，并将其扩展到更一般化的概念：如何通过模拟进行估计。第 5 章转向离散博弈，这是包含了多个参与人的离散选择问题，其中，每个参与人的收益都取决于其他人的行为。离散博弈，不仅本身就是离散选择问题的一种重要形式，而且在讨论如何用数值方法刻画策略互动这种更一般性的问题时，本章内容也能为其提供有益的基础。

第三部分讨论的问题纳入了时间维度。在第 6 章中，我们讨论行为主体做决策时要考虑的时间区间是有穷期的，也就是有穷期界的动态选择问题。这一框架对于理解许多重要的经济选择（如人力资本投资）非常有用。然而，有些经济选择（如企业的最优投资决策）并没有一个确定已知的终点。因此我们在第 7 章讨论如何在 *无穷* 期界上求解这些模型。在这一部分的最后，我们讨论了动态模型的估计。

在研究具体的问题时我们经常会遇到这样的情形，就是我们要关注的是多个变量，但是对它们之间的关系却所知甚少；又或者，它们之间的关系可能过于复杂，以至于难以使用标准的参数化模型进行刻画。为此，本书第四部分将介绍非参数和半参数回归。第 8 章介绍核回归和其他局部回归估计量。第 9 章讨论如何通过参数和非参数方法的结合来绕过“维度灾难”。

第五部分讨论如何优化 Matlab 代码以提高运行效率。当模型很复杂时，对代码做出小小的调整，有时会导致效率的大幅提高。第 10 章介绍 Matlab 的并行计算工具箱，使用它可以很方便地驱动多个处理器来处理计算任务。

为什么选用 Matlab？

到底应该用哪种语言来进行技术计算？太多的人给出太多的建议。随便问问周围的人，你就会得到一长串五花八门的答案，也许是几个字母，也许是某个人名，甚至可能是些动物的名称：C++、Fortran、GAUSS、GNU Octave、OxMetrics、Java、Julia、

Perl、Python、R、S、Scilab、Stata 等。这些人在善意地给你建议时，往往会言辞激烈地告诉你：为什么这种语言绝对是微观计量经济学的最佳语言，为什么不使用这种语言的人都是因循守旧的勒德分子（Luddite）。本书的作者们尽量做到不那么自以为是！

本书用的是 MATLAB，但这并不意味着读者只能使用这种语言。例如，对于各种标准的计量经济方法而言，Stata 就是一个广泛适用的优秀软件包。然而，如果要编写和运行某些专门用途的模型，MATLAB 是一个很好的选择。凭借其非凡的灵活性，MATLAB 使我们能够轻松地构建和调整自己的估计量。通过这种方式，它使得我们能够用上新的模型、探索新的思想，这是很多计量经济学软件包做不到的。

说得再具体一点，下面列出几个我们在自己的教学与科研工作中非常喜欢使用 MATLAB 的理由：

1. 因为 MATLAB 的基本计算单元是矩阵，而我们熟悉的教科书上的公式也往往是用矩阵表达的，所以当我们把教科书上的估计量转换成 MATLAB 代码时，就比较省事。

2. MATLAB 包括了诸如并行计算、数值优化等软件包，而且提供了与其他语言进行集成的平台，这些辅助性的常规例程，很多其他语言并未提供，编程者如果自行设置，往往需要花费数周的时间。在本书中，我们鼓励读者动手编写自己的估计量，但是读者没有理由自己亲自编写辅助例程！

3. 启动和运行 MATLAB 非常简单。不需要安装编译器、特殊的文本编辑器以及不同的操作系统等。事实上，读者工作场所的电脑上往往已经安装好了 MATLAB，只需要找到图标，点击运行即可。

4. MATLAB 的程序员规模庞大，这意味着可以在网上免费获得许多优秀的资源。您的许多朋友和同事都会使用这种语言，这是选择语言时非常重要的考虑因素！因为如果能够和朋友们一起解决问题，将会是非常实用、也会是非常有趣的体验。

让我们启航吧！希望本书中所讨论的概念和实现技术能够帮您发现一片应用研究的新大陆！

阿比、达米安和西蒙

目录

第一部分

基础

1 进入“矩阵实验室”

一个人语言的边界，即是他思想的边界。

维特根斯坦[1]

Matlab 是一种用于处理数学问题的计算机语言。它的名字是“矩阵（matrix）实验室（laboratory）”的缩写，其目标很明确：提供一个非常强大而且灵活的求解数学问题的平台。在本章中，我们会通过执行一系列命令，来展示 Matlab 处理矩阵操作的简单便捷，并展示如何善用它来做好矩阵运算。在本书后面的章节里，我们会遇到更复杂的概念和结构，所以需要在本章打好基础。建议您在阅读本书时，手边有一台正在运行 Matlab 的电脑，在文中遇到 Matlab 命令时，就在电脑上实际运行一下。我们发现，“边动手操作边学习”是掌握新的编程语言以及新的计量经济技术的最佳（也是最开心的）方式！

在本书中，我们假设您对 Matlab 的人机交互界面已有一定的了解，熟悉 Matlab 桌面上的不同窗口。如果这是您第一次使用 Matlab 也没关系，有很多好书和在线资源可以帮您熟悉它。例如，Hahn 和 Valentine（2013）。

与 Matlab 交互的最简单方法是通过“命令行”，我们就从“命令行”说起。命令行，可以被当作计算器来用。比如我们来做一个最简单的计算（其计算结果被存储到系统变量 ans 里）：

```
>> 1 + 1
ans =
     2
```

命令行也可以新创建一个变量来存储计算结果（这个变量的数据类型是矩阵，故有时也被称为“矩阵变量”）。比如我们可以把计算结果命名为 y，只是此时 y 还只是一个简单变量，即 1×1 阶的矩阵：

```
>> y = 1 + 1
y =
     2
```

因为 Matlab 的设计初衷就是要非常简单高效地处理矩阵，所以，在 Matlab 里，所有变量的数据类型都是矩阵，或者说，都可以被赋值为矩阵。在输入矩阵时，列与列

[1] *Tractatus Logico-Philosophicus*, Ludwig Wittgenstein, Copyright (1975) Routledge, Reproduced by Permission of Taylor & Francis Books UK.

之间用逗号隔开，行与行之间用分号隔开。比如我们创建一个简单的 3×2 阶的矩阵，给它取个名字，叫作“x”；然后再求出矩阵 x 乘以 2 的运算结果：

```
>> x = [1, 2; 3, 4; 5, 6]
x =
     1     2
     3     4
     5     6

>> 2*x
ans =
     2     4
     6     8
    10    12
```

此时，如果想知道内存里已经存储了哪些矩阵，可以使用命令 who 和 whos，后者比前者列出的信息更详细：

```
>> who
Your variables are:
ans  x    y

>> whos
  Name        Size                Bytes  Class      Attributes
  ans         3x2                    48  double
  x           3x2                    48  double
  y           1x1                     8  double
```

如上，MATLAB 报告，此时内存中有三个矩阵，分别是 ans、x 和 y。其中的变量 x 和 y 是我们自己刚才创建的。我们在命令行输入变量的名称，就可以看到矩阵的内容：

```
>> x
x =
     1     2
     3     4
     5     6

>> y
y =
     2
```

矩阵 ans 可能有点令人困惑。它并非我们定义的变量，其赋值逻辑是：命令行的计算结果，如果没有被明确赋值给某个矩阵，它就会被存储在 ans 里，而且它只存留最后一次被赋值的结果。比如，我们此时在命令行中输入 ans，就相当于是要求 MATLAB 给出前面的表达式“2*x”的计算结果：

```
>> ans
```

```
ans =
     2     4
     6     8
    10    12
```

当然，如果我们此时在命令行输入另一个表达式，并且不将其计算结果明确赋值给其他变量，那么计算结果将被 MATLAB 存储到变量 ans 里：

```
>> 5 * 5
ans =
    25

>> ans
ans =
    25
```

MATLAB 包含的数学运算符数量极为庞大，本书的定位 不是 对这些数学运算符进行全面、细致的讨论。这是因为 MATLAB 提供了质量很高的帮助文档以及大量的在线资源。要想了解 MATLAB 中特定的数学运算符，您只需在线搜索相关帮助页面即可。[1] 要想了解特定命令（比如 ones）的语法，我们可以按照以下格式从命令行获取到 MATLAB 提供的详尽帮助文档：

```
>> help ones
```

因此，我们就不再赘述那些浩如烟海的命令和运算符，而是聚焦于探索与各种微观计量经济模型相关的分析技术。我们从讨论微观计量经济技术中最常见的部分开始。

1.1 用 MATLAB 实现 OLS："Hello, world!"

为了初步了解计量经济研究的基本工作原理，一个简单的做法是，想办法实现普通最小二乘回归（Ordinary Least Squares regression，简称 OLS）。从某种程度上说，这是应用经济计量研究领域的"Hello, world!"。这么说的意思是：程序员们在学习一门新的编程语言时，被要求编写的第一个程序，就是让程序在计算机屏幕上打印出"Hello, world!"这一行字。通过这个简单程序的编写，程序员就大致知道了这门语言的基本语法，以及如何才能让程序运转起来。为了让读者对 MATLAB 的各个构成部分有个初步的了解，仅仅让它打印出"Hello, world!"一行字是不够的，[2] 我们要让它实现 OLS 回归。

几乎每位应用经济计量研究者都熟悉 Stata，而且，几乎每个熟悉 Stata 的人都在某个时候遇到过 auto.dta 这个数据集。这是安装 Stata 时被默认安装的数据集，它包含了 1978 年一系列车型的数据。现在请您打开 Stata，使用 auto 数据集，根据汽车重量和价

[1] 例如：http://www.mathworks.co.uk/help/matlab/ref/arithmeticoperators.html。

[2] MATLAB 只需要一行代码就可以实现这样的功能：disp('Hello, world!')。

格对每加仑汽油行驶里程数进行回归。[1] 我们将用 $N\times 1$ 阶向量 $\boldsymbol{y}$ 存放各个型号汽车的每加仑汽油行驶里程数（mpg），并使用 $N\times 3$ 阶向量 $\boldsymbol{X}$ 的三列分别存放对应型号汽车的 (i) 价格、(ii) 重量和 (iii) 数值 1。

显然，我们的 OLS 模型形如：

$$\boldsymbol{y}=\boldsymbol{X}\boldsymbol{\beta}+\varepsilon, \tag{1-1}$$

其中 $\boldsymbol{\beta}$ 是 3×1 阶的参数向量。我们用 $\hat{\boldsymbol{\beta}}$ 表示使用 OLS 得到的 $\boldsymbol{\beta}$ 的估计值。使用 Stata 可以很容易地得到 $\hat{\boldsymbol{\beta}}$ 的值：

```
. sysuse auto
(1978 Automobile Data)

. reg mpg price weight, noheader
------------------------------------------------------------------------------
     mpg |      Coef.   Std. Err.      t    P>|t|     [95% Conf. Interval]
-------------+----------------------------------------------------------------
   price | -.0000935   .0001627    -0.57   0.567    -.000418    .0002309
  weight | -.0058175   .0006175    -9.42   0.000    -.0070489   -.0045862
   _cons |  39.43966   1.621563    24.32   0.000     36.20635    42.67296
------------------------------------------------------------------------------
```

我们用如下命令把这三个变量写入文件 `auto.csv`：

```
. outsheet mpg price weight using auto.csv, nonames comma
```

接下来，我们想办法使用 MATLAB 重现上述回归。首先，我们需要把 `auto.csv` 中的数据读入 MATLAB。这要求该数据文件位于当前的工作目录（working directory）中，可能会用到的三个命令是：`pwd`（显示当前工作目录）、`cd`（更改当前工作目录）和 `ls`（列出当前工作目录里的内容）。一旦保证了数据文件已经位于正确的工作目录之后，我们就可以使用 `dlmread` 导入它：[2]

```
>> DataIn = dlmread('auto.csv');
>> y      = DataIn(:, 1);
>> X      = DataIn(:, 2:3);
>> size(X)

ans =

    74     2

>> X      = [X, ones(74,1)];
```

[1] 如果您认为本书除了 MATLAB 之外不会涉及其他任何编程语言的话，请允许我们对您说一声抱歉。

[2] 在 MATLAB 里，文件名的左右两边各需要一个直的单撇号（形如 '）把它括起来。如果您在命令行输入的是一对单引号（形如 ‘ ’），那么 MATLAB 会报错，此时您可以使用 `Control-C` 来中断您写了一半的命令，然后重新输入正确的符号。

如上代码涉及了几个新命令。您不妨在 MATLAB 窗口里逐条输入以上命令，看是否都能正常运行。然后把每行末尾的分号删掉后再次运行这些命令，您会看到每条命令执行后的结果都会被全部列出来。上面最重要的命令是 `dlmread`，它从 `auto.csv` 文件中读取出数据，并存储到一个名为 `DataIn` 的矩阵。如果您想要检查一下对 `auto.dta` 的读取是否正确，可以使用命令 `whos('DataIn')` 来查看其详细信息。从上面这几行代码可以看出来，MATLAB 的操作的确是围绕着矩阵展开的。第一行代码是将数据存储成一个 74×3 阶矩阵 `DataIn`，接下来的几行代码是将这个矩阵分别转换为存储被解释变量的向量 `y`（即 mpg）以及存储解释变量的矩阵 `X`（添加了一列由常数 1 构成的向量）。这里命令 `DataIn(:, 1)` 的意思是，由矩阵 `DataIn` 的第 1 列中获取每一行（即 ‘:’）的数据。

本章一开始，我们介绍了如何在命令行手动输入矩阵（分别用逗号和分号来标记列和行），其实一般不需要这么做。更常见的做法是，我们要么直接从文件里读入数据，并存储成矩阵（正如我们在这里所做的），要么使用 MATLAB 基于矩阵的运算，根据经济模型，通过计算得出仿真数据。

现在我们有两个矩阵（`X` 和 `y`），内容来自 Stata 汽车数据集的相关数据，我们不妨用这些数据做个回归。根据初级计量经济学，OLS 估计量的计算公式是：

$$\hat{\boldsymbol{\beta}} = (\boldsymbol{X}'\boldsymbol{X})^{-1}(\boldsymbol{X}'\boldsymbol{y}). \tag{1-2}$$

在编写对应的 MATLAB 代码时，语法跟方程 1-2 的数学表达很接近。唯一要用到的专用函数是 `inv`，用于求矩阵 $\boldsymbol{X}'\boldsymbol{X}$ 的逆矩阵：

```
>> XX = X'*X;
>> Xy = X'*y;
>> BetaHat = inv(XX)*Xy

BetaHat =

   -0.0001
   -0.0058
   39.4397
```

这里我们计算的是系数矩阵 `BetaHat`。你会发现，这里的结果与我们之前用 Stata 计算得出的系数 $\hat{\boldsymbol{\beta}}$ 相等。[1]

我们有时会想让 `BetaHat` 的精确度超过小数点之后四位。为了实现这一点，我们把 MATLAB 的输出格式更改为长格式（在命令行键入 `format long` 来实现），该格

[1]请注意，之所以要分成几行来完成对 $\hat{\boldsymbol{\beta}}$ 的计算，是因为这样阐述可能更清晰。我们当然可以用一行完成计算，例如：`BetaHat=inv(X'*X)*X'*y`，也可以使用 MATLAB 的反斜杠运算符 \ 或者等价的 `mldivide` 函数来计算，即 `BetaHat=(X'*X)\(X'*y)` 或 `BetaHat = mldivide((X'*X),(X'*y))`。

式最多显示15位的双精度变量。[1] 您不妨自己试着更改一下输出格式，看看 `BetaHat` 如何显示。要想改回传统的输出格式，只需再次输入 `format` 命令即可。

好了，我们以OLS为例体验了MATLAB的功能，为了检验和扩展您所学到的知识，不妨做一下本章末尾的第一道习题。我们在本节正文中用OLS求出了对模型系数 β 的估计值 $\hat{\beta}$，课后题要求您算出该估计值的标准误（standard error）。

1.2 函数之美

截至目前，我们在分析中用到MATLAB时，都是在命令行中输入命令。这么用MATLAB当然可行，但不够高效。我们希望能够有办法把用过的一系列命令保存下来，以便日后可以重复调用，不仅如此，而且希望能够方便地使用不同的数据、参数以及选项等重复运行这一系列命令。在MATLAB中可以通过“M文件”来实现这个功能。我们在MATLAB的命令行窗口键入命令 `edit`，就可以打开编辑器窗口，在这里创建和编辑M文件。MATLAB里M文件的角色，就相当于Stata里的do文件。

M文件最重要用途是定义*函数*。[2] 在MATLAB中，函数是一种特殊类型的程序。函数有三个主要特征：

(i) 函数接收*输入项*；

(ii) 函数返回*输出项*；

(iii) 每个函数都是*独立的*（self-contained），这意味着，每个函数*只能*接收我们输入给它的那些变量，同时也*只能*存储作为输出项的变量计算结果。[3]

为了掌握函数的用法，我们回到上一节运行的OLS回归。[4] 以回归过程为例来讲解函数的用法是非常合适的。这是因为，从计算过程来讲，每个OLS回归的步骤都是相同的，只是随着我们要分析的变量 $\boldsymbol{X}$ 和 $\boldsymbol{y}$ 的不同，回归的输入项和输出项有所不同而已。因此，可以考虑建立一个可以永久性地重复调用的函数，以此随时计算回归结果 $\hat{\beta}$。这不仅能节省每次都要在命令行重复键入命令所浪费的时间，还能避免因为无意的疏忽而可能造成的键入错误。

---

[1] 因为与本书主题关系不大，所以此处不再赘述有关MATLAB数字的存储精度等话题。感兴趣的读者可以自行搜索“双精度（double）”和“单精度（single）”等关键词来了解。

[2] 我们也可以使用M文件定义脚本，但是本书不对脚本文件展开讨论。

[3] 严格来说，函数可以将变量保存到磁盘上的文件中，从而达到与外界通信的目的。但这种做法并不常用，我们在这里也不展开讨论。

[4] 通过实现OLS，可以很好地展示MATLAB的基本概念和基本功能。更多的标准的计量经济学应用将在本章之后展开。从很多方面来看，用Stata执行标准的估计量要容易得多，但是，如果您*愿意*使用MATLAB的话，其实MATLAB的计量经济学工具箱也可为您提供大量的函数。

下面是我们编写的一个函数的示例，命名为 OLS。我们可以用两种方法在 MATLAB 的编辑器里打开文件 OLS.m：可以使用 MATLAB 的下拉菜单打开文件，也可以在命令行键入 edit OLS.m 来打开它。

OLS.m

```
function [Beta, se] = OLS(y,X)
%--------------------------------------------------------
% PURPOSE: performs an OLS regression
%--------------------------------------------------------
% INPUTS: y: N-by-1 dependent variable
%         X: N-by-K independent variable
%--------------------------------------------------------
% OUTPUT: Beta: OLS coefficient vector
%         se: standard error of beta
%--------------------------------------------------------

%----- (1) Calculate the coefficients -----------

Beta  = (X'*X)\(X'*y);

%----- (2) Calculate the standard errors --------
yhat  = X*Beta;
u     = yhat - y;
N     = length(y);
K     = size(X, 2);
sigma = sum(u.*u)/(N-K);
v_mat = sigma * inv(X'*X);
se    = diag(sqrt(v_mat));

return
```

这段定义函数 OLS 的代码里，有几个细节需要特别说明一下。这些细节要么是编写代码时必不可少的规定动作，要么是值得学习的好经验。

(i) 函数的第一行，是要告诉 MATLAB 三个信息：(a) 函数的 *名称*（在这里是 OLS），(b) 函数的 *输入项*（在这里是 y 和 X），以及 (c) 函数的 *输出项*（在这里是 Beta 和 se）。我们还要从第一行里学习正确的语法，即定义一个函数总是用形如下式的语句来开始：

function [输出项] = 函数名称 (输入项)　　(1-3)

需要注意的是，虽然示例函数 OLS 的输入项是 y 和 X，但这 *并不* 意味着我们在调用函数 OLS 时，为它提供的输入项必须名为 y 和 X。系统里完全可以根本就没有名为 y 和 X 的变量，我们可以把任何名字的变量传给它。但是，一旦有两个变量作为输入项传给 OLS 了，那么，在该函数运行内部，二者将分别被当作局部变量 y 和 X。接下来在实际调用这个函数时，我们就明白这是什么意思了。

(ii) 紧接着第一行的，有很多行以百分号 % 开头的文字。MATLAB 遇到 % 符号就会将其解读为“跳过此行”继续运行后面的代码，所以我们就可以用 % 开头来撰写代码中的注释，这并不会影响对后面的代码的运行。这些以% 开头的注释行可以被当作是对代码功能的详细解释，这将为其他用户以及未来的我们自己大大增加对代码的可读性（强烈建议一定要对未来的自己更加友好）。这样做还有另外一点好处，就是紧跟在函数这一行后面的注释行还会被用作该函数的帮助文件，当我们在命令行键入 help OLS 时，屏幕会将这些注释行显示出来，提醒我们函数需要的输入项是什么，以及函数会有什么样的输出项。我们对这个 OLS 函数如此操作，可以得到如下结果：

```
>> help OLS
  ------------------------------------------------
   PURPOSE: performs an OLS regression
  ------------------------------------------------
   INPUTS: y: N-by-1 dependent variable
           X: N-by-K independent variable
  ------------------------------------------------
   OUTPUT: Beta: OLS coefficient vector
           se: standard error of beta
  ------------------------------------------------
```

确实很方便吧！其实帮助文件的格式也并不一定非要跟上面的示例完全一致，它的精确结构并不重要，但是一定要确保它对函数的目的、输入项和输出项的维度及其内容给出清晰的说明，这将极大地帮助到在写完代码的数天后、数月后或者数年之后又重读代码的您本人。相信我们，只需要一周，您就会记不清那个 X 向量究竟指的是什么了，所以请记住一定要写好代码的注释行！

(iii) 函数会为矩阵 Beta 和 se 赋值。这是在第一行里出现的输出项的名称。这意味着当函数完成运行时，这些赋值会作为函数经计算后返回的输出项。

(iv) 总体而言，这个函数“看起来很简洁大方”。[1] 之所以这么说，是因为我们设定了 (1)、(2) 这样的子标题来标明计算过程的各主体部分，我们用 % 开头的注释行对代码的功能给出了解释，我们还对所有行都进行了排版，让每行都按照“=”符号对齐。

现在用我们的函数来重现第 1.1 节中做过的回归。不妨假设第 1.1 节中名为“auto”的数据集仍在内存里（别忘了，使用命令 who 可以很方便地查看内存里的变量），用我

[1]即使这样说有点显得自吹自擂。

们在前文定义的 OLS 的语法，将数据传递给函数，即在命令行输入：[1]

```
>> OLS(y,X)

ans =

   -0.0001
   -0.0058
   39.4397
```

如前所述，y 和 X 只是 MATLAB 在函数 OLS 内部使用的变量名，在外部调用这个函数的时候，输入变量并不一定非要叫 y 和 X 不可。例如，我们可以创建两个新变量，让它们分别取 y 和 X 的值，然后再次运行回归：

```
>> barack = y;
>> hilary = X;
>> OLS(barack, hilary)

ans =

   -0.0001
   -0.0058
   39.4397
```

如果我们只需要在屏幕上看到回归结果，那么这项任务就已经圆满完成了。但如果我们想将结果存储在某变量（例如 OLS_Beta）里，该怎么办呢？这也很简单：我们只需按照第 1.1 节中的方法给变量赋值，只不过我们这次是将函数的计算结果赋值给指定的变量：

```
>> OLS_Beta = OLS(barack, hilary)

OLS_Beta =

   -0.0001
   -0.0058
   39.4397
```

不出所料，函数 OLS 返回了与第 1.1 节相同的回归结果。

将如上输出结果与函数 OLS 的定义进行比较，您可能会问这样一个问题：变量 se 怎么不见了？在编写函数定义文件 OLS.m 时，我们指定的输出项为“[Beta, se]”，但到目前为止，OLS 却只报告了 OLS_Beta。其原因是，当我们运行 OLS 时，我们的

[1]如果定义函数的 M 文件没有存储在 MATLAB 的当前工作目录中（我们可以使用 pwd 命令查看当前工作目录），那么需要把 M 文件所在的目录告诉 MATLAB。这可以使用 addpath 命令来完成。例如，假如函数文件位于文件夹 C:/MATLABcourse/中，那么应在命令行输入 addpath C:/MATLABcourse。这时也许会用到 MATLAB 的一个可以节约程序员时间的“tab 键自动完成功能”：在命令行，您只需要输入完整路径的一部分并按 tab 键，如果只存在一种可能路径，那么 MATLAB 会自动完成路径，如果存在多个可能的路径，则 MATLAB 会自动列出所有路径供程序员选择。

确只要求它报告 OLS_Beta 的值，按照 MATLAB 的规则，如果我们从命令行调用函数，或者将函数的输出结果赋值给某单个变量，那么 MATLAB 将会只返回 第一个 输出变量。如果我们需要得到 OLS_Beta 以及 se 的值，那么我们就需要将这两个变量 一起 赋值，承接函数的输出结果：

```
>> [OLS_Beta, OLS_se] = OLS(barack, hilary)

OLS_Beta =

   -0.0001
   -0.0058
   39.4397

OLS_se =

    0.0002
    0.0006
    1.6216
```

为了让输出结果更加美观，我们可以让 MATLAB 横向摆放 OLS_Beta 和 OLS_se 的值：

```
>> [OLS_Beta, OLS_se]

ans =

   -0.0001    0.0002
   -0.0058    0.0006
   39.4397    1.6216
```

但愿读者们已经开始领略到函数的美丽和简洁了。是的，函数的确可以帮我们省去很多不必要的重复键入，而且，是的，函数的确可以帮我们避免因为疏忽导致的错误。但是，函数式编程真正的美在于，它把一个具体的 数值 替换成对应的 数学表达式的求解，而且使用简单直观的语法就可以实现。因此，函数构成了我们在本书其余部分所做的一切的基础。

如果您读累了，打算休息一下，而且想自己编一个函数试试，那就太好了！我们再次提醒您看一看本章末尾的练习。习题 (ii) 要求您编写估计之后用到的命令。

1.3 一个简单的效用函数

效用函数，是微观经济理论里一个非常重要的组成部分，它将行为主体消费的商品的数量映射到他们的收益上。很显然，效用函数具备了 MATLAB 函数所需要的所有要素：它接受输入项（行为主体消费的商品的数量），返回输出项（效用），并且是独立封装的，即它的输出项完全取决于它的输入项和几个技术参数。

以 Cobb-Douglas 效用函数为例。此时，输出项是效用水平 u，输入项是商品 1 的消费量 x_1、商品 2 的消费量 x_2。在这里，我们采用一种非常简单的 Cobb-Douglas 效用函数形式：

$$u(x_1, x_2) = x_1^{1/2} \cdot x_2^{1/2}. \tag{1-4}$$

如何把这个函数表达成 MATLAB 里的函数？我们构建一个名为 `UtilitySimple` 的函数来加以演示：

UtilitySimple.m

```
function u = UtilitySimple(x1, x2)
%---------------------------------------------------
% PURPOSE: calculate utility: 2 goods Cobb-Douglas
%          specification
%---------------------------------------------------
% USAGE: u : UtilitySimple(x1, x2)
% where: x1 : quantity of q1
%        x2 : quantity of q2
%---------------------------------------------------
% OUTPUT: u : overall utility
%---------------------------------------------------

u  =  (x1^0.5) * (x2^0.5);

return
```

我们来用一下这个函数，看看好不好用：代入不同的消费组合，看它是否能返回正确的效用水平：

```
>> UtilitySimple(1, 4)

ans =

     2

>> UtilitySimple(3, 3)

ans =

    3.0000
```

当然，既然使用了 MATLAB，我们就不会满足于 单个 数字的计算。MATLAB 让我们可以优雅地处理由 x_1 和 x_2 构成的各种组合。假如出于某种原因，我们想计算由 $x_1 \in \{1, \ldots, 10\}$ 和 $x_2 = 5$ 组成的各个消费组合所带来的效用。那么，我们可以先创建向量 `x1` 和标量 `x2`：

```
>> x1 = [1:10]';
>> x2 = 5;
```

接下来，我们用这两组向量构建出 10 对消费组合，用 (x_1, x_2) 来表示，进而找到它们对应的 10 个效用水平，即 $u(x_1, x_2)$。我们 当然可以 使用循环语句[1] 调用 10 次 UtilitySimple，每次让它 单独 计算一个消费组合的效用值。但是这么做的效率有点低。我们是否可以只运行 一次 UtilitySimple，让它直接对整个向量 x1 进行运算？这就是所谓的 向量化 。因为前面已经定义了 x1 和 x2，我们直接输入：

```
>> UtilitySimple(x1, x2)
Error using ^
Inputs must be a scalar and a square matrix.
To compute elementwise POWER, use POWER (.^) instead.

Error in UtilitySimple (line 13)
    u = (x1^0.5)*(x2^0.5);
```

这表明程序在运行过程中出错了！我们重读一下函数 UtilitySimple 的代码，正如错误提示中所说，该函数里的求幂运算，要求底数必须是方阵（即行数和列数相等的矩阵，标量可以被看作是 1×1 阶的方阵，但是 $n \times 1$ 阶的列向量就不算是方阵了），所以，当输入项 x1 和 x2 都是 标量 时，函数没有报错，但当 x1 换成列向量时，函数就报错了。之所以要求底数必须是方阵，是因为 MATLAB 默认为幂运算算符“^”以及乘法运算算符“*”都是定义在矩阵与矩阵之间的运算，而能够进行幂运算和乘法运算的矩阵，其阶数必须是匹配的。所以，当我们计算 UtilitySimple(1, 4) 时，函数输出了正确的答案，而当输入项 x1 变成列向量时，函数就报错了。

好消息是，有一个优雅的解决方案：MATLAB 规定，只要在幂运算算符以及乘法运算算符之前，加上一个“.”，它们就变成了定义在“元素”上的运算了，即此时的幂运算和乘法运算，都会是“逐个元素”地进行。我们来修改一下函数里的运算符，并把函数名称改为 Utility，如下：

Utility.m

```
function u = Utility(x1, x2)
%-------------------------------------------------------
% PURPOSE: calculate utility: 2 goods Cobb-Douglas
%          specification
%-------------------------------------------------------
% USAGE: u : Utility(x1, x2)
% where: x1 : quantity of q1
%        x2 : quantity of q2
%-------------------------------------------------------
% OUTPUT: u : overall utility
```

[1] 我们会在第 2 章介绍循环语句。

```
%------------------------------------------------

u  =  (x1.^0.5) .* (x2.^0.5);

return
```

好了，现在这个效用函数能完全符合矩阵的运算规则并能正确地计算出效用水平了。有了它，我们能做很多事。比如，我们可以非常高效地将效用函数可视化。比方说我们想看看这个函数在空间 $(x_1, x_2) \in [0,3] \times [0,3]$ 上的特征形态。我们首先需要创建一个覆盖了这个二维空间的 网格（也就是将连续的空间离散化，其做法是，每间隔单位距离取一个点），命令如下：

```
>> [x1, x2] = meshgrid([0:3],[0:3])

x1 =

     0     1     2     3
     0     1     2     3
     0     1     2     3
     0     1     2     3


x2 =

     0     0     0     0
     1     1     1     1
     2     2     2     2
     3     3     3     3
```

希望大家能看明白这里的操作：我们定义了两个矩阵，x1 和 x2，把二者对应位置的取值分别作为横纵坐标，可以得到 16 个格点，它们恰好覆盖了整个网格 $\{0,1,2,3\} \times \{0,1,2,3\}$。现在只需要一行代码，我们就可以算出网格上所有格点的效用水平：

```
>> u = Utility(x1, x2)

u =

         0         0         0         0
         0    1.0000    1.4142    1.7321
         0    1.4142    2.0000    2.4495
         0    1.7321    2.4495    3.0000
```

接下来，使用 surfc 命令将其可视化：

```
>> surfc(x1, x2, u)
```

当然，我们总是喜欢用更细密的网格来进行可视化，使用 meshgrid 命令很容易实现这一点：

```
>> [x1, x2]      = meshgrid([0:.1:3], [0:.1:3]);
>> u             = Utility(x1, x2);
>> surfc(x1, x2, u)
```

从图 1-1(a) 和图 1-1(b) 可以看出，网格点精细与否，在视觉上的差距还是很大的。但是，又必须看到，一旦我们把函数调试完成，二者在编程复杂度上几乎没有什么差别。这个观察，基本上会贯穿于本书的始终：虽然有些事情一开始看起来很简单，但是，其中所介绍的那些最基本的求解方法和可视化方法，最终可以推广到任意复杂度的函数。在接下来的习题里（特别是第（iii）题），我们就将处理一个更复杂的函数。

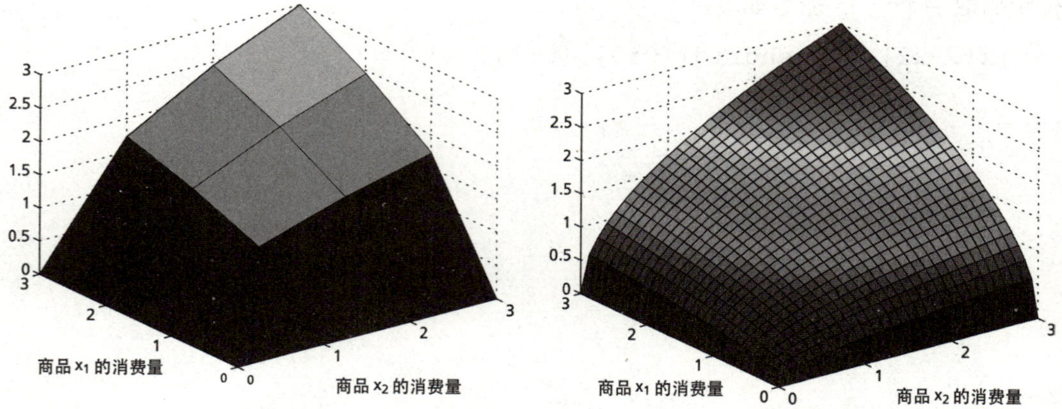

(a) 较粗糙的格点　　(b) 较精细的格点

图 1-1 Cobb-Douglas 效用函数

1.4 复习与习题

在本章中，我们简要介绍了 MATLAB 及其语法，并讨论了几个帮助您加强理解的例子。这些例子，您很可能在其他场合已经遇到过（多次）了。本书后面的章节里会介绍更多微观计量经济学的例子，所以建议大家现在不妨先来巩固一下对 MATLAB 的理解：我们建议您现在试着动手来编写自己的脚本和函数，这其实是在用 MATLAB 做实验。万一遇到难点卡住了，也不用担心，因为后面的章节里我们还有很多机会来进一步探索 MATLAB。[1] 如果您正在学习经济学课程或者您正在研究经济学课题，那么不妨试着用上 MATLAB 来完成一些简单的工作。本书也在这里提供了一些可供练手的问题，以帮助您更集中地复习本章讨论的内容。

为了读者复习方便，我们将本章用到的全部 MATLAB 命令都列示在表 1-1 中。

[1] 更好的做法是通过互联网自行寻找解决方案：除了搜索 MATLAB 官方网站上的资源之外，诸如 stackoverflow.com 等网站也是十分有用的资源。

表 1-1 第 1 章用到的 MATLAB 命令

命令	简要描述
`whos`	列出当前工作区中的变量及大小和类型
`ans`	列出最近一次计算的结果
`help`	描述函数的功能及其语法
`lookfor`	在所有 M 文件及帮助条目中搜索关键字
`ones`	创建由多个 1 构成的数组
`cd`	改变当前工作目录
`ls`	列出当前工作目录里的内容
`pwd`	列出当前工作目录的路径
`dlmread`	将用逗号分隔的数值数据文件读取到矩阵
`disp`	将文本显示到输出窗口
`inv`	求矩阵的逆矩阵
`size`	显示数组的维度
`format`	设置命令行窗口输出显示格式
`mldivide`	一种高效地求解矩阵除法的方式
`function`	定义可以从命令行调用的函数
`diag`	创建由指定矩阵的对角线元素组成的向量
`addpath`	将指定的目录添加到当前 MATLAB 搜索路径
`meshgrid`	基于指定的向量形成表达二维网格坐标的矩阵
`surfc`	绘制三维曲面图

习题

(i) 本章正文中使用 MATLAB 再现了 Stata 对回归函数的点估计。请进一步算出其标准误（提示：回归函数的估计方差为 $\widehat{\text{VAR}}(\hat{\boldsymbol{\beta}}) = (\boldsymbol{X}'\boldsymbol{X})^{-1}\hat{\sigma}^2$，对扰动项方差的估计为 $\hat{\sigma}^2 = (N-k)^{-1} \cdot (\boldsymbol{y} - \boldsymbol{X}\hat{\boldsymbol{\beta}})' \cdot (\boldsymbol{y} - \boldsymbol{X}\hat{\boldsymbol{\beta}})$，其中 k 是包含了常数项的解释变量的个数）。

(ii) 本章正文中的 `OLS` 函数，能够得到对回归参数的点估计及其标准误。请基于函数 `OLS`，进一步写一个新的函数，用于计算 95% 的置信区间，最好还能给出 t 检验以及相关的 p 值（提示：可能会用得到 MATLAB 的函数 `tinv` 和 `tcdf`）。

(iii) 将本章正文中的效用函数扩展成更一般化的形式，如下：

$$u(x_1, x_2, \alpha) = x_1^{\alpha} \cdot x_2^{1-\alpha}.$$

请编写一个与上述效用函数对应的新的函数，命名为 `Utility2.m`，而且当 $\alpha = 0.5$ 时，它能实现的功能与正文中的函数 `Utility.m` 相同。请实现这个函数的可视化，并探索：当 α 的取值变化时，效用函数的形状如何变化。

(iv) 假设消费者的效用函数形如：

$$u(x) = -\exp(-r \cdot x).$$

假设其中的 x 是个随机变量，服从均值为 μ、方差为 σ^2 的正态分布，即 $x \sim \mathcal{N}(\mu, \sigma^2)$。保险公司向消费者提供一种保险，其保底收益是 g，即当购买了保险的消费者的收益 $x < g$ 时，保险公司支付二者差额，使消费者获得 g；当 $x > g$ 时，保险公司什么都不用做，消费者保留 x。

(a) 请解释参数 r 的角色。

(b) 假设不存在保险公司，请计算此时的确定性等价。

提示：求解此题，也许要用到"对数正态分布"的期望公式：

$$\mathbb{E}(u) = -\exp\left[\frac{1}{2} \cdot \sigma^2 \cdot r^2 - \mu \cdot r\right].$$

(c) 假设保险公司存在且向消费者免费提供该保险，请计算购买了保险的消费者的预期效用。

提示：求解此题，也许要用到"对数正态分布"的条件期望公式：

$$\mathbb{E}(u|x > g) = -\exp\left[\frac{1}{2} \cdot \sigma^2 \cdot r^2 - \mu \cdot r\right] \cdot \left[\frac{1 - \Phi(a + \sigma \cdot r)}{1 - \Phi(a)}\right],$$

其中，$a = \frac{g-\mu}{\sigma}$，$\Phi(\cdot)$ 是正态分布的累积分布函数。

(d) 假设 $\mu = 0$ 且 $\sigma^2 = 1$，用 $s(g, r)$ 表示消费者购买保险所获得的消费者剩余（单位是效用），令 $(g, r) \in (-3, 3) \times (0, 1.5)$，请使用 Matlab 在此区域里图形化 $s(g, r)$。

2
行为主体追求的最优化

只有价值而没有使用价值的东西是不存在的。

马克思[1]

现在我们可以开始讨论真正好玩的内容了！在约束条件下求解最优化问题，是经济学最基本的工具。从本质上讲，经济学里的最优化问题，其实有两个重要的维度：

(i) *行为主体*追求的最优化。即经济学家会假设消费者追求效用最大化、厂商追求利润最大化，在诸如此类的假设下构建描述行为主体的经济学模型。

(ii) *经济学家本人*追求的最优化。即经济学家会想方设法设定最优的参数取值，以达到模型与数据拟合程度的最大化，以此来估计自己构建的经济学模型。当然，至于所谓“最优”的拟合程度，是由某些具体的目标函数定义的。

上述两种最优化问题，存在诸多根本上的差别。前者讨论的是*建模*，此时是对模型中行为主体的决策作出假设；后者讨论的是模型的*估计*，此时做决策的是我们自己。要时刻牢记，这是两个不同的概念。不过，二者都涉及最优化问题，因此二者所使用的求解原理和求解方法非常相似。

本章集中讨论前者，即行为主体追求的最优化。我们使用 Matlab 来解决微观经济学中经常遇到的几个问题。

2.1 利润最大化

我们不妨将场景切换到初学经济学的时候，那时我们很可能都做过类似这样的题目：*如果生产的产品的价格、要素投入的成本，以及产品的生产能力都给定的情况下，为了实现最大化利润，厂商对要素投入的最优使用量是什么？*

在开始我们的例子之前，需要简单介绍一下利润最大化问题的结构。我们在经济学中遇到的许多优化问题，其正式名称是“线性规划问题”：它们需要在线性约束条件的制约下，最优化地为选择变量赋值，以期达到线性目标函数最大化或者最小化的目的。

[1] Marx K., *Capital* Volume 1, Progress Publishers, Moscow (1867).

线性规划问题的一般形式是：

$$\min_{x} \boldsymbol{f}' \cdot \boldsymbol{x} \quad \text{such that} \begin{cases} \boldsymbol{A} \cdot \boldsymbol{x} & \leq & \boldsymbol{b}; \\ \boldsymbol{Aeq} \cdot \boldsymbol{x} & = & \boldsymbol{beq}; \\ \boldsymbol{lb} \leq & \boldsymbol{x} & \leq \boldsymbol{ub}. \end{cases} \tag{2-1}$$

其中，$\boldsymbol{x}$ 代表的是由选择变量构成的向量，向量 $\boldsymbol{f}$, $\boldsymbol{b}$, $\boldsymbol{beq}$ 以及矩阵 $\boldsymbol{A}$ 和 $\boldsymbol{Aeq}$ 由已知系数构成。向量 $\boldsymbol{lb}$, $\boldsymbol{ub}$ 代表的则是 $\boldsymbol{x}$ 取值的下界和上界。

MATLAB 是使用函数 `linprog` 来解决这类线性规划（**linear programming**）问题。`linprog` 的基本语法是：

```
[x, fval, exitflag] = linprog(f, A, b, Aeq, beq, lb, ub, x0)
```

其中，输入项 `f`, `A`, `b`, `Aeq`, `beq`, `lb`, `ub` 的定义，来自方程 2-1；最后一项 `x0` 是可选项，为的是给出对最优解的一个初始猜测。

函数的输出项包括：`x`（线性规划问题的最优解）、`fval`（选择变量取最优解时，目标函数的值）和 `exitflag`（这个输出项传达了优化过程的执行情况，它告诉我们是否成功地找到了最小值，这个规划问题是否是不可解的，或者这个规划问题是否没有被充分地解决）。

我们亲自动手用 `linprog` 来解决一个简单的利润最大化问题。假设一个农民有 75 亩的土地可以种植庄稼。她的选择变量是：小麦的种植面积 a 以及玉米的种植面积 b。假设农产品市场是完全竞争的，则这位农民的收入函数的形如：

$$R(a, b) = 143a + 60b.$$

因为总的可用土地面积是 75 亩，所以有：

$$a + b \leq 75. \tag{2-2}$$

假设市场上小麦价格高于玉米价格，如果该农民没有受到其他方面的限制，她会把所有的土地都用来种植小麦 a。可是，事情并没有那么简单。不妨假设小麦 a 比玉米 b 需要更多的储存空间，而该农民只有单位为 4000 的可用储存空间，即：

$$110a + 30b \leq 4000. \tag{2-3}$$

此外，假设玉米 b 的种子比小麦 a 的种子更贵，农民因为财务限制的原因，在种子上的支出最多只有 15000 美元：

$$120a + 210b \leq 15000. \tag{2-4}$$

我们借助 MATLAB 来回答如下问题：

(i) 小麦的最优种植面积 a 应该等于多少亩？

(ii) 玉米的最优种植面积 b 应该等于多少亩？

(iii) 该农民的最大化的收入等于多少？

首先构造 $\boldsymbol{x}$，它是由选择变量 a 和 b 构成的向量：

$$\boldsymbol{x}=\begin{bmatrix} a \\ b \end{bmatrix} \tag{2-5}$$

接下来设定目标函数，农民想要实现的是 最大化 其收入函数 $R(a,b)$。但由于函数 linprog 是致力于求解目标函数的 最小化 ，所以我们把 f 设定为：

```
>> f = [-143; -60];
```

再接下来，我们考察约束条件，选择变量会受到三个不等值约束的限制，即方程 2-2、2-3 和 2-4。我们把这三个不等值约束表达进矩阵 A 和向量 b 中：

```
>> A = [1, 1;110, 30;120, 210]

A =

     1     1
   110    30
   120   210

>> b = [75; 4000; 15000]

b =

        75
      4000
     15000
```

最后，选择变量还需要满足的约束是非负约束，即农民的种植面积不能是负数，所以选择变量的取值有下限（但是并不是一定需要设定上限）。因此：

```
>> lb = zeros(2,1);

lb =

     0
     0
```

至此，我们已经设置好了所有需要传递给函数 linprog 的线性规划要素，我们将其完整列示如下：

```
[crops, obj, exitflag] = linprog(f, A, b, [], [], lb)
```

上面这个命令的含义是：以线性目标函数、不等值约束，以及每种农作物种植面积的下限为参数，调用 linprog。您可能会问：命令里为什么会出现两个空矩阵 []？这是因为，在当前这个例题里，农民受到的约束条件，不包含等值约束、也不包含对选择变量取值的上限约束，这二者对应了参数列表里对应位置的两个空矩阵声明 []。

通过以上形式，将问题描述给 linprog 后，它会返回三个值：存储于向量 crops 中的两种农作物的最优种植面积 a 和 b、存储于 obj 中的最优化了的目标函数值、存储于 exitflag 中的有关最优化求解是否成功的标志值。

```
>> [crops, obj, exitflag] = linprog(f, A, b, [], [], lb)
Optimal solution found.

crops =

   21.8750
   53.1250

obj =

  -6.3156e+03

exitflag =

     1
```

上述运行结果中，目标函数的值 obj 不需要太多解释，只有一点需要指出的是，它是 $R(a,b)$ 的负值，我们在前文已经陈述过个中原因了。除此之外，在用 MATLAB 求解优化问题时，要格外重视 exitflag 的值，因为它告诉我们的是：最优化求解过程是因为什么而终止执行的。MATLAB 关于 linprog 的帮助文件中，列出了所有可能出现的该函数退出执行的标志：当 exitflag 是 1 时，表明最优化求解过程收敛到了一个最优解；当 exitflag 是比较接近于 0 的负值时，表示该问题不可解，或者求解过程在达到收敛之前已经被终止执行。

2.2 效用最大化

然而，经济学家需要求解的最优化问题有许多是 非线性 的。例如我们在第 1 章里遇到过的，追求效用最大化的消费者需要解决的问题是：选择出能够最大化其 非线性 的 Cobb-Douglas 效用函数的商品组合。接下来，我们就借助这个例子，来介绍 MATLAB 求解最优化问题的一个重要函数：fmincon 命令。这是一个非常强大、非常常用的函数（function），它致力于求解最小化问题（**min**imization），而且求解的是受到约束条件（**con**straints）制约的约束优化问题，因此这个命令就是这三个英文单词开头部分字母的合成。

适用于 fmincon 求解的最优化问题的一般结构如下：

$$\min_{\boldsymbol{x}} f(\boldsymbol{x}) \quad \text{such that} \begin{cases} \boldsymbol{A}\cdot\boldsymbol{x} \le \boldsymbol{b}; \\ \boldsymbol{Aeq}\cdot\boldsymbol{x} = \boldsymbol{beq}; \\ c(\boldsymbol{x}) \le 0; \\ ceq(\boldsymbol{x}) = 0; \\ \boldsymbol{lb} \le \boldsymbol{x} \le \boldsymbol{ub}. \end{cases} \tag{2-6}$$

这是比上一节讨论的线性规划问题更具一般性的结构：目标函数 $f(\boldsymbol{x})$ 可以是非线性的，非等值约束 $c(\boldsymbol{x})$ 和等值约束 $ceq(\boldsymbol{x})$ 二者都可以是非线性的。

fmincon 的基本语法是：

```
[x, fval, exitflag] = fmincon(fun, x0, A, b, Aeq,...
                              beq, lb, ub, nonlcon, options)
```

与 linprog 不同，fmincon 的输入项里，必须包含一项 x0，这是由函数调用者指定的、对于最优解取值的一个初始猜测。fmincon 会从这个初始猜测出发，逐步寻找到那个由选择变量构成的向量 x，从而达到让目标函数 fun 在给定约束条件下获得最小化取值的目的。上述输入项里，除了 fun 是个函数以外，nonlcon 也是个函数，它返回的是对于每个 $\boldsymbol{x}$，非线性约束 $c(\boldsymbol{x})$ 和 $ceq(\boldsymbol{x})$ 的值。

我们动手用 fmincon 来求解效用最大化问题。如前一章所述，将消费者的效用函数设定为 $u(x_1,x_2) = x_1^{1/2}x_2^{1/2}$，因此消费者面临的最大化问题为：

$$\max_{x_1,x_2} x_1^{1/2}x_2^{1/2} \quad \text{s.t.} \quad I = p_1x_1 + p_2x_2. \tag{2-7}$$

此前我们已经在 Utility.m 文件里定义过这个效用函数，在那个文件的代码中，函数 Utility 有两个输入项，分别是两种商品的消费量 x1 和 x2。但是，本章的 fmincon 代码里，是将 x1 和 x2 统一放在单个向量 x 里，所以我们需要相应调整一下 Utility.m 的代码，以使其可以应用于 fmincon。具体而言，我们将效用函数的输入项修改为是由这两个消费数量组成的单个向量，然后只需将该向量的各个元素分解出来就可以了，具体做法可以参见这个新函数的代码的前两行。此外，与使用 linprog 时类似，fmincon 是要最小化目标函数，所以还需要让这个新的函数返回效用水平的 相反数 （负值），参见代码的最后一行。

CobbDouglas.m

```
function u = CobbDouglas(X)
%------------------------------------------------------
```

```
% PURPOSE: calculate utility: 2 goods Cobb-Douglas
%          specification
%---------------------------------------------------
% USAGE: u : UtilitySimple(X)
% where: X : 2-by-1 quantity vector
%---------------------------------------------------
% OUTPUT: u : overall utility
%---------------------------------------------------

x1 = X(1);
x2 = X(2);
u  = -(x1^0.5) * (x2^0.5);

return
```

现在我们已经处理好了效用函数，接下来处理如何构建预算约束并进行最优化的设定！假设消费者的总收入为 100 美元，两种商品的价格分别为 4 美元和 7 美元，我们对消费者的最优消费量作出一个初始的猜测，姑且猜测消费者对这两种商品的消费量分别为 15 个单位和 5 个单位。

```
>> I = 100;
>> P = [4, 7];
>> G = [15, 5];
>> lb = [0, 0];
```

如上，我们用 `P` 表示预算约束的右侧（即价格向量）、用 `I` 表示预算约束的左侧，用 `G` 表示初始猜测的消费量，[1] 用 `lb` 表示每种商品的消费下限。将这些输入项整合进 `fmincon`，如下：

```
>> [consumption, u, exitflag] =...
                          fmincon(@CobbDouglas,...
                          G, P, I, [], [], lb)

consumption =

   12.5024    7.1415

u =

  -9.4491

exitflag =
```

[1]如果想知道这些初始值是否满足约束条件，那么可以检查 $P'G < I$ 是否成立。在 MATLAB 的命令行输入：

```
>> P'*G<I
```

会得到返回值：

```
ans = 1
```

这表明它 *确实* 满足了约束。

```
5
```

在上面的代码里，调用 fmincon 时的参数包括了目标函数、关于最优解的初始猜测以及约束条件。[1] 其中，唯一看起来有点奇怪的是符号“@”，它的作用是告诉 fmincon：CobbDouglas 是个函数。最后，fmincon 输出了最优的消费组合：大约 12.50 个单位的 x_1 和 7.14 个单位的 x_2。

那么，输出结果里的 exitflag = 5 是什么意思？它看起来有点神秘，但是它传达的信息很重要。因为我们要找的是非线性目标函数的最小值（在其他某些应用中，我们面临的预算约束往往也可能是非线性的），而使用 fmincon 能够保证的仅仅是：我们找到的解，在最好的情况下可能也只是 *局部最小值* 。当系统认为目标函数关于选择变量的导数足够小的时候，会输出 exitflag = 5。然而，此时的目标函数是否成功地取得了局部最小值？我们永远也不会对此有完全的把握。比如，如果我们把搜索的格点设定得更细密一些，fmincon 也许能为目标函数找到更小的取值。又比如，如果我们能为 fmincon 提供出对应的雅可比行列式的解析表达式，[2] 也会对它的执行有所帮助。

好消息是，MATLAB 在很大程度上允许我们自主控制 *该如何* 进行最优化，使得我们有机会对求解的精度加以把握。例如，MATLAB 允许我们选择用于求最优化的算法、设定取得最优解时梯度的值、控制搜索时的步长等等。所有这些都可以通过命令 optimset 来控制。在命令行键入 optimset，系统会列出许多相关选项以及系统调用 fmincon 时采用的默认值。

例如，假设我们打算让 fmincon 不使用系统默认的“内点”算法，而是使用“序列二次规划”（简称 SQP）算法来开展最优化求解，为了实现这个目标，我们可以定义一个新的变量 opts，在这个变量中包含我们对最优化求解过程的特殊设定，并将 opts 作为第十个参数传递给 fmincon。我们令第九个参数是个空矩阵，因为我们的例子里没有包含任何非线性约束。

```
>> opts = optimset('algorithm', 'sqp');
>> [consumption,u,exitflag] =...
                        fmincon(@CobbDouglas,...
                        G,P,I,[],[],lb,[],[],opts)

consumption =

   12.5000    7.1429
```

[1] 请注意，虽然在方程 2-7 里，收入约束写成了 *等值约束* ，但是在如上代码里，我们是把收入约束按照 *非等值约束* 来刻画的。这是因为，将收入约束处理成非等值约束，是更具一般性的处理方式，即在理论上，只要消费者的消费支出满足其预算约束即可，完全 *允许* 不把钱花光。当然，可以证明，如果效用函数采用的是 Cobb-Douglas 的形式，那么消费者在取得效用最大化时，其收入是花光了的。

[2] 这通常需要程序员花费大量的时间，有时甚至还要忍受精神上的折磨。

```
u =

   -9.4491

exitflag =

   1
```

由这个运行结果可看出，求解最优化的算法不同设定，得到的最优消费量也会有轻微的不同。而且现在 exitflag 的返回值是 1，这表明，系统成功地找到了局部最小值。前文讨论过，如何判定选择变量是否已收敛到了最优化的解？这在很多情况下，更像是一门艺术而不是科学。但是通常，'exitflag = 1'（或'exitfrag = 2'）都算是最优化求解已成功完成的标志。

2.3 经济模型的模拟

从本质上说，微观计量经济学是在讨论与异质性相关的问题。试想一下，如果每个人都面临相同的备选项、受到相同的约束、具备相同的偏好，那么每个人都会以相同的方式行动，这种情况下也就没什么必要再费力收集任何样本量大于 1 的数据集了。许多标准的计量经济模型中往往会包含一个加性可分的“误差”项，标准的计量经济模型就是通过这个误差项来处理异质性。这种处理方式当然没什么问题，但是我们往往是想要探索在模型的其他部分引入随机变化，看看会有什么后果？我们现在就借助 MATLAB 展开我们的探索，并以此来结束本章。

MATLAB 提供了一系列丰富的工具，用于从特定的分布中抽取随机数。表 2-1 列出了这些分布以及与其相关的 MATLAB 命令。接下来的蒙特卡罗模拟（Monte Carlo Simulation）会用到这些分布及其命令。

表 2-1 随机数产生器

分布	命令
均匀分布	rand()
正态分布	randn()
对数正态分布	lognrnd()
多变量正态分布	mvnrnd()
其他分布……	random(distbn,)

设想这样一个场景：因为每个经济主体的个人特征不同，从而导致他们购买相同商

品时需要支付的价格也各不相同（比方说，由于信息不对称，导致不同厂商会面临不同的要素成本）。和前文一样，我们继续假设消费者的效用函数是 Cobb-Douglas 形式。但是在整个的消费者群体中，不同消费者所面临的商品 1 的价格 p_1 是服从均匀分布的随机变量：

$$p_1 \sim U(50, 100). \tag{2-8}$$

现在我们想模拟的是：不同消费者的最优消费组合所形成的分布。有了我们前文讨论的准备，这个任务不难完成。

我们用程序 `ConsumptionSim.m` 展示如何实现这个简单的模拟。在这个例子里，有 100 位个体决策者，他们有着相同的偏好，但是在商品 1 上他们面临着不同的价格。为了生成 100 次对 p_1 的随机冲击，我们的做法是，从均匀分布中抽取 100 个随机数，让它们都乘以 50，然后再将其加到价格向量 `P` 中（也就是加到 $p_1 = 50$ 上），就得到了 100 个随机变量，这些随机变量即可满足条件 $p_1 \sim U(50, 100)$。程序中的第 7 行代码就是用来实现这个过程的。在代码的第二部分，我们要设定求解最优化所需要的初始猜测 `x0`、算法选项 `opts`，以及选择变量的取值下限 `lb`。为了给 100 位消费者的最优消费组合预留出存储空间，我们预先创建了一个结果向量 `c`，它是由所有可以表示为 `NaN`（代表 not a number）的元素组成的。

程序的第 19 行开始了一个 `for` 循环语句。因为 `reps = 100`，所以它使得 `i` 从 1 到 100 逐个整数取值。对于 `i` 的每个值，都执行一次从第 20 行到第 23 行的代码：首先，计算第 `i` 位消费者面临的商品价格；然后，在此基础上设定消费上限；在第 22 行，将参数传递给 `fmincon`，每位消费者都在自己的预算约束上最大化目标函数 `CobbDouglas`；最后，调用函数 `cdfplot` 绘制由 100 位消费者对商品 1 的最优消费数量构成的经验累积分布函数 CDF，如图 2-1 所示。

ConsumptionSim.m

```
1  %----(1) Setup, simulation of random variation --
2  clear
3  
4  % random variation in prices
5  P      = [50, 200];
6  reps   = 100;
7  pshock = [rand(reps, 1) * 50, zeros(reps, 1)];
8  
9  I      = 10000; % income
10 
11 %---(2) Determine optimal consumption in
12 %       each case ----
13 x0     = [1, 1];
14 lb     = [0, 0];
15 opts   = optimset('algorithm', 'sqp',...
```

```
                     'display', 'off');

c        = NaN(reps, 2);
for i = 1:reps
    TempP      = P + pshock(i, :);
    ub         = I./TempP;
    c(i, :) = fmincon(@CobbDouglas,x0,TempP,...
                    I,[],[],lb,ub, [], opts);
end

%---(3) Visualize results -------------------------
subplot(1, 2, 1)
scatter(c(:,1), c(:,2))
xlabel('商品1的消费量')
ylabel('商品2的消费量')

subplot(1,2,2)
cdfplot(c(:, 1))
xlabel('商品1的消费量')
ylabel('F(p_1)')
```

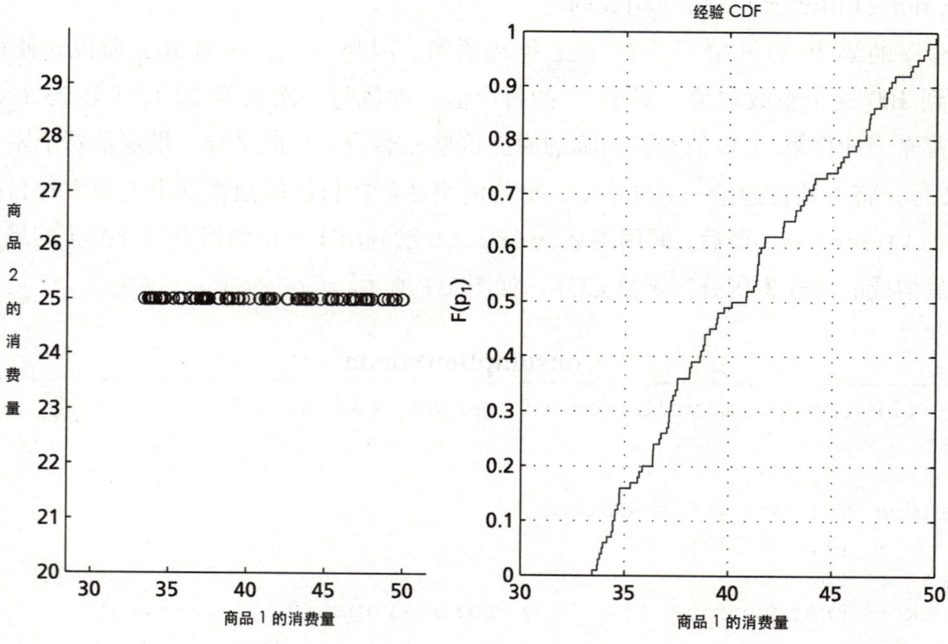

图 2-1 在 Cobb-Douglas 效用函数里加入异质性

2.4 复习与习题

为了读者复习方便，我们将本章用到的全部 MATLAB 命令都列示在表 2-2 中。

表 2-2 第 2 章用到的 MATLAB 命令

命令	简要描述
axis	设定绘图时坐标轴取值的上下限
cdfplot	根据向量的值绘制其经验累积分布函数 CDF
disp	在屏幕上输出数组的内容
fmincon	求解受到线性或非线性约束的目标函数的最小化问题
for	将命令或者命令序列重复执行指定次数
hold on	在图形窗口里保持已绘图形，继续绘制新图
if	根据给定表达式取值的真假，来决定是否执行给定命令
Inf	创建数组，令其元素取值为无穷大
linprog	求解受到线性约束的线性目标函数的最小化问题
num2str	将数字转换成字符串
optimset	对 MATLAB 求解最优化问题所使用的算法加以设定
plot	绘制二维图形
rand	从 $(0,1)$ 均匀分布中抽取（伪）随机数
randn	从正态分布中抽取（伪）随机数
rng	指定伪随机数生成器的种子，以使生成过程可再现
subplot	在同一个图形窗口内绘制多个图形
scatter	绘制由两个变量构成的散点图
title	为图形添加标题
xlabel	为图形的 x 轴添加名称（允许 LaTeX 语法）

习题

(i) 一位渔民在做关于要捕多少条鲑鱼和多少条鳟鱼的决策。一条鲑鱼可以卖 12 美元，但一条鳟鱼只能卖 7 美元。然而，鲑鱼需要的储存空间是鳟鱼的 2 倍，船上的空间只能容纳 1000 条鳟鱼。此外，捕鱼数量还受到配额限制：渔民总的可用配额数量是 1600 条，每条鲑鱼占用 3 个配额，每条鳟鱼占用 2 个配额。请使用线性规划来确定渔民捕获鲑鱼和鳟鱼数量的最优解决方案。这个解决方案如何随着鳟鱼的价格而变化？

(ii) 令消费者的收入是个随机变量，请使用函数 CobbDouglas 来进行模拟，并使用模拟结果绘制 x_1 和 x_2 的恩格尔曲线。

(iii) 考虑这样的场景：如果收入较高的消费者 往往 能以更低的价格买到商品 x_1，那么请使用函数 CobbDouglas 来模拟这种情况下的消费者最优消费选择。（提示：可能会用到 mvnrnd。）

3

经济学家追求的最优化

我们在各种可能性中权衡比较，并挑选出其中具有最大可能性的选项。这就是科学地运用想象力。

夏洛克·福尔摩斯[1]

经济学家，和他们研究的行为主体一样，也是人。在上一章里，我们讨论的是行为主体的最优化行为，比方说为了追求效用最大化而最优化其选择行为的消费者。本章将讨论作为经济学家的我们自己，为了追求模型与数据拟合程度的最大化而最优化地选择参数的取值。说得更具体一点，我们将使用 Matlab 的约束优化技术，通过最大似然法和广义矩法来估计模型的参数。

3.1 最大似然法

我们在第 1 章求解 OLS 估计量时，做的是矩阵求逆的运算。现在我们继续采用跟第 1 章类似的简单场景，讨论最大似然估计（Maximum Likelihood，简称 ML）。众所周知，与经典回归模型（方程 1-1）相关的对数似然函数形如：

$$\boldsymbol{\ell}(\boldsymbol{\beta},\sigma^2;\boldsymbol{y}|\boldsymbol{x}) = -\left(\frac{N}{2}\right)\ln 2\pi - \left(\frac{N}{2}\right)\ln\sigma^2 - \left(\frac{1}{2\sigma^2}\right)(\boldsymbol{y}-\boldsymbol{\beta x})'(\boldsymbol{y}-\boldsymbol{\beta x}). \tag{3-1}$$

该模型参数构成的向量是 $(\boldsymbol{\beta}',\sigma^2)'$，在最大化对数似然函数时，需要选择的就是该参数向量的取值。第 2 章的讨论告诉我们，可以借助 Matlab 来求解我们自己定义的最优化问题。具体而言，我们要使用 fmincon 通过搜索参数 $\boldsymbol{\beta}$ 和 σ^2 各种可能的组合，来实现对 $\boldsymbol{\ell}$ 的最大化。

与此前的处理方式一样，求最大化的第一步，是将目标函数定义成 Matlab 里的一个函数。其次，同样如前面的处理方式，为了便于 fmincon 展开搜索，有必要把多个选择变量合并成单一的选择向量，而不是两个独立的目标变量，因此定义 $\boldsymbol{\theta} = (\boldsymbol{\beta}',\sigma^2)'$，我们的最优化工作就是选择 $\boldsymbol{\theta}$。此外，因为 fmincon 是致力于求最小化，所以将目标函数定义为对数似然函数的相反数（将其乘以 -1，从而可以用 fmincon 求解最小化问题），并将其命名为 NormalML：

[1] Conan Doyle, A., *The Hound of the Baskervilles*, George Newnes (1902).

NormalML.m

```
function LL = NormalML(theta,y,x)
%-----------------------------------------------
% PURPOSE: calculates the likelihood function
% given an unobserved stochastic error term
% which is distributed according to a normal
% distribution.
%-----------------------------------------------
% USAGE: LL : NormalML(theta,y,x)
% where: theta : parameter vector [beta;sigma]
%        y : N-by-1 dependent variable
%        x : N-by-K independent variable
%-----------------------------------------------
% OUTPUT: LL = log-likelihood value
%-----------------------------------------------

%----- (1) Unpack stats ------------------------
N     =  length(y);
K     =  size(x,2);

Beta  =  theta(1:K);
sig   =  theta(K+1);

u     =  y - x*Beta';

%----- (2) Likelihood function ----------------
LL    =  -(N/2)*log(2*pi)-(N/2)*log(sig^2)-...
         (1/(2*sig^2))*(u'*u);
LL    = -LL;

return
```

我们再次运用 fmincon 来最大化这个对数似然函数。因为 $\sigma^2 > 0$，所以这是一个约束优化问题。为了在一个具体的应用场景中演示这个优化过程，我们继续使用第 1 章中用过的例子：根据数据集 auto.csv 来进行参数估计。在那个实例中，我们根据这个汽车数据集定义了矩阵 $\boldsymbol{X}$ 和向量 $\boldsymbol{y}$，现在我们要重新用到这两个变量（如果它们已不在 MATLAB 的工作内存里，就需要再次输入这些矩阵）来考察：由本节的似然函数得到的参数估计值，与第 1 章得到的估计值是否一致。

在 fmincon 寻找最优解的过程中，我们要给出参数空间的取值范围，让它去展开搜索。[1] 在当前这个具体问题中，这些参数并没有给定明确的上界和下界，但是我们可以定义一些参数空间的取值范围，可以让 MATLAB 在这个限定域内执行搜索。此处我们

[1] MATLAB 还提供一个名为 fminunc 的函数，用于求解无约束的最优化问题。正如前文所说，因为 $\sigma^2 > 0$，所以当前我们求解的是个有约束的最优化问题。退一步讲，即使我们研究的问题没有受到来自经济理论上的以及计量经济学理论上的约束，此时，如果能使用 fmincon 并对参数空间的“合理”取值施加一些约束，那么仍然会提高求解效率。

要估计的参数有四个，分别对应三个 $\hat{\beta}$ 和一个 $\hat{\sigma}^2$，我们首先要对这些参数设定上界和下界：

```
>> lb  = [-1000, -1000, -1000, 0];
>> ub  = [1000, 1000, 1000, 100];
```

MATLAB 在这个上下界之间的取值范围里对参数的最优值展开搜索时，需要有一个搜索的起始位置，所以我们还需要为每个参数确定一个初始值。尽管通过第 1 章的回归，我们其实已经很清楚地知道这些参数的取值，但是我们姑且假装还不知道答案，先对参数的初始值给出如下设定：

```
>> theta0  = [0, 0, 0, 1];
```

最后，我们还需要设置与最优化求解过程相关的一些选项，即通过 optimset 来对 fmincon 的相关参数加以设置。我们在前文曾经遇到过 optimset，当时我们是设定了采用算法 sqp 来求解，其他选项则都采用了 MATLAB 的默认值。现在我们不妨再设定几个更多的选项（如果想查看完整的选项列表，可以通过在 MATLAB 窗口中键入 optimset 来实现）：

```
>> opt = optimset('TolFun',1E-20,'TolX',1E-20,...
        'MaxFunEvals',1000);
```

这组选项规定了 MATLAB 在什么情况下可以结束对最优值的搜寻：当最新一次搜索给目标函数的值带来的更新非常小（10^{-20}）的时候、当最新一次搜索给参数的赋值带来的更新非常小（10^{-20}）的时候，以及当目标函数的值更新过足够多的次数（1000）的时候。这些选项综合在一起，就应该可以为参数向量 $\boldsymbol{\theta}$ 找到非常精确的解。

好了，我们已经凑齐所有的要素：目标函数、约束、起点和优化选项。现在，我们来驱动 MATLAB 开始工作：

```
>> fmincon(@(theta)NormalML(theta,y,X), theta0,...
            [], [], [], [], lb, ub, [], opt);
```

在第 2 章中，我们曾经用“@”声明 CobbDouglas 是个函数。现在我们以一个稍微复杂的方式来使用这个符号，目的是要声明：在我们当前处理的最优化问题里，该函数的输入项中的哪一项是选择变量。用 MATLAB 的术语来说，这就是所谓的“函数句柄”。具体而言，代码 NormalML(theta,y,X) 告诉函数 fmincon：需要最小化的目标函数是 NormalML，其已知数是数据 $\boldsymbol{y}$ 和 $\boldsymbol{X}$（我们在第 1 章里定义过的）；而代码 @(theta) 则告诉函数 fmincon：待求解的选择变量是 theta。

我们要反复练习这个函数的调用，熟悉其中每个可以改变的部分的设定，比方说改变优化选项、取值范围的下界和上界以及起始点等。随着您使用的设置的不同，输出会有所不同，但是大体会得到与如下结果类似的输出结果：

```
Local minimum possible. Constraints satisfied.
```

```
fmincon stopped because the size of the current step is less
   than
the value of the step size tolerance and constraints are
satisfied to within the value of the constraint tolerance.

<stopping criteria details>
ans =

   -0.0001   -0.0058   39.4393    3.3847
```

上面传递出的重要信息是，通过我们的设置，本节用极大似然估计法得到的估计值，的确重现了我们在第 1 章用矩阵求逆的方法得到的 OLS 估计值。当然，在第 1 章中仅仅简单地依靠矩阵求逆就可以得到估计值，何必大费周章地使用极大似然估计法呢？所以，我们一般不会真的用极大似然法来估计 OLS，在这里，我们只是借用 OLS 这样一个简单的例子，来展示 ML 法在执行过程中会遇到的一些技术细节。

在结束本节之前，我们要特别提醒的是，`optimset` 能够提供一系列很有用的选项。比如，如果我们想知道目标函数的值是如何从初始位置逐步收敛到其最小值的，那么我们在 `optimset` 的参数序列里加入`'PlotFcns','optimplotfvals'`，就可以得到刻画这个收敛过程的图示；如果我们在参数系列里加入`'Display','iter'`，系统就会输出每一次迭代带来的目标函数的值。图 3-1 就是我们使用了 `PlotFcns` 之后得到的图形，因为在函数 `NormalML` 定义的最后一行，我们取了似然函数的值的绝对值，所以从图形上看，目标函数的值是从高向低收敛到一个正值的；而实际上，似然函数的值是从低向高收敛到一个负值的。

3.2 广义矩法

最大似然法是微观计量经济学里非常重要的生产力工具（workhorse）。但是我们的工具箱中可并不是只有这一种工具，我们还有另外一种非常灵活的估计方法，即广义矩法（Generalized Method of Moments，GMM）。在使用 GMM 时，我们会定义多个适用于模型本身的总体矩。[1] 然后使用类比原理，通过令对应的样本矩取值为零而解出模型中未知参数的估计值。

与 ML 类似，GMM 也需要求解目标函数的最优化。在这里，我们再一次（保证这是最后一次）借用线性回归模型的参数估计这个非常简单的例子，来说明 GMM 的操作原理。在初级计量经济学课里，我们都学过基本的高斯–马尔可夫假设，它的含义是：

[1]如果您想进一步了解矩估计的细节，有很多优秀文献可供参考，例如，Hall（2005）、Cameron 和 Trivedi（2005），想有更深了解的读者可以参考 GMM 的原创论文 Hansen（1982）。

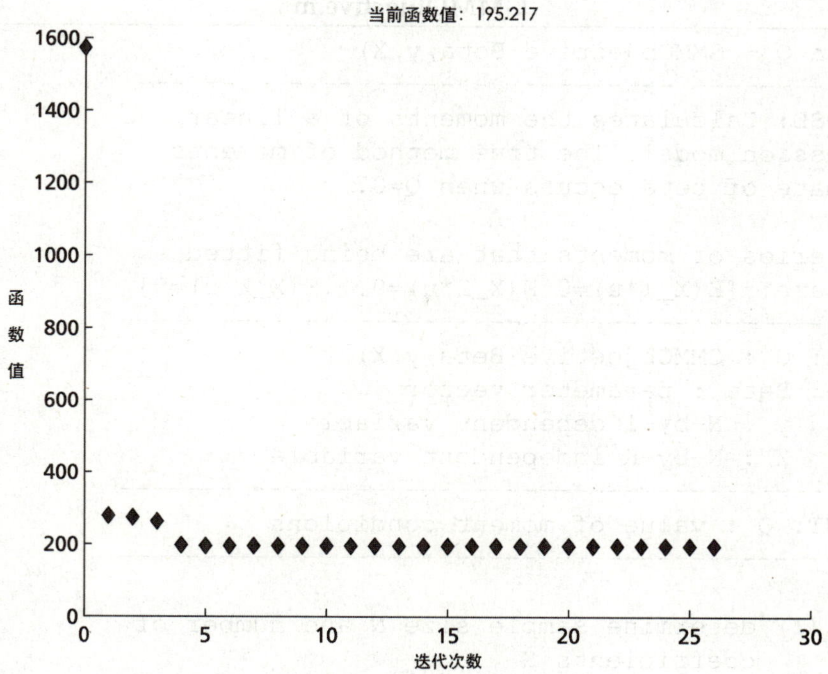

图 3-1 $-\ell(\beta, \sigma^2; y|x)$ **的收敛过程**

对线性回归模型的总体而言，如下矩条件是成立的：

$$\mathbb{E}[\varepsilon|X] = 0. \tag{3-2}$$

根据上式，可以得出：

$$\mathbb{E}[X\varepsilon] = \mathbb{E}[X(y - X\beta)] = \mathbf{0}. \tag{3-3}$$

根据方程 3-3，可以得到对应的样本矩条件，形如：

$$m = \frac{1}{N}\left[\sum_{i=1}^{N} X_i(y_i - X_i\beta)\right] = \mathbf{0}. \tag{3-4}$$

这是 $1 \times K$ 阶的矩向量，其中 K 是模型中解释变量的个数。

GMM 的基本思想是：估计值 $\hat{\beta}$ 需要能够使得 mWm'（称为加权二次距离）等于零或者尽量接近于零（当矩条件的个数大于待估参数的个数时）。为了得到一致的估计，我们只需要保证权重矩阵 W 是半正定的（例如单位矩阵）。如果想提高估计的有效性，可以参考 Hansen (1982) 中讨论的其他权重矩阵。本章末尾的习题 (iii) 会对此作出更精准的讨论。

我们定义名为 `GMMObjective` 的函数，用它来计算矩方程的值。该函数的输入变量是：观察到的数据 y 和 X，以及当前对 $\hat{\beta}$（参数估计值所形成的向量) 的推测值。

GMMObjective.m

```
function Q = GMMObjective(Beta,y,X)
%-----------------------------------------------
% PURPOSE: Calculates the moments of a linear
% regression model. The true method of moments
% estimate of beta occurs when Q=0.
%
% The series of moments that are being fitted
% here are: [E(X_1*u)=0 E(X_2*u)=0...E(X_k*u)=0]
%------------------------------------------------
% USAGE: Q : GMMObjective(Beta,y,X)
% where: Beta : parameter vector
%          y : N-by-1 dependent variable
%          X : N-by-K independent variable
%------------------------------------------------
% OUTPUT: Q : value of moment conditions
%------------------------------------------------

%----- (1) determine sample size N and number of
%          coefficients K
N = length(y);
K = size(X,2);

%----- (2) Calculate u and generate the identity
%         weight matrix
u = y - X*Beta;
W = eye(K);

%----- (3) Generate moment vector ----------
m = 1/N*u'*X;
Q = m*W*m';

return
```

为了计算估计值，我们现在所需要做的就是对函数 GMMObjective 求最小化。因为这是个无约束的最优化问题，所以此时，我们将使用 fminsearch 而不是 fmincon。继续使用我们在第 1 章中使用过的数据集 auto.csv，使用如下代码将其加载到 MATLAB 中，进而通过 GMM 估计出 $\hat{\beta}$：

```
>> DataIn    = dlmread('auto.csv');
>> X         = [ones(74,1) DataIn(:,2:3)];
>> y         = DataIn(:,1);
>> opt       = optimset('MaxFunEvals',1000,'TolX',1e-9);
>> [Beta,Q]  = fminsearch(@(B) GMMObjective(B,y,X),...
               [10,0,0]', opt);

Beta =
```

```
    39.4397
    -0.0001
    -0.0058

Q =

    2.8938e-21
```

通过最小化这个目标函数，MATLAB 得到了非常接近于 0 的 `Q`，而且重现了我们之前得到的估计值。我们在调用 `fminsearch` 时对最优化参数的设定与以前有所不同。在本例中，未知数的个数与矩条件的个数相同，这被称为是“恰好识别”。在恰好识别的情形下使用 GMM 进行估计时，`Q` 应当等于 0 或者非常接近于 0，否则就说明，有必要对最优化参数的设定加以调整。

3.3 复习与习题

本章是我们继上一章之后第二次讨论最优化问题，我们介绍了两种典型的估计方法，利用它们，我们将在后面的章节里讨论如何把理论与数据有机地联系在一起。对这些估计方法背后的经济计量理论感兴趣的读者，可以参考你本人最喜欢的计量经济学或统计学教科书，例如 Cameron 和 Trivedi（2005）、Wooldridge（2010）或 Casella 和 Berger（2002）。

为了读者复习方便，我们将本章用到的全部 MATLAB 命令都列示在表 3-1 中。

表 3-1 第 3 章用到的 MATLAB 命令

命令	简要描述
`length`	返回一个向量的元素的数量
`pi`	数学常数 π
`log`	返回矩阵里每个元素的自然对数的值
`fminunc`	求解没有受到约束的目标函数的最小化问题
`fminsearch`	求解没有受到约束的目标函数的最小化问题
`optimset`	设定 MATLAB 进行最优化求解时所用参数
`eye`	生成单位矩阵

习题

(i) 编写一个新的最大似然估计量。本章正文讨论了如何用 MATLAB 重现 OLS 估计量，现在请用 MATLAB 来估计 Probit 模型。由计量经济学知，此时的对数似然函数形如：

$$\boldsymbol{\ell}(\boldsymbol{\beta};\boldsymbol{y}|\boldsymbol{x})=\sum_{i=1}^{N}\{y_i\cdot\ln\Phi(\boldsymbol{\beta}\boldsymbol{x}_i)+(1-y_i)\cdot\ln[1-\Phi(\boldsymbol{\beta}\boldsymbol{x}_i)]\}.$$

与正文类似，继续使用 `auto.csv` 中的数据，首先在 Stata 中用代码 `probit foreign length weight` 进行回归，然后检验你的代码是否能够在 MATLAB 中重现 Stata 的结果。

(ii) 再次考虑本章中讨论的 GMM 和 ML 估计量。如何使用 MATLAB 计算上述估计量的标准误差？其结果与我们在第 1 章中的计算一致吗？请从计量经济学角度来对此给出解释。

(iii) 本章正文中，我们用 GMM 估计线性回归时，在二次损失函数中使用的 `W` 是单位矩阵（即 `eye()`）。为了提高估计的有效性，我们会考虑采用其他形式的权重矩阵。最常见的做法是两阶段 GMM：我们把正文中的代码当成第一阶段的操作，并将第一阶段得到估计值称为 $\hat{\boldsymbol{\beta}}_{(1)}$；在第二阶段，我们采用如下形式的最优权重矩阵 $\hat{\boldsymbol{W}}$：

$$\hat{\boldsymbol{W}}=\left[\frac{1}{N}\left(\sum_{i=1}^{N}\boldsymbol{X}_i(y_i-\boldsymbol{X}_i\hat{\boldsymbol{\beta}}_{(1)})(y_i-\boldsymbol{X}_i\hat{\boldsymbol{\beta}}_{(1)})'\right)\right]^{-1}.$$

请使用 MATLAB 实现这个估计量。

(iv) 本章正文中，我们在恰好识别的情形下运用 GMM 估计了 $\boldsymbol{\beta}$。其实，在恰好识别的情形下，传统的矩方法也是适用的：此时，我们只需要令所有的矩条件都等于零即可（而不需要去求二次距离的最小化）。请使用 MATLAB 实现矩方法对 $\boldsymbol{\beta}$ 的估计。（提示：可以考虑使用函数 `fsolve`。）

第二部分

离散选择

4 离散多值选择

> 不过，你应该明白，先生，一个人要么站在维护法庭这一边，要么就必然给算在反对派那一边，中间道路是没有的。
>
> 阿瑟·米勒[1]

本章致力于讨论几个离散选择模型。之所以要讨论离散选择模型，至少是出于如下两方面的考虑。首先，在经济学模型里，的确经常将决策者视为从有限的选项中进行选择决策的。现实中有些情况下的决策的确是如此进行的，比如我们旅行时对交通工具的选择，可能无外乎是自己开车、坐公交车或者坐火车等几种有限的可能，即选择变量是离散的；虽然现实中的决策者有时候面临的选择变量是连续的，但是研究者发现，在建模时把连续的选择变量离散化，可能更加方便。

其次，使用离散选择模型，更加便于讨论 *嵌套优化* 的思想。我们在第 2 章讨论了行为主体追求的最优化，在第 3 章讨论了经济学家出于估计目的而追求的最优化。应用研究的目的是参数估计。为了估计参数，有时需要考虑模型中行为主体的最优化行为，所以在应用研究里，经常需要将行为主体的最优化 *嵌套* 在经济学家的最优化中。也就是说，经济学家首先要建立一个包含了行为主体最优化的理论模型，然后将此理论模型与现实数据进行拟合，找到能够让拟合程度达到最优化的结构参数的取值。

为了便于介绍研究方法，本章的讨论始终围绕着同一个简单的问题展开：假设有 $N = 1000$ 个人（以 i 为索引），他们的收入（记为 x_i）是可观测的数据，我们要估计人们对不同交通方式的需求函数。此问题简化自 Daniel McFadden 等人研究的一个著名问题，他们提出了一套离散选择理论的新方法，以此来估计旧金山湾区消费者对快速交通系统（简称“BART”）的需求。

为了解决这个问题，本章将介绍三种不同的模型，它们的复杂程度是逐步递增的：第 4.1 节介绍（二值）Logit 模型；第 4.2 节介绍多值 Logit 模型，它对误差项的分布施加了很严格的假设；第 4.3 节介绍多值 Probit 假设，它放松了对误差项分布的强假设。本章极大地受益于 Train (2009) 第 3 章和第 4 章中的精彩讨论。

[1]Miller, A., *The Crucible*, Viking Books（1952）.

4.1 二值 Logit

考虑一个简单的决策问题：通勤者是应该 (i) 自己开车上班，还是应该 (ii) 乘坐其他交通工具？[1] 我们可以使用二值结果变量 y_i 来刻画这个选择的结果，如果通勤者开车去上班时，令 $y_i = 1$，否则 $y_i = 0$。

我们用二值 Logit 模型描述这个问题。当个体 i 选择 $y_i = 1$ 时，其获得的效用水平被称为 U_{i1}，否则其获得的效用水平被称为 U_{i0}。这里的 U_{ij} 由两部分构成：(i) 确定性的部分 $V_{ij}(x_i)$，它是关于收入 x_i 的函数，[2] (ii) 随机性的部分 ε_{ij}，它是随机噪声变量：

$$U_{i0} = V_{i0}(x_i) + \varepsilon_{i0}; \tag{4-1}$$

$$U_{i1} = V_{i1}(x_i) + \varepsilon_{i1}. \tag{4-2}$$

该模型的解很简单：

$$y_i = \begin{cases} 1 & \text{如果} \quad V_{i1}(x_i) + \varepsilon_{i1} \geq V_{i0}(x_i) + \varepsilon_{i0} \\ 0 & \text{如果上式不成立。} \end{cases} \tag{4-3}$$

选择不同的上班通勤方式所带来的代表性效用（$V_{i0}(x_i)$ 或 $V_{i1}(x_i)$）的具体函数形式是什么样的（即该效用与通勤者收入之间到底会是什么关系）？我们可以用非常复杂的结构方程来表达这个函数关系，不过，为了简单起见，本章假设它是 x_i 的线性形式：$V_{ij}(x_i) = \alpha_{0j} + \alpha_{1j} \cdot x_i$。此时，方程的解可以写成：

$$y_i = \begin{cases} 1 & \text{如果} \quad \beta_0 + \beta_1 \cdot x_i + \mu_i \geq 0 \\ 0 & \text{如果上式不成立，} \end{cases} \tag{4-4}$$

其中，$\beta_0 \equiv \alpha_{01} - \alpha_{00}$，$\beta_1 \equiv \alpha_{11} - \alpha_{10}$，以及 $\mu_i \equiv \varepsilon_{i1} - \varepsilon_{i0}$。

为了完成对模型的描述，我们必须对 ε_{ij} 的分布作出假设。这是非常关键的假设，我们假设 ε_{ij} 是独立同分布的，且服从第一型极值分布：

$$\Pr(\varepsilon_{ij} \leq z | x_i) = \exp(-\exp(-z)). \tag{4-5}$$

也就是说，我们假设：在不同通勤者（维度 i）之间 *以及* 在同一通勤者的不同通勤方式选择（维度 j）之间，ε_{ij} 都是彼此独立的。这一假设意味着，μ_i 服从 Logistic 分布：

$$\Pr(\mu_i \leq z | x_i) = \frac{\exp(z)}{1 + \exp(z)} \equiv \Lambda(z). \tag{4-6}$$

[1] 我们将把这些通勤方式视为相互排斥的：只要通勤者在上班途中的 *任何一段* 路途是用自驾出行的，我们都会算作其自己开车上班。

[2] Train（2009）将 $V_{ij}(x_i)$ 称为是“代表性效用”。

这使得我们可以将选择开车上班的条件概率写成：

$$\begin{aligned}\Pr(y_i = 1|x_i) &= \Pr(\beta_0 + \beta_1 \cdot x_i + \mu_i \geq 0) \quad (4\text{-}7)\\ &= \Lambda(\beta_0 + \beta_1 \cdot x_i). \quad (4\text{-}8)\end{aligned}$$

其中，Λ 是 Logistic 分布的累积分布函数（*CDF*）。

4.1.1 模型的模拟

所谓估计量，是指用于估计模型中未知参数的统计量。一旦我们定义好了自己需要的估计量，就需要通过计算机程序来执行它的运算。无论我们构造的估计量多么简单，程序的第一步 永远都是 先对模型进行模拟。所谓模拟，就是为模型的未知参数人为地指定一个“虚构的”值，让模型运转起来，并由此产生出一系列“虚构的”数据集。这么做的目的在于：以“虚构的”数据集为已知数，以“虚构的”参数值为未知数，让自己定义的估计量从“虚构的”数据集出发，看它是否能成功地将此前“虚构的”参数值合理地还原出来。如果做不到这一点，那么当我们面对现实中“真实的”数据时，就 不可能 有信心得到“真实的”估计值。

我们来模拟本节的模型。为两个未知参数指定虚构的值：$(\beta_0, \beta_1) = (0.5, 0.5)$；为随机数生成器设定种子（使用命令 `rng`）；将虚构的参数值存入向量 `Beta` 中；生成一个服从正态分布的随机数构成的序列 `income`（x_i）：

```
>> rng(1);
>> N      = 1000;
>> Beta   = [0.5, 0.5]';
>> income = randn(N, 1);
>> x      = [ones(N, 1), income];
```

函数 `SimulateBinaryLogit` 对 Logit 模型进行模拟，其输出项是：二值结果变量 `y` 及其对应的效用水平的模拟值 `utility`。需要特别注意的是第 17 行的代码 `epsilon = -log(-log(rand(N, J)))`，思考一下，为什么这样就能够得到服从于第一型极值分布的随机数？

SimulateBinaryLogit.m

```
1  function [y,utility] = SimulateBinaryLogit(x, Beta)
2  % ------------------------------------------------
3  % PURPOSE: generate binary outcomes according to
4  % the logit specification.
5  % ------------------------------------------------
6  % INPUTS: x : NxJ vector of independent variable
7  %         Beta : Jx1 parameter vector
8  % ------------------------------------------------
9  % OUTPUT: y : N-by-1 binary choice vector
```

```
% -----------------------------------------------------------

N                 = size(x, 1);
J                 = length(Beta);

% ----- (1) simulate values for epsilon &, based
%           on this, utility ----
epsilon           = -log(-log(rand(N, J)));
beta_augmented    = [beta, 0 * beta];
utility           = x * beta_augmented + epsilon;

% ----- (2) simulate the choice for each
%           individual ------
[~, choice]       = max(utility, [], 2);
y                 = (choice == 1);

return
```

4.1.2 模型的估计

现在我们已经有了模拟出来的数据集，接下来就可以利用它们来估计模型的参数了。二值 Logit 模型对应的对数似然函数形如：

$$\ell_i(\beta_0, \beta_1; y_i|x_i) = y_i \cdot \ln \Lambda(\beta_0 + \beta_1 \cdot x_i) + (1 - y_i) \cdot \ln[1 - \Lambda(\beta_0 + \beta_1 \cdot x_i)]. \tag{4-9}$$

函数 BinaryLogitLL 依据方程 4-9 计算 $-1 \times \ell_i(\beta_0, \beta_1; y_i|x_i)$ 的值。

BinaryLogitLL.m

```
function [LL, ll_i] = BinaryLogitLL(Beta, y, x)

%------------------------------------------------
% PURPOSE: Calculate the log-likelihood for the
% binary logit
%------------------------------------------------
% INPUTS: Beta : Kx1 parameter vector
% y : Nx1 vector of dependent variable
% x : NxK matrix of independent variables
%------------------------------------------------
% OUTPUT: LL : scalar log likelihood
% ll_i : log-likelihood contribution of
% observations
%------------------------------------------------

Lambda_xb    = exp(x * Beta) ./ (1 + exp(x * beta));

ll_i         =        y   .* log(Lambda_xb) ...
```

```
            + (1 - y) .* log(1 - Lambda_xb);

LL          = -sum(ll_i);

return
```

我们可以使用 `BinaryLogitLL` 和 `fmincon` 找到对二值 Logit 模型参数的最大似然估计值。

```
>> options   = optimset('Algorithm', 'sqp',...
                 'Display', 'iter');
>> Beta_init = [0; 0];
>> lb        = [-10; -10];
>> ub        = [10; 10];
>> [EstBetaML, LL, exitflag] =...
     fmincon(@(parameters)...
     BinaryLogitLL(parameters, y, x), Beta_init,...
     [], [], [], [], lb, ub, [], options)

EstBetaML =

    0.6041
    0.5739

LL =

    601.1168

exitflag =

    2
```

如果本节算出来的估计值足够接近上一节模型模拟时所使用的参数值 $(\beta_0, \beta_1) = (0.5, 0.5)$，那么估计就是成功的。为了检查估计量及其程序的性能，需要在模拟程序和估计程序之间反复切换、实验：更改模拟时所用的 (β_0, β_1) 值，看看估计量程序是否工作正常；调整模拟时生成样本的规模 `N`，看看估计值的精度是否会因此而不同，等等。

4.1.3 通过模拟实现估计

上述二值 Logit 的计算之所以能够做到简洁明了，是因为其对数似然函数有解析表达式，即方程 4-9，从而使得我们可以依据它写出代码 `BinaryLogitLL.m`，进而调用 `fmincon` 求最优化，最终得到估计值。现在（出于教学的需要）设想这样一种情形：假设因为某种原因，其对数似然函数不存在解析表达式，即我们 得不到 方程 4-9 的具体形式，那么我们该如何继续？一种做法是，因为技术上实在无法解决而放弃估计现有模型，退而去修改我们对经济问题的表述，即修改经济模型。这么做的确有点遗憾，不能算是上策。另一种做法就是设法克服技术上的困难。

好消息是，我们的确找到了克服技术难题的方法：把前文讨论过的模型 模拟 和模型 估计 两个操作有机地结合到一起，从而 通过模拟实现估计 。接下来，出于教学的目的，我们试着用这种新方法来估计前文已经估计过的二值 Logit 模型。到了本章后面几节，会需要估计更复杂更灵活的模型，但是估计时所使用的基本思想，仍然是我们在这里介绍的 通过模拟实现估计 。

其基本思想很简单。（1）因为我们已经有了经济模型，所以一旦知道了可观测协变量（收入，x_i）以及参数向量（$\boldsymbol{\beta}=(\beta_0,\beta_1)$）的值，我们就可以推测出可观测的行为（对交通方式的选择，y_i）的取值。模型的模拟，就是依据不同的输入值 $\boldsymbol{\beta}$，算出相应的输出值 $\tilde{y}_i$。（2）我们现在手里还有由现实经济中采集的真实数据 x_i 和 y_i。（3）当模拟程序根据输入的 $\boldsymbol{\beta}$ 所输出的模拟数据 $\tilde{y}_i$ 与真实数据 y_i 看起来相差甚远时，那么据此可以判断，此时的输入项 $\boldsymbol{\beta}$ 的取值与现实不符。比如，如果我们令 $\beta_1=0$，那么可以断定，在模拟出来的数据里，通勤人对交通方式的选择 $\tilde{y}_i$ 与他们的收入水平 x_i 无关，这很可能与我们手里的真实数据不符。所谓 通过模拟实现估计 ，就是要通过选择一个合适的 $\boldsymbol{\beta}$ 值，尽可能地达到让模拟数据“看起来很像”真实数据的目的。

具体的实现方法有很多。我们这个模型是全参数模型，这是因为二值 Logit 模型对其不可观测部分的整体分布作出了假设，所以我们可以借助最大模拟似然法（Maximum Simulated Likelihood，MSL）来进行估计。MSL 的基本思想很简单：无须通过概率分布的解析表达式来计算概率，而是通过多次运行模拟程序，采用模拟数据的样本概率。

用数学语言来表述上述思路就是：把模拟程序重复运行 R 次，得到每个通勤者 i 的模拟数据 $\{\tilde{y}_{i1},\ldots,\tilde{y}_{iR}\}$，这是由二值结果构成的序列。注意，在执行这 R 次模拟时，保持每个通勤者的收入 x_i 是不变的，这样才保证了计算出的样本概率是条件概率。因此，对通勤者 i 而言，他选择交通方式 $y_i=1$ 的模拟条件概率是：

$$\tilde{P}(x_i;\beta_0,\beta_1)\equiv\frac{1}{R}\cdot\sum_{r=1}^{R}\tilde{y}_{ir}. \tag{4-10}$$

对通勤者 i 而言，其模拟对数似然函数是：

$$\tilde{\ell}_i(\beta_0,\beta_1;y_i|x_i)=y_i\cdot\ln\tilde{P}(x_i;\beta_0,\beta_1)+(1-y_i)\cdot\ln\left[1-\tilde{P}(x_i;\beta_0,\beta_1)\right]. \tag{4-11}$$

对于给定的参数取值 β_0、β_1，有：

$$\lim_{R\to\infty}\tilde{\ell}_i(\beta_0,\beta_1;y_i|x_i)=\ell_i(\beta_0,\beta_1;y_i|x_i). \tag{4-12}$$

这就是最大模拟似然法背后的基本思想。

下面的代码是使用函数 BinaryLogitSimulatedLL(Beta, y, x, R) 计算了 $-1 \times \tilde{\ell}_i(\beta_0, \beta_1; y_i|x_i)$。注意，这个函数 BinaryLogitSimulatedLL 的代码中嵌套调用了前文用过的用于生成结果变量的函数 SimulateBinaryLogit。

BinaryLogitSimulatedLL.m

```
function [LL, ll_i] = ...
BinaryLogitSimulatedLL(Beta, y, x, R)
%---------------------------------------------------
% PURPOSE: calculate simulated likelihood
%---------------------------------------------------
% INPUTS: Beta : Kx1 parameter vector
%         y : Nx1 vector of dependent variable
%         x : NxK matrix of independent variables
%         R : scalar replications
%---------------------------------------------------
% OUTPUT: LL : scalar log likelihood
%         ll_i : log-likelihood contribution of
%              observations
%---------------------------------------------------

%----- (1) Seed and set up initial vectors ------
rng(1);
N               = size(y, 1);
Simulated_y     = NaN(N, R);

%----- (2) Create R simulated realizations ------
for count = 1:R
    Simulated_y(:, count) = ...
                    SimulateBinaryLogit(x, Beta);
end
SimulatedProb   = mean(Simulated_y, 2);

%----- (3) Calculate log-likelihood ------------
ll_i            = y .* log(SimulatedProb) + (1 - y) .* log(1 -
    SimulatedProb);
LL              = -sum(ll_i);

return
```

现在我们用 BinaryLogitSimulatedLL(Beta, y, x, R) 来估计 $\boldsymbol{\beta}$:

```
>> R        = 1000;
>> opts2    = optimset('Algorithm', 'sqp',...
              'DiffMinChange', 1e-2);
>> [EstBetaMSL, LL, exitflag] =...
   fmincon(@(parameters) BinaryLogitSimulatedLL...
   (parameters, y, x, R), Beta_init, [], [], [],...
   [], lb, ub, [], opts2)
```

```
EstBetaMSL =
    0.5573
    0.6822

LL =
    601.5364

exitflag =
    2
```

上述代码中，有如下几点值得格外留心：（1）第 19 行里的 NaN，其全称是“Not a Number（不是一个数值）”，用于创建给定维度的、元素的数值尚未定义的矩阵，比如这里创建的矩阵 Simulated_y。每当我们需要在程序里使用循环语句来为一个矩阵逐项赋值时，就会如此处理。我们在本书第 10 章还会讨论这样做的理由。（2）代码里重复模拟的次数被设定为 $R=1000$。不妨动手调整 R 的取值，看看估计值的精度是否会因此而不同。（3）代码里将参数 DiffMinChange 的值从系统默认的 0 调高到 0.01。我们在后文会更详细地讨论这一点：这么做是必要的，因为模拟对数似然函数是局部平坦的。（4）函数 BinaryLogitSimulatedLL 一开始就设定了随机数生成器的种子，即语句 rng(1)。这样做的目的，是为了让每次程序的运行都得到相同的随机数。如果不做此设定，那么即使运行每次模拟时输入的数据和参数保持不变，模拟程序的输出值也会不尽相同：这不仅是不必要的困扰，而且甚至会导致 fmincon 无法收敛，从而找不到最优值。

4.2 多值 Logit

上一节讨论的二值 Logit 旨在说明离散选择模型的基本原理。在很多情况下，模型中的决策者面临的选项多于二值，所以我们来讨论更具一般性的“多值选择”模型。例如，假设模型中的决策者要在三种不同的交通方式中进行选择，即结果变量 y_i 有三个值：

$$y_i=\begin{cases}1 & \text{如果第 } i \text{ 位通勤者选择开车去上班；}\\ 2 & \text{如果第 } i \text{ 位通勤者选择步行去上班；}\\ 3 & \text{如果第 } i \text{ 位通勤者选择骑自行车去上班。}\end{cases} \tag{4-13}$$

对这个问题进行建模可以有多种方式。比如，可以假设这三个选项在某种程度上是*顺序*关系，即可以按某个潜在变量的值决定三个选项的单调优劣顺序；再比如，我们还可以假设这三个选项之间是*嵌套*关系，即可以假设通勤者首先考虑是否开车，如果决定不开车的话，接下来再考虑是步行还是骑自行车。

本章不采用这两种假设中的某一种。我们代之以假设不同的通勤方式会带来不同的效用水平，但与此同时，不同的通勤方式的效用水平还受到各自不可观测的随机因素的影响。为了简单起见，我们令效用水平的这两部分之间是“可相加”的关系，不妨称之为“加性随机效用模型”：

$$U_{ij}(x_i) = \alpha_{0j} + \alpha_{1j}x_i + \varepsilon_{ij}. \tag{4-14}$$

因为 $j \in \{1,2,3\}$，所以通勤者获得的效用水平如下：

$$U_{i1}(x_i) = \alpha_{01} + \alpha_{11}x_i + \varepsilon_{i1}; \tag{4-15}$$

$$U_{i2}(x_i) = \alpha_{02} + \alpha_{12}x_i + \varepsilon_{i2}; \tag{4-16}$$

$$U_{i3}(x_i) = \alpha_{03} + \alpha_{13}x_i + \varepsilon_{i3}. \tag{4-17}$$

这三个效用函数的值，决定了追求最优化行为的通勤者会选择何种交通方式。图 4-1 是设法在一个二维空间里表达出行为主体在三个选项之间的偏好：每个矩形框里用加粗字体标注的那个结果，代表了最优选择。

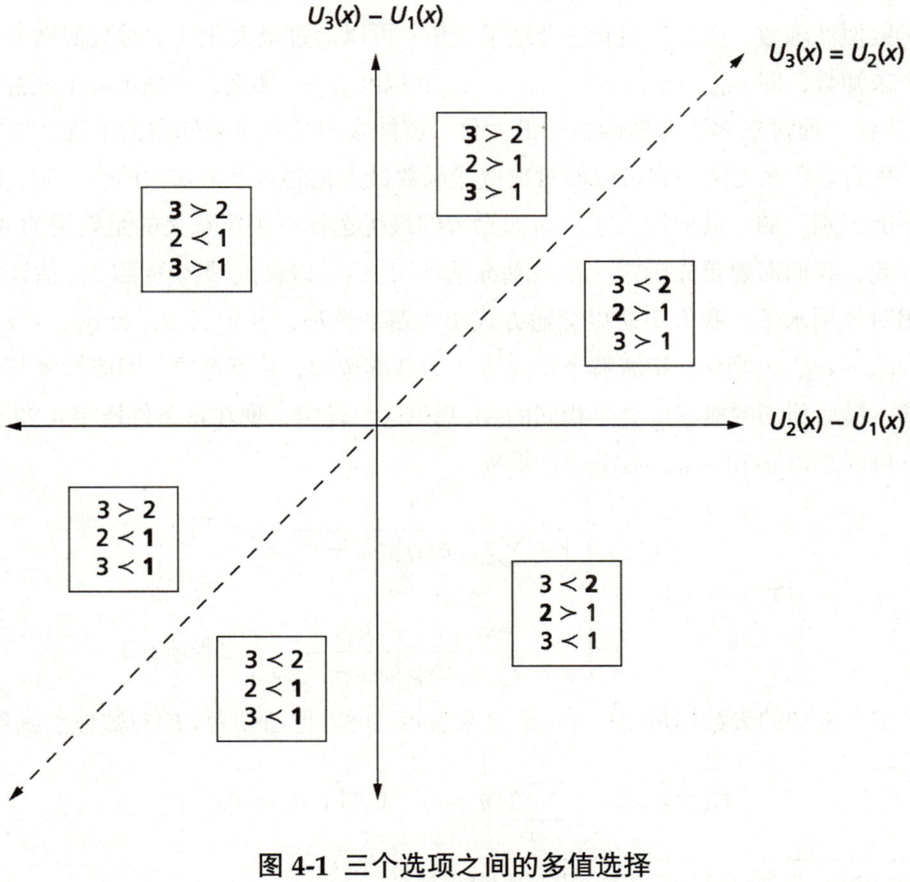

图 4-1 三个选项之间的多值选择

我们可以把通勤者 i 选择交通方式 1 的条件概率表达为：

$$\Pr(y_i=1|x_i)=\Pr\left[U_{i1}(x_i)>U_{i2}(x_i)\text{ 且 }U_{i1}(x_i)>U_{i3}(x_i)\mid x_i\right] \tag{4-18}$$

$$\begin{aligned}&=\Pr\left[\alpha_{01}+\alpha_{11}x_i+\varepsilon_{i1}>\alpha_{02}+\alpha_{12}x_i+\varepsilon_{i2}\text{ 且}\right.\\&\qquad\left.\alpha_{01}+\alpha_{11}x_i+\varepsilon_{i1}>\alpha_{03}+\alpha_{13}x_i+\varepsilon_{i3}\mid x_i\right].\end{aligned} \tag{4-19}$$

更一般化地，如果通勤者 i 在 J 种交通方式中选择了 $y_i=j$，那么其条件概率可以写成：

$$\Pr(y_i=j|x_i)=\Pr\left[U_{ij}(x_i)>\max_{k\neq j}(U_{ik}(x_i))\mid x_i\right] \tag{4-20}$$

$$=\Pr\left[\alpha_{0j}+\alpha_{1j}x_i+\varepsilon_{ij}>\max_{k\neq j}(\alpha_{0k}+\alpha_{1k}x_i+\varepsilon_{ik})\mid x_i\right]. \tag{4-21}$$

为了让方程 4-21 能够用于估计，我们再次对 ε_{ij} 的分布作出假设。仍然假设 ε_{ij} 独立同分布，且服从第一型极值分布，并独立于 x_i。这种关于分布的假设意味着，我们能够找到通勤者 i 在 J 种交通方式中选择 j 的条件概率的表达式，具体的表达式如下：[1]

$$\Pr(y_i=j|x_i)=\frac{\exp\left[\alpha_{0j}+\alpha_{1j}x_i\right]}{\sum_k\exp\left[\alpha_{0k}+\alpha_{1k}x_i\right]}. \tag{4-22}$$

按照上一节处理二值 Logit 的做法，我们可能马上就会想到根据上式可以构造出相应的对数似然函数。现在我们有三个结果变量，可以通过最大化这个对数似然函数来求解六个未知数，即 α_{01}、α_{02}、α_{03}、α_{11}、α_{12}，以及 α_{13}。那么，三值 Logit 是否与二值 Logit 一样，通过求对数似然函数的最大化，就能求出这六个未知数的值呢？答案是否定的。我们会发现无法找到可以使对数似然函数最大化的六个未知数的唯一解，即模型是“不能识别”的。其原因在于：对通勤者的最优选择有决定意义的是效用的 *相对* 大小。因此，我们需要首先确定一个“基准选项”，然后以该选项为参照物，估计其他选项的相对效用水平。我们不妨以交通方式 1 为基准选项，并定义 $\beta_{0j}\equiv\alpha_{0j}-\alpha_{01}$ 以及 $\beta_{1j}\equiv\alpha_{1j}-\alpha_{11}$。（当然，指派哪个交通方式为基准选项，并不重要，即使指派其他选项为基准，最后预测的概率也会是相同的。）基于这个设定，现在将条件概率 4-22 式的分子和分母同乘以 $\exp(-\alpha_{01}-\alpha_{11}x_i)$，得到：

$$\Pr(y_i=j|x_i)=\begin{cases}\dfrac{1}{1+\sum_{k>1}\exp\left[\beta_{0k}+\beta_{1k}x_i\right]} & \text{当 } j=1;\\[2ex]\dfrac{\exp\left[\beta_{0j}+\beta_{1j}x_i\right]}{1+\sum_{k>1}\exp\left[\beta_{0k}+\beta_{1k}x_i\right]} & \text{当 } j>1.\end{cases} \tag{4-23}$$

将多个未知的参数标量 β_{ij} 用向量 $\boldsymbol{\beta}$ 来表示，可以把通勤者 i 的对数似然函数写成：

$$\ell_i(\boldsymbol{\beta};y_i|x_i)=\sum_{j=1}^{J}\mathbf{1}(y_i=j)\cdot\ln\left[\Pr(y_i=j|x_i)\right], \tag{4-24}$$

[1]Train（2009，第 74-5 页）给出了对这一结果的严格推导过程。

其中，$\mathbf{1}(\cdot)$ 是指示函数，即当 $y_j = j$ 时 $\mathbf{1}(y_j = j) = 1$，否则 $\mathbf{1}(y_j = j) = 0$。对数似然函数 4-24 式定义了著名的“多值 Logit”模型。显然，当 $J = 2$ 时，多值 Logit 就退化成上一节讨论过的二值 Logit。

本章课后习题 (iii) 要求把模拟二值 Logit 的函数 `SimulateBinaryLogit(x, Beta)` 扩展成模拟多值 Logit 的函数 `SimulateMNLogit(x, BetaVec)`，它们的输出项各自都有两个部分：由每个通勤者的选择构成的向量 `y`、由每个通勤者选择各种交通方式所能获得的模拟的效用水平构成的矩阵 `utility`。[1] 读者照例可以在本书的配套网站下载到该练习的参考代码。我们还可以借助函数 `GraphSimulatedData` 把模拟的结果表示成二维图形：用函数 `SimulateMNLogit` 输出的模拟结果作为函数 `GraphSimulatedData` 的输入项，即可得到如图 4-2 所示的图形。图 4-2 是以模拟程序输出项为数据加以运算整理而成，其坐标系与图 4-1 直接对应（即横轴是 $U_2(x) - U_1(x)$，纵轴是 $[U_3(x) - U_1(x)]$），图中总共有 N 个点，每个点都代表了模拟数据里某个通勤者可能的最优选择，这些最优选择分散在三个区域里，代表了这三种交通方式分别被选中的次数。

GraphSimulatedData.m

```
function GraphSimulatedData(y, utility)
%-----------------------------------------------
% PURPOSE: Graph utility for a 3-goods multinomial
% choice
%-----------------------------------------------
% INPUTS: utility: Nx3 matrix of utilities
% y : Nx1 vector of choices
%-----------------------------------------------
%-----(1) Clear axis and graph relative utilities
cla
scatter((utility(y==1,2) - utility(y==1,1)),...
        (utility(y==1,3) - utility(y==1,1)))
hold on
scatter((utility(y==2,2) - utility(y==2,1)),...
        (utility(y==2,3) - utility(y==2,1)))
hold on
scatter((utility(y==3,2) - utility(y==3,1)),...
        (utility(y==3,3) - utility(y==3,1)))
hold on
%----- (2) Add boundary lines -------------------
plot([min((utility(:,2) - utility(:,1))), 0],...
     [0, 0], 'LineWidth', 3, 'Color', 'k')
hold on
plot([0, max(utility(:, 2) - utility(:, 1))],...
```

[1]因此，`SimulateBinaryLogit` 输出的 `utility` 是 $N \times 2$ 阶矩阵；`SimulateMNLogit` 输出的 `utility` 是 $N \times J$ 阶矩阵。

```
    [0, max(utility(:, 3) - utility(:, 1))], ...
    'LineWidth', 3, 'Color', 'k')
hold on
plot([0,0], [min(utility(:,3) - utility(:,1)),0], ...
    'LineWidth', 3, 'Color', 'k')

return
```

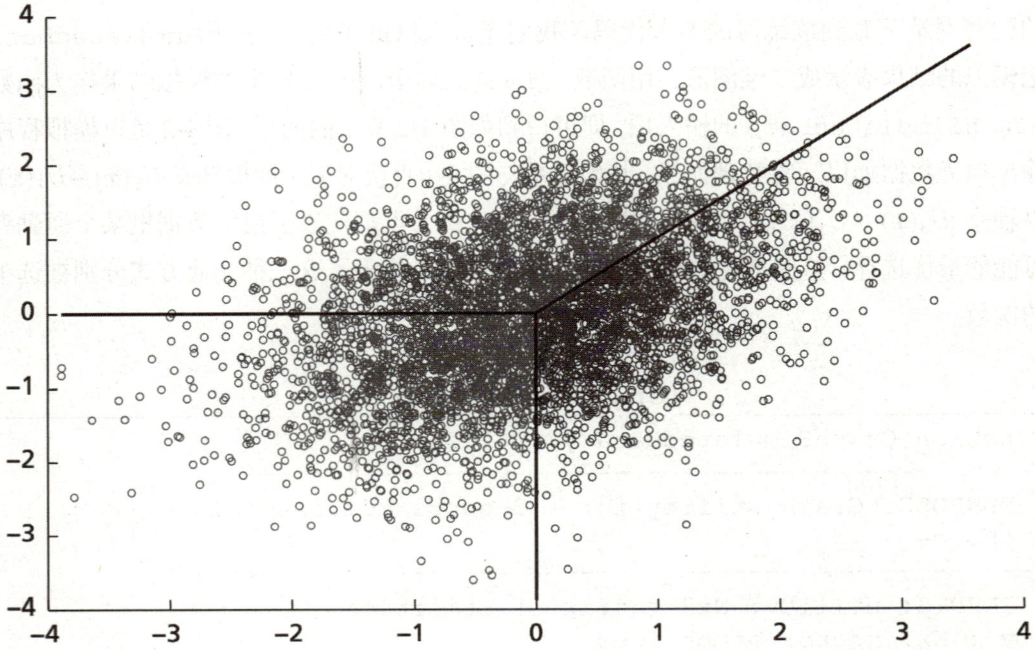

图 4-2 模拟数据中通勤者对交通方式的选择

本章的习题 (iv) 要求把计算二值 Logit 对数似然函数的 `BinaryLogitLL` 扩展成计算多值 Logit 对数似然函数的 `MNLogitLL`，以计算 $-1 \times \ell_i(\boldsymbol{\beta}; y_i|x_i)$ 的值；进而使用 `fmincon` 最大化对数似然函数，从而得到参数的估计值，看看是否重现了我们在模型模拟时使用的原始参数值。习题 (v) 则是练习"通过模拟实现估计"，即要求把计算二值 Logit 模拟对数似然函数的 `BinaryLogitSimulatedLL` 扩展成计算多值 Logit 模拟对数似然函数的 `MNLogitSimulationdLL`，并进一步据此执行参数估计。

4.3 多值 Probit

从上一节的讨论可以看出，多值 Logit 模型处理起来很方便的原因是，其对数似然函数存在解析表达式，这极大地方便了对它的求解以及求最大化。其解析表达式之所以存在，是因为多值 Logit 要求其不可观测项 ε_{ij} 服从第一型极值分布且彼此独立。处理起来方便是模型的优点，但是对不可观测项的分布所施加的假设，却成了为获得这个优点所付出的代价：因为只要施加了这个假设，使用这类模型推导出的个体最优决策就会具备如下特殊的结构，而这个结构却是不大合理的。具体而言，根据方程 4-22 可知，通勤者选择 $y_i = A$ 和选择 $y_i = B$ 的条件概率之比是：

$$\frac{\Pr(y_i = A|x_i)}{\Pr(y_i = B|x_i)} = \frac{\exp[\beta_{0A} + \beta_{1A}x_i]}{\exp[\beta_{0B} + \beta_{1B}x_i]} \tag{4-25}$$

$$= \exp[\beta_{0A} - \beta_{0B} + (\beta_{1A} - \beta_{1B}) \cdot x_i] \tag{4-26}$$

Cameron 和 Trivedi(2005，第 503 页) 陈述了为什么多值 Logit 模型的上述结构是不大合理的：

> 举一个极端例子，如果一个多值 *Logit* 模型规定通勤者面临的通勤选择包含了开车选项以及乘红色公交车选项的话，那么该模型意味着，无论通勤者面临的通勤选择里是否同时还包含乘蓝色公交车的选项，都不会影响通勤者选择开车通勤的条件概率。可是设想一下，在现实生活中，如果增开了一趟蓝色公交车，它除了车身颜色之外所有方面都和红色公交车一模一样，那么它的增开，大约不会影响到本来就开车通勤者的选择，而大概会分流一半以前乘红色公交车的通勤者，这进而意味着，如果继续考虑通勤者在开车和乘红色公交车之间选择，开车通勤的条件概率的确会提高。
>
> 多值 *Logit* 的这个缺点，在文献里被称作是“红巴士－蓝巴士问题”，或更正式地称之为“无关选项的独立性假设”（*the assumption of independence of irrelevant alternatives*，*IIA*）。

这显然是多值 Logit 的一个严重的局限性。事实上，McFadden 在其 2000 年的诺贝尔奖演讲（第 339 页）中甚至做了如下的评价：

> 虽然事实证明，多值 *Logit* 模型在经验研究工作中已经得到了广泛的应用，但是如果把它当作是一个刻画选择行为的理论模型来使用的话，其本身所蕴含的 *IIA* 性质是个令人无法满意的短板。

因此，本节将考虑一个更灵活的模型：多值 Probit。我们照旧把选项 1 设定为基准选项，用三个选项跟基准选项的效用水平之差来重新表述我们的三结果模型，如下：

$$D_{i1}(x_i) \equiv U_{i1}(x_i) - U_{i1}(x_i) = 0; \tag{4-27}$$

$$D_{i2}(x_i) \equiv U_{i2}(x_i) - U_{i1}(x_i) = \beta_{02} + \beta_{12}x_i + \mu_{i2}; \tag{4-28}$$

$$D_{i3}(x_i) \equiv U_{i3}(x_i) - U_{i1}(x_i) = \beta_{03} + \beta_{13}x_i + \mu_{i3}. \tag{4-29}$$

通勤者 i 采用三种通勤方式会得到三个效用水平 $U_{i1}(x_i)$、$U_{i2}(x_i)$、$U_{i3}(x_i)$，从而可以计算出 $D_{i1}(x_i)$、$D_{i2}(x_i)$、$D_{i3}(x_i)$。不失一般性地，我们认为其中取值最大的通勤方式会成为他的最优选择 y_i。这种建模方式降低了不可观测变量的维度：现在的误差项只有两个，而不是三个了。

在上一节，多值 Logit 模型对 J 维向量 $(\varepsilon_{i1}, \varepsilon_{i2}, \varepsilon_{i3})$ 的分布作出假设。在本节的多值 Probit 模型里，我们对 $(J-1)$ 维向量 (μ_{i2}, μ_{i3}) 的分布作出假设。[1] 具体而言，我们假设 (μ_{i2}, μ_{i3}) 满足服从二元正态分布：

$$\begin{pmatrix} \mu_{i2} \\ \mu_{i3} \end{pmatrix} \sim \mathcal{N}\left[\begin{pmatrix} 0 \\ 0 \end{pmatrix}, \begin{pmatrix} 1 & \rho \\ \rho & 1 \end{pmatrix}\right]. \tag{4-30}$$

4.3.1 模型的模拟

我们用函数 `SimulateMNProbit(x, Betavec, Omega)` 对多值 Probit 模型进行模拟。具体操作方法可直接类比前文对二值和多值 Logit 进行模拟运算时的函数。

SimulateMNProbit.m

```
function y = SimulateMNProbit(x, Betavec, Omega)

%-----------------------------------------------
% PURPOSE: simulates the multinomial probit.
%-----------------------------------------------
% INPUTS: x : NxK vector of independent variable
%         Betavec : Kx1 parameter vector
%         Omega : covariance matrix
%-----------------------------------------------
% OUTPUT: choice : multinomial choice
%-----------------------------------------------

%----- (1) Setup initial vectors ---------------
N         = size(x, 1);
K         = size(x, 2);
J         = size(Betavec, 1)/K + 1;

%----- (2) Calculate relative utility ----------
Beta = reshape(Betavec, K, J - 1);
xb   =  x * Beta;
diff = [zeros(N, 1), xb +...
        mvnrnd(zeros(J - 1, 1), Omega, N)];

%----- (3) Based on relative utility, determine
%          choice from J -
[~, y]= max(diff, [], 2);

return
```

[1] Train（2009，第 5 章）证明了，如果误差项满足多元正态分布，那么这等价于：首先对 J 维空间作出假设，然后再进行简化。为了简单起见，我们直接从 $(J-1)$ 空间开始讨论。

4.3.2 通过模拟实现估计

但是等一下！怎么直接就到了“通过模拟实现估计”这一步了？我们肯定少了一步！是的！在前两节讨论二值 Logit 和多值 Logit 时，我们都是分三步走的：(i) 对模型进行模拟，(ii) 使用最大似然法进行估计，(iii) 使用最大模拟似然法再次进行估计。其实在前两节，步骤 (iii) 并不是不可或缺的。但是到了本节，步骤 (iii) 就至关重要了，因为在多值 Probit 模型里，我们无法写出其对数似然函数的解析表达式。也就是说，我们虽然可以对模型进行 模拟 ，但是因为我们没有解析表达式可用，所以就不能直接算出其对数似然度。恰恰是因为这个原因，所以对这类问题的估计，离不开由模拟得到的模拟似然度。

我们用函数 `MNProbitSimulatedLL(param, y, x, R)` 计算多值 Probit 的模拟对数似然度。本章习题 (vii) 要求借助函数 `MNProbitSimulatedLL` 对模拟出来的数据进行估计，看看是否能重现模型模拟时使用的原始参数值。

MNProbitSimulatedLL.m

```
function LL = MNProbitSimulatedLL(param, y, x, R)

%-----------------------------------------------
% PURPOSE: returns the simulated log-likelihood
% for the Multinomial Probit.
%-----------------------------------------------
% INPUTS: x : Nx1 vector of independent variable
%         y : Nx1 vector of dependent variable
%         param : [Beta; Rho]
%         R : scalar replications
%-----------------------------------------------
% OUTPUT: LL : log-likelihood
%-----------------------------------------------

%----- (1) Unpack initial parameters, Seed ------
BetaV             = param(1:end-1);
Rho               = param(end);
Omega             = [1, Rho; Rho, 1];
rng(1);

%----- (2) Create initial (prefilled) vectors ---
N                 = size(y, 1);
J                 = max(y);
Simulated_y       = NaN(N, R);
SimulatedProb     = NaN(N, J);

%----- (3) Simulate choices R times based on
%          current values---
for count = 1:R
```

```
    Simulated_y(:, count) = SimulateMNProbit(x, ...
                                BetaV, Omega);
end

%----- (4) Create choice index matrix for each
%          item j in J----
for j = 1:J
    SimulatedProb(:, j) = mean(Simulated_y == j, 2);
    MyIndex(:, j)         = (y == j);
end

%----- (5) Calculate maximum simulated
%            likelihood ----
ll_i     = sum(MyIndex .* log(SimulatedProb), 2);
LL       = -sum(ll_i);

return
```

4.3.3 AR 模拟器的 Logit - 平滑化

本章进行到现在，我们已经讨论过三种情况下的模拟对数似然函数。我们每次的处理步骤都是：已知每个通勤者 i 的收入 x_i，模拟 R 次其面对随机冲击情况下的最优选择 $\tilde{y}_{ir}$，得到序列 $\{\tilde{y}_{i1},\ldots,\tilde{y}_{iR}\}$，进而根据如下公式计算出通勤者 i 选择通勤方式 j 的概率 $\Pr(y_i=j|x_i)$ 的模拟值：

$$\tilde{P}_j(x_i;\beta_0,\beta_1)\equiv\frac{1}{R}\times\sum_{r=1}^{R}\mathbf{1}(\tilde{y}_{ir}=j), \tag{4-31}$$

其中，$\mathbf{1}(\cdot)$ 是指示函数。上式被称作“接受 - 拒绝模拟器”（accept-reject simulator，简称 AR 模拟器），这是因为：“$\mathbf{1}(\tilde{y}_{ir}=j)$”意味着，对于第 r 次模拟，我们只关心此次模拟出来的结果 $\tilde{y}_{ir}$ 是接受了 j 还是拒绝了 j。

正如我们在前面的例子中看到的，这种方法是奏效的。但是它远非完美，我们列举几条它的缺陷。首先，当两次模拟所使用的参数值很接近时，两次模拟得到的结果从“接受”跳跃到“拒绝”或者从“拒绝”跳跃到“接受”的概率都会是零，这导致模拟对数似然函数在参数空间里是个阶跃函数（step function），或者说它处处都是局部平坦的。这意味着，MATLAB 在搜索参数的最优取值时采用的步长不能太小，因此系统的缺省值就不太合适了，需要用到 `DiffMinChange` 加以调整设定。

其次，只要模拟次数 R 是有穷的，就不能保证：对于给定的个体，*每次* 模拟出来的结果都与实际观测到的结果相符。以二值 Logit 模型为例，有可能出现这样一种情形：对于个体 i，R 次模拟得到的结果都是他会选择 $\tilde{y}_i=0$，但是实际观测到他的选择是 $y_i=1$。当然，之所以出现这种情况，更可能的原因是，我们在模拟时为模拟对数似然函数中的参数的赋值跟现实中真实的参数值相差甚远，或者模拟次数 R 不够大。但是一旦出现这种情形，问题就很严重，因为此时对于某些 j 有 $\tilde{P}_j(x_j;\beta_0,\beta_1)=0$，那么这就相当于让 MATLAB 对数值 0 求对数。

最后，AR 模拟器没有充分利用所有信息，或者说，它在丢弃信息。我们在模型模拟阶段，每一轮模拟（例如第 r 轮）都要把每一个通勤者（例如第 i 人）选择每一种通勤方式（例如第 j 种）时获得的效用计算出来，即 U_{ij}^r。但是到了调用 AR 模拟器阶段，就只是简单地比较哪种通勤方式带来的效用最大，此时，其他选项跟最优选项之间的距离等信息就被丢弃掉了，不再关心它们之间是差之毫厘还是相距甚远。打个比方，AR 模拟器就像是个只关心自己的球队是否获胜但是不想打听比分的球迷。

所有这些问题的根源在于，方程 4-31 关于 U_{ij}^r 是不连续的，即 U_{ij}^r 的一个微小的变化，会导致 $\tilde{y}_{ij}$ 发生不连续的变化。因此，我们改进 AR 模拟器的方式是，设法让模拟的效用平滑化，也就是将着眼点放在 U_{ij}^r 上（第 r 轮个体 i 选择通勤方式 j 的模拟效用）。参照 Train（2009，第 121 页）的做法，我们把 4-31 更新成：

$$\tilde{P}_j(x_i;\beta_0,\beta_1)\equiv\frac{1}{R}\cdot\sum_{r=1}^{R}\frac{\exp\left(U_{ij}^r/\phi\right)}{\sum_k\exp\left(U_{ik}^r/\phi\right)}. \tag{4-32}$$

方程 4-32 应该看起来有点眼熟。是的，求和符号 $\sum$ 后面的分式在方程 4-22 出现过类似形式，是多值 Logit 模型对模拟效用值的换算。因此，我们可以称之为“Logit-平滑化”的模拟器。参数 ϕ 用于“调整”函数的平滑程度：当 $\phi\to\infty$ 时，选择每种通勤方式的概率的模拟值被平滑化为等量的 $1/J$；当 $\phi\to 0$ 时，函数就近似地成为（未被平滑化的）AR 模拟器。Train（2009，第 121 页）对此解释说，ϕ 的“合适取值应该是多少，并没有什么规则可循”。作为面向应用的研究者，我们只能具体情况具体分析，针对自己研究问题的特定模型，尝试用不同的 ϕ 展开实验，加以选择。

我们用函数 `MNProbitSimulatedLLSmoothed(param,y,x,R)` 计算 Logit 平滑化了的多值 Probit 的模拟对数似然度。可以将此时需要的模拟次数 R 与未平滑化的情况下对应程序所需要的模拟次数 R 进行一下比较。

MNProbitSimulatedLLSmoothed.m

```
function LL = ...
MNProbitSimulatedLLSmoothed(param, y, x, R)
%-----------------------------------------------
% PURPOSE: implements the logit-smoothed
%          multinomial probit
%-----------------------------------------------
% INPUTS: param : [Beta; Rho]
%         y : Nx1 vector of dependent variable
%         x : NxK vector of independent variable
%         R : scalar replications
%-----------------------------------------------
```

```
% OUTPUT: LL : log-likelihood
%-----------------------------------------

%----- (1) Unpack initial parameters, Seed ------
Betavec            = param(1:end-1);
Rho                = param(end);
Omega              = [1, Rho; Rho, 1];
rng(1);

%----- (2) Create initial (prefilled) vectors ---
N                  = size(y, 1);
J                  = max(y);
SimulatedS         = NaN(N, J, R);
SimulatedProb      = NaN(N, J);

%----- (3) Simulate (logit-smoothed) value
%          R times -----
for count = 1:R
    SimulatedS(:, :, count) = ...
     SimulateMNProbit_Smoothed(x, BetaV, Omega);
end
SimulatedProb       = mean(SimulatedS, 3);

%----- (4) Create choice index matrix for each
%          item j in J----
for j = 1:J
    MyIndex(:, j)= (y == j);
end

%----- (5) Calculate maximum simulated likelihood
ll_i      = sum(MyIndex .* log(SimulatedProb), 2);
LL        = -sum(ll_i);

return
```

需要注意的是，函数 MNProbitSimulatedLLSmoothed 的代码中调用了一个名为 SimulateMNProbit_Smoothed 的函数。从函数名字就可以看出，它与前文用过的函数 SimulateMNProbit 功能接近，只不过在这里依据的是方程 4-32。根据当前我们使用的例子，代码中选择了 $\phi = 0.01$。

SimulateMNProbit_Smoothed.m

```
function S =
SimulateMNProbit_Smoothed(x, Betavec, Omega)
%-----------------------------------------------
% PURPOSE: implements the logit-smoothed
%          multinomial probit.
%-----------------------------------------------
```

```
% INPUTS: x : NxK vector of independent variable
%         Betavec : Kx1 parameter vector
%         Omega : covariance matrix
%-----------------------------------------------
% OUTPUT: S : multinomial choice
%-----------------------------------------------

%----- (1) Setup initial vectors ---------------
phi          = 0.01;
N            = size(x, 1);
K            = size(x, 2);
J            = size(Betavec, 1)/K + 1;

%----- (2) Calculate relative utility ----------
Beta         = reshape(Betavec, K, J - 1);
xb           = x * Beta;
diff         = [zeros(N, 1), xb +...
               mvnrnd(zeros(J - 1, 1), Omega, N)];
expdiff      = exp(diff/phi);

%----- (3) Calculate smoothed choice for
%          realizations
for count    = 1:J
    S(:, count) = expdiff(:, count) ./ ...
                      sum(expdiff, 2);
end

return
```

4.4 复习与习题

延伸阅读

McFadden (2000) 对离散选择建模的历史进行了引人入胜的概述，其中包括了对著名的湾区快速交通分析的讨论（该研究最早出现于 McFadden (1974)）。Train (2009) 对离散选择模型进行了精彩的讨论，任何对这个领域（哪怕是偶然）有兴趣的人都不该错过这本书。Train (2009) 在书中讨论了很多主题，其中包括对 Geweke-Hajivassiliou-Keane 模拟器的详细介绍，这是对平滑化的 AR 方法的进一步改进。该模拟器超出了本书讨论的范围，如果您对多值 Probit 模型的估计感兴趣，建议您阅读 Train 对该方法的讨论，或者进一步阅读 Geweke 等 (1994) 的著作。

最大模拟似然估计（Maximum Simulated Likelihood）是一类非常重要的基于模拟的估计方法，但肯定还有其他的估计方法。Gouriroux 和 Monfort（1997）详细讨论了基于模拟的估计方法，包括模拟矩方法（Method of Simulated Moments）以及更一般化的间接推断法（Indirect Inference）。

为了读者复习方便，我们将本章用到的全部 MATLAB 命令都列示在表 4-1 中。

表 4-1 第 4 章用到的 MATLAB 命令

命令	简要描述
`cla`	清除当前坐标区图形
`end`	`for`, `if` 等类似代码块的终止符 （也可用于指向给定向量的最后一项）
`mvnrnd`	从多变量正态分布中抽取随机数
`NaN`	向矩阵中预先填写“空”值
`reshape`	将给定矩阵的元素逐行按照新的维度填充到另一个矩阵里
`[~,...]`	波浪号充当不欲保留其返回值的占位符

习题

(i) 我们回过头再研究一下函数 `SimulateBinaryLogit`。随着样本量 N 的增加，模拟出来的概率呈现出何种特征？随着 N 的增长，模拟出来的方差和均值（在数值上）有何特征？这些特征是否可以从中心极限定理和大数定律方面得到理论解释？

(ii) 在我们的估计中，$\hat{\boldsymbol{\beta}}$ 与 $\boldsymbol{\beta}$ 如果不同，原因会出自两方面：一是样本量 $N<\infty$，一是模拟次数 $R<\infty$。在数值上，二者哪个更重要？考察两种情况下 $\hat{\boldsymbol{\beta}}$ 的变化：(1) 保持 R 不变，令 $N\to\infty$；(2) 保持 N 不变，令 $R\to\infty$。

(iii) 将函数 `SimulateBinaryLogit` 加以扩展，用来模拟多值 Logit。将其命名为 `SimulateMNLogit(x, Betavec)`，其中，`x` 的元素是作为解释变量的标量，`Betavec` 的元素是由多个参数构造而成的向量。函数的输出项包括两个：模拟出来的不同个体的最优选择构成的向量 `y`，以及模拟出来的不同个体选择各不同选项时获得的效用值构成的矩阵 `utility`。

(iv) 将函数 `BinaryLogitLL` 加以扩展，用来计算多值 Logit 的对数似然度的相反数 $-1\times\ell_i(\boldsymbol{\beta};y_i|x_i)$。使用 `fmincon` 最大化该对数似然度，以得到对模型参数的合理估计值，看是否能够成功地重现模型估计时所使用参数值（即用作函数 `SimulateMNLogit` 的输入项的参数值 `Betavec`）。

(v) 将函数 `BinaryLogitSimulatedLL` 加以扩展，用来计算多值 Logit 的对数似然度的模拟值，并命名为 `MNLogitSimulationdLL`。使用 `fmincon` 最大化该模拟对数似然度，以得到对模型参数的合理估计值，看是否能够成功地重现模型估计时所使用参数值（即用作函数 `SimulateMNLogit` 的输入项的参数值 `Betavec`）。

(vi) 函数 `BinaryLogitLL` 和函数 `BinaryLogitSimulatedLL` 的第二个输出项都是由 ℓ_i 构成的向量，前者是基于对数似然度的解析表达式，后者是基于模拟。根据两个函数的输出结果绘制 ℓ_i 的散点图。如果改变 R 的大小，会对散点图带来什么影响?

(vii) 使用函数 `SimulateMNProbit` 模拟多值 Probit，然后使用函数 `fmincon` 和 `MNProbitSimulatedLL` 根据模拟数据来估计模型参数，看是否能够成功地重现模型估计时所使用参数值。

(viii) 用函数 `SimulateMNProbitSmoothed` 做实验：变换不同的 ϕ 取值，看看是否有比 $\phi = 0.01$ 表现更好的取值。

5 离散博弈

在这种情况下，并不是要选自己真的觉得最美的人，甚至也不是要选大众们平均而言真的觉得最美的人，而是要上升到第三阶思考，即要开动脑筋来预测，如果让大众们推测，他们平均而言会觉得，大众们平均而言会认为哪个人最美。我相信，有人还会进行第四、第五阶，甚至更高阶的思考。

凯恩斯[1]

到目前为止，我们的观察对象都是单个行为主体，比如单个通勤者或者单个消费者等。其实，当多个行为主体相遇时，发生在他们之间的策略互动，也同样是微观经济学的研究对象。因此，我们同样希望能借助 MATLAB 建立模型来刻画这种互动，收集他们策略互动的结果数据进而对模型的参数进行估计。本章研究的是由两个行为人参与的二值博弈：首先讨论模型的求解，然后以此为基础，讨论模型的估计。学术界有大量文献致力于讨论策略互动行为的结构估计问题，本章的内容就是为这类问题提供了研究方法背后的直觉。

5.1 简单的古诺博弈

本节讨论一个大家都很熟悉的模型结构：双人古诺博弈。虽然在这个博弈里，参与人需要选择的产量是个连续变量，因而这不属于离散博弈，但是因为它结构简单，我们可以借它来介绍用 MATLAB 求解博弈模型的基本原理。本节打好模型求解的基础之后，下一节就可以讨论模型的估计了。

假设有两个厂商，他们生产同一种产品，令二者产量之和是 q，市场对这种产品的需求函数的反函数（即反需求函数）可表示为方程 5-1，其图形则如图 5-1 所示：

$$p(q)=\begin{cases} a-b\cdot q & \text{当} \quad q<a\cdot b^{-1}; \\ 0 & \text{当} \quad q\geq a\cdot b^{-1}. \end{cases} \tag{5-1}$$

我们分别用 i 和 j 表示这两个厂商，假设两个厂商同时进行决定各自产量的决策，

[1]Keynes, J. M., *The General Theory of Employment Interest and Money*, Palgrave Macmillan (1936).

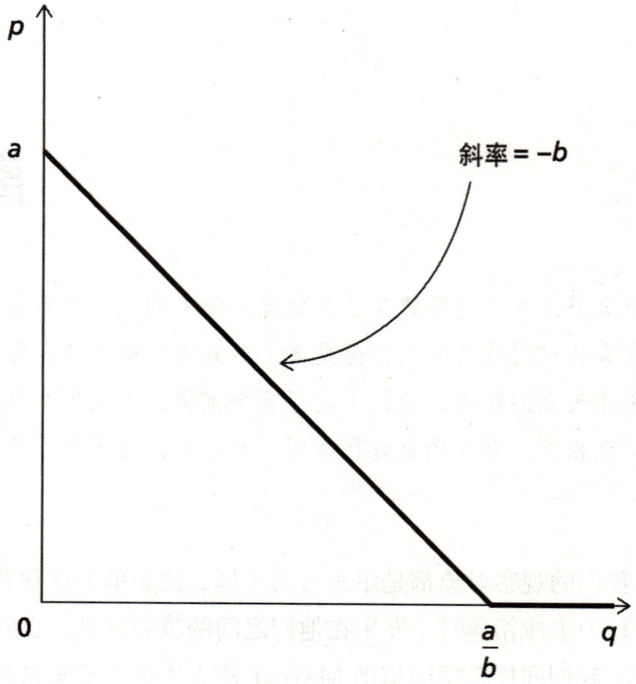

图 5-1 反需求函数

各自选择其产量 q_i 和 q_j，两个厂商的产量组合为 (q_i, q_j)。则厂商 i 的利润是：

$$\pi_i(q_i, q_j) = [a - b \cdot (q_i + q_j)] \cdot q_i - c \cdot q_i \tag{5-2}$$

$$= (a - c - b \cdot q_j) \cdot q_i - b \cdot q_i^2. \tag{5-3}$$

寻找最优反应函数

我们的目标是找到纳什均衡。为此，我们首先需要找到最优反应函数。不难看出，厂商 i 的最优反应函数的求解过程如下：

$$\left.\frac{\partial \pi_i(q_i, q_j)}{\partial q_i}\right|_{q_i = q_i^*} = a - c - b \cdot q_j - 2b \cdot q_i = 0 \tag{5-4}$$

$$\therefore q_i^*(q_j) = \frac{a - c - b \cdot q_j}{2b} = \frac{a - c}{2b} - \frac{q_j}{2}. \tag{5-5}$$

方程 5-5 就是厂商 i 的最优反应函数的解析表达式。然而，我们感兴趣的博弈问题中，大多数是没有最优反应函数的解析解的，本章稍后就会详细讨论这样一个实例。如此一来，我们就不得不借助 MATLAB 使用数值方法进行求解了。为了弄清用数值方法求解博弈模型的基本原理，不妨假设我们的数学知识不足以让我们算出方程 5-5 来，看看计算机怎么殊途同归地找到它。首先要厘清这项计算任务的实质：计算机已知的是市场需求函数的反函数 $p(q;a,b)$ 和厂商 i 的利润函数 $\pi_i(q_i,q_j;c_i;a,b)$。本章课后习题 (i) 和 (ii) 请您将这两个数学函数表达成计算机能够理解的 MATLAB 函数代码，分别命名为 `Demand` 和 `Profit`。您也可以从本书的配套网站上下载到这两个函数。

我们要借助计算机求解的是厂商 i 的最优反应的数值解，即厂商 i 的最优产量决策 q_i^*。不要忘了，"最优反应"这个概念的关键之处在于，厂商 i 的最优产量决策要考虑到另一个厂商 j 的产量决策 q_j，也就是说，需要求解的问题是厂商 i 以厂商 j 的产量决策作为约束条件进行自己的最优产量决策：

$$q_i^*(q_j) = \arg\max_{q_i \geq 0} \pi_i(q_i, q_j). \tag{5-6}$$

运用 MATLAB 里的 `fmincon` 很容易完成这个计算任务。我们将这个求最优化的计算编写成一个名为 `BestResponse` 的函数：

BestResponse.m

```
function qi    = BestResponse(qj, ci, a, b)
%------------------------------------------------
% PURPOSE: Returns the best response for firm i to
%          output q_j.
%------------------------------------------------
% INPUTS:  qj : quantity produced by firm j
%          ci : MC for i
%          a : intercept
%          b : slope
%------------------------------------------------
% OUTPUT:  qi : best reponse for firm i
%------------------------------------------------

options = optimset('Algorithm', 'sqp',...
          'Display', 'off');
qi  = fmincon(@(q) -Profit(q, qj, ci, a, b),...
      0, [], [], [], [], 0, [], [], options);

return
```

函数 `BestResponse` 是为输入的每一个 q_j 输出一个与之对应的最优的 q_i^*。因此，如果我们将 q_j 的多个可行值列示在一个向量中，然后通过一个循环语句将该向量里的每个 q_j 取值逐个输入给函数 `BestResponse`，就可以得到对应的最优 q_i^* 的向量，在一个横轴为 q_j、纵轴为 q_i^* 的坐标系里将两个向量对应的点逐个描出，就得到了厂商 i 的最优反应函数 $q_i^*(q_j)$ 的数值解的图形化表达。如下代码 `GraphBestResponse` 完成了如上任务，并输出了图 5-2。

GraphBestResponse.m

```
%----(1) Initialize the parameters, generate grid
%       for qj -----
a   = 20;
c   = 2;
b   = 1;
qj  = [0:20]';

%--- (2) Solve the best response for qi... ------
qi_star = NaN(size(qj));

for count = 1:size(qj, 1)
    qi_star(count, 1) = BestResponse(qj(count,...
                            1), c, a, b);
end

line(qj, qi_star, 'LineWidth', 2, 'Color',...
[1, 0, 0])
ylabel('q_i', 'FontSize',12)
xlabel('q_j', 'FontSize', 12)
```

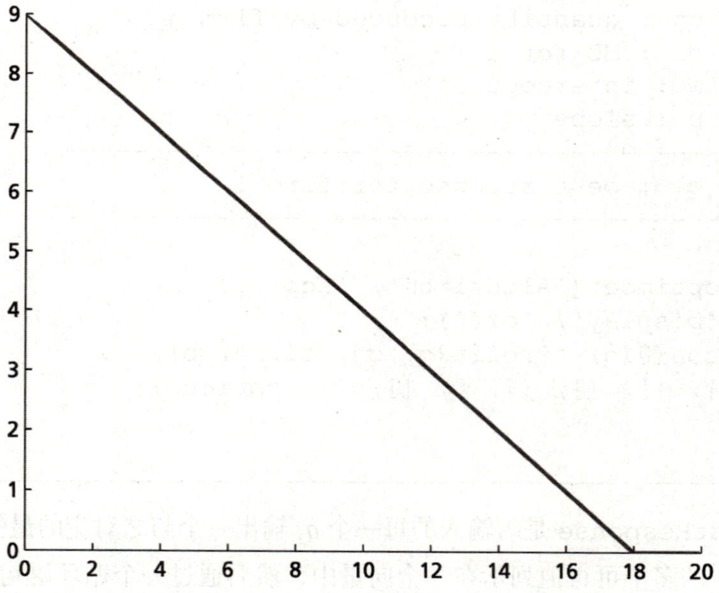

图 5-2 厂商 i 的最优反应函数 $q_i^*(q_j)$ 的数值解

我们已经顺利地画出了厂商 i 的最优反应函数曲线 $q_i^*(q_j)$。但是，为了得到博弈模型的解（即纳什均衡），我们需要找的是*两个*厂商的最优反应函数曲线（即 $q_i^*(q_j)$ 和 $q_j^*(q_i)$）的交点。这也好办：既然函数 BestResponse 可以用于厂商 i，它就也适用

于厂商 j，现在只要把代码里的 i 和 j 换个位置，就可以计算出厂商 j 的最优反应函数 $q_j^*(q_i)$ 了，即代码 GraphNashEquilibrium。

GraphNashEquilibirum.m

```
%---- (3) Generate a grid for qi...--------------
qi = [0:20]';

%---- (4) Solve the best response for qj...-------
qj_star = NaN(size(qi));
for count = 1:size(qi, 1)
   qj_star(count, 1) = BestResponse(qi(count,...
                1), c, a, b);
end
```

现在将新算出来的厂商 j 的最优反应函数曲线 $q_j^*(q_i)$ 叠加绘制在之前画好的厂商 i 的最优反应函数曲线 $q_i^*(q_j)$ 之上，也就是说，将两条曲线绘制在同一个（横轴是 q_j、纵轴是 q_i）坐标系里，会得到图 5-3。

```
hold on
line(qj_star, qi, 'LineWidth', 2, 'Color',...
    [0, 0, 1])
```

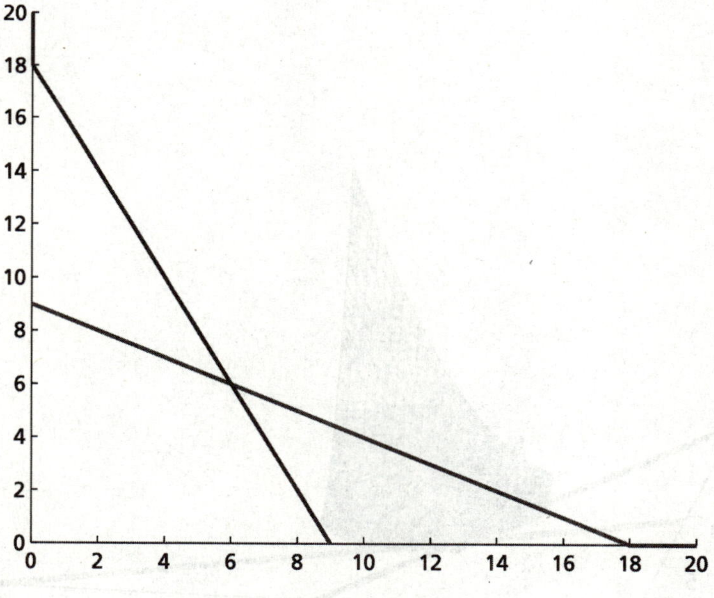

图 5-3 两个厂商的最优反应函数的数值解

从图上可以清楚地看出来，两条最优反应函数曲线的交点坐标是 $(6,6)$，这个点就是我们寻找的纳什均衡。如果我们运用最优反应函数的解析表达式，即方程 5-5，来手动运算的话，相信也会得到相同的解。

但是，仅凭肉眼看图识别交点的方法来找纳什均衡，还远未达成我们的目标。我们的目标是对模型的参数进行估计，所以肯定会有海量的纳什均衡需要求解，因此必须要让 MATLAB 实现自动化求解均衡。我们的做法是，根据前文已经计算出来的两个最优反应函数 $q_i^*(q_j)$ 和 $q_j^*(q_i)$，定义一个简单的损失函数，如下：

$$L(q_i, q_j) = \left(q_i - q_i^*(q_j)\right)^2 + \left(q_j - q_j^*(q_i)\right)^2. \tag{5-7}$$

该式表示对于任意一个策略组合 (q_i, q_j)，都可以计算出一个大于零的值 $L(q_i, q_j)$。而我们所要找的纳什均衡点，就是能够让 $L(q_i, q_j)$ 取得极小值（也就是 0）的策略组合 $(q_i^*(q_j^*), q_j^*(q_i^*))$。在这个示例中它应该是存在且唯一的。

我们用函数 `CournotLoss` 来执行方程 5-7 的运算过程，该函数代码中调用了前文定义的函数 `BestResponse`，用于计算最优反应函数。根据第 1 章介绍过的 `meshgrid` 等作图方法，我们可以绘制出损失函数的图形，见图 5-4。可以看到，损失函数的曲面定义在包含了纳什均衡的一个区域内，因为纳什均衡位于曲面的最低点，所以寻找纳什均衡的数值方法是：在 q_i 和 q_j 都非负取值的约束下，寻找能够最小化 `CournotLoss` 的点。我们用函数 `SolveCournotNash` 来执行这个求解过程。

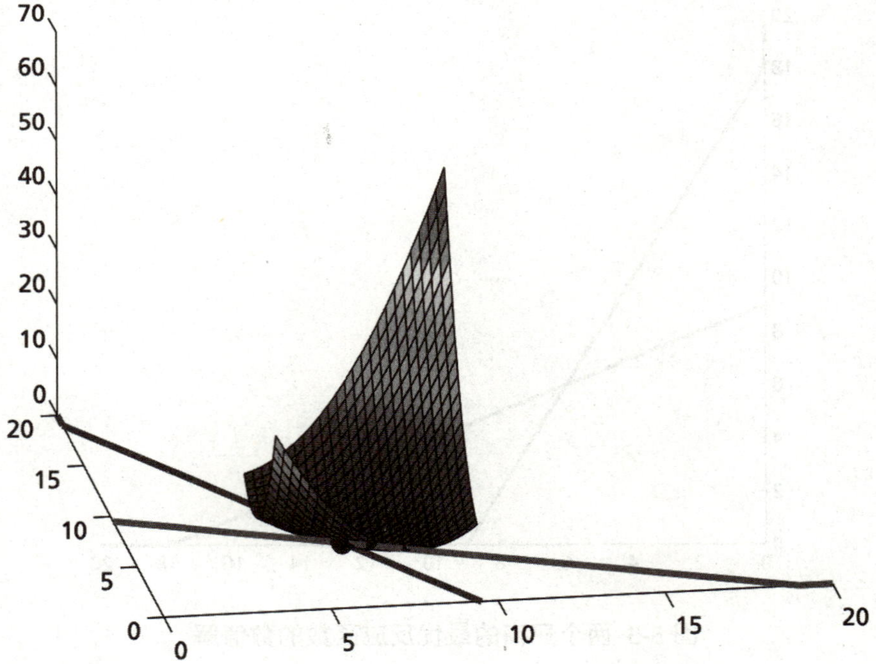

图 5-4 古诺模型的二次损失函数

CournotLoss.m

```
function Loss  = CournotLoss(q, a, b, ci, cj)
%-----------------------------------------------
% PURPOSE: Returns the quadratic loss for a
% simple Cournot model.
%-----------------------------------------------
% INPUTS:  q : [q(1); q(2)]
%          ci : MC for i
%          cj : MC for j
%          a : intercept
%          b : slope
%-----------------------------------------------
% OUTPUT: Loss : deviation from best response
%-----------------------------------------------

qi_star = BestResponse(q(2), ci, a, b);
qj_star = BestResponse(q(1), cj, a, b);

Loss = (q(1) - qi_star)^2 + (q(2) - qj_star)^2;

return
```

SolveCournotNash.m

```
function Nash = SolveCournotNash(a, b, ci, cj)
%-----------------------------------------------
% PURPOSE: solves the Nash for a simple Cournot
%          model.
%-----------------------------------------------
% INPUTS:   ci : MC for i
%           cj : MC for j
%           a : intercept
%           b : slope
%-----------------------------------------------
% OUTPUT:  Nash : quantites at equilibrium
%-----------------------------------------------

opts = optimset('Algorithm', 'sqp', 'Display', ...
                'off');
Nash =  fmincon(@(q) CournotLoss(q, a, b, ci,...
        cj), [0, 0], [], [], [], [], [0, 0],...
        [], [], opts)

return
```

调用 SolveCurnotNash 寻找纳什均衡的操作如下：

```
>> Nash = SolveCournotNash(a, b, cj, ci)
```

```
Loss =

   1.2986e-14

exitflag =

     1

Nash =

    6.0000    6.0000

>> hold on
>> scatter(Nash(1), Nash(2), 100, [0, 0, 0],...
   'filled')
```

最后两行命令是要在我们之前的图里用一个黑色的大圆点标出纳什均衡的位置。

请注意，代码中的 ci 和 cj 可以不相等，这表示我们允许不同厂商的成本水平有差异。您不妨自己做个实验：当二者的成本不相等时，纳什均衡会有何变化。本章最后的习题 (iii) 和 (iv) 会分别请您把代码扩展成 N 个厂商参与的古诺博弈、扩展成两个厂商参与的 Stackelburg 博弈。

5.2 离散的贝叶斯博弈

上一节讨论了如何运用标准的最优化方法来求解纳什均衡。具体的最优化方法是求联合损失函数的最小化，这里所说的损失，指的是厂商的产量决策因其与最优产量之间可能存在的不一致而遭受的利润损失。我们本节讨论如何在模型求解的基础上进一步实现模型的估计。

我们在估计单个行为人的决策模型时，要用到多个观测数据，其中的每个数据都来自对 单个行为人 一次决策行为的观察（例如，我们上一章讨论过的通勤模型，刻画的是通勤者在坐公交车和开车这两种交通工具之间作选择的决策，进行参数估计时所依赖的数据是多个通勤者的收入及其对交通方式选择的结果）。如果我们要估计的是博弈模型，我们同样需要多个观测数据：每运行一次该 博弈 ，会收集到一个观测数据，所以我们需要让博弈运行多次。

现在考虑一个简化的贝叶斯博弈。具体而言，我们考虑的是一个简单的、两个厂商参与的协调博弈，不妨将这两个厂商分别命名为“厂商 1”和“厂商 2”，假设他们的规模都很大。为了收集到多个观测数据，假设这两个大厂商会在 $m \in \{1, \ldots, M\}$ 个市场里博弈，我们的数据来自对这 M 个市场里博弈运行结果的收集。在每个市场里，厂商 i（其中 $i = 1$ 或者 $i = 2$）都需要作出如下决策：是否在本地广播电台里投放广告，用

$a_i=1$ 表示投放广告，$a_i=0$ 则表示不投放广告。[1]

假设厂商 i 的利润由两部分组成：(i) 厂商 i 通过研究市场上的信息，得出自己如果在广播电台投放广告所能获得的净利润水平，即 x_i。后文会论证，为什么这个 x_i 可以看作是市场给厂商 i 发送的一个“信号”。(ii) 厂商 i 和厂商 j 因为有可能作出相同选择而带来的额外收益，即 $\delta_i \leq 0$。这部分收益指的是，两个厂商之所以花钱投放广告，是为了凸显自己跟竞争对手的差异性，如果双方的广告在同一个广告平台出现，反而会对双方的盈利能力造成损害，所以：如果 $a_1 \neq a_2$，这意味着二者的广告投放平台不同，此时没有彼此伤害，即 $\delta_1=\delta_2=0$；反之，如果 $a_1=a_2$，这意味着二者或者在广播电台的广告时段同时出现，或者在其他广告平台同时出现，那么就会存在彼此伤害，即 $\delta_1,\delta_2 \leq 0$。也就是说，我们假设，*在其他条件保持不变的情况下*，厂商更希望自己和对方的广告投放决策是*不同*的。这也是为什么这种博弈被称为是“协调”博弈。最后，我们假设两个厂商是同时采取行动的。

为了把逻辑阐述得更加清晰，我们先集中注意力来求解发生在单个市场里的一次博弈。该博弈可以用如下的标准形式进行表达：

		厂商 1	
		$a_1=0$	$a_1=1$
厂商 2	$a_2=0$	δ_2，δ_1	0，x_1
	$a_1=1$	x_2，0	$x_2+\delta_2$，$x_1+\delta_1$

由该收益矩阵中看出，厂商 i 的收益是（此时暂且称另一个厂商为 j）：

$$U_i(a_i;a_j,x_i)=\begin{cases} x_i+\delta_i & \text{当} \quad a_i=1,\ a_j=1; \\ x_i & \text{当} \quad a_i=1,\ a_j=0; \\ 0 & \text{当} \quad a_i=0,\ a_j=1; \\ \delta_i & \text{当} \quad a_i=0,\ a_j=0. \end{cases} \tag{5-8}$$

我们假设，研究者是可以观察到两个厂商的决策结果 (a_1,a_2) 的，即他们是否选择了投放电台广告；但是，投放电台广告到底能给厂商自己带来多少净利润，即 x_1 和 x_2 的取值，只有该厂商自己能够观测到，而且他不会将这个信息告诉其竞争对手以及研究者。也就是说，x_1 的值只有厂商 1 知道，x_2 的值只有厂商 2 知道。因此，这是一个不完全信息博弈。而且，(x_1,x_2) 在模型里充当着误差项的角色，其含义是：厂商在电台做广告到底能给自己带来多少净利润，这不仅取决于模型里确定性的参数，还会受到随

[1]这个实证研究的想法在一定程度上是受到了 Sweeting（2009）的启发，他使用结构方法刻画了美国广播电台在广告投放时段上的最优策略行为。

机因素的干扰。跟上一章一样，对于这些随机干扰，我们需要对其分布给出假设。为了简单起见，我们假设随机干扰服从二维正态分布：

$$\begin{pmatrix} x_1 \\ x_2 \end{pmatrix} \sim \mathcal{N}\left(\begin{pmatrix} \mu_1 \\ \mu_2 \end{pmatrix}, \begin{pmatrix} 1 & \rho \\ \rho & 1 \end{pmatrix}\right). \tag{5-9}$$

我们用 $\Phi_2(\mu_1, \mu_2, \rho)$ 来代表上述二维正态分布的累积分布函数。

好了，我们已经将模型的假设交代完毕，现在开始求解这个模型。对于厂商 i 而言，首先他已通过观察市场获得了 x_i 的值，基于这个信息，厂商能计算出：

如果自己此时选择 $a_i = 1$，能够获得期望收益为：

$$\begin{aligned} & U_i(1;1,x_i) \cdot \Pr(a_j = 1|x_i) + U_i(1;0,x_i) \cdot (1 - \Pr(a_j = 1|x_i)) \\ = & \ (x_i + \delta_i) \cdot \Pr(a_j = 1|x_i) + x_i \cdot (1 - \Pr(a_j = 1|x_i)) \\ = & \ \delta_i \cdot \Pr(a_j = 1|x_i) + x_i. \end{aligned} \tag{5-10}$$

如果自己此时选择 $a_i = 0$，能够获得期望收益为：

$$\begin{aligned} & U_i(0;1,x_i) \cdot \Pr(a_j = 1|x_i) + U_i(0;0,x_i) \cdot (1 - \Pr(a_j = 1|x_i)) \\ = & \ 0 + \delta_i \cdot (1 - \Pr(a_j = 1|x_i)) \\ = & \ \delta_i \cdot (1 - \Pr(a_j = 1|x_i)). \end{aligned} \tag{5-11}$$

通过计算厂商 i 选择 $a_i = 1$ 的期望收益与选择 $a_i = 0$ 的期望收益之差，可以看出，它与 x_i 正相关。因此，一定存在某一个 x_i 的临界取值 x_i^*，使得厂商 i 的最优策略可以表示如下：

$$a_i = \begin{cases} 0 & \text{当} \quad x_i < x_i^*; \\ 1 & \text{当} \quad x_i \geq x_i^*. \end{cases} \tag{5-12}$$

上述最优策略可以被称为断点策略。[1] 显然，该断点 x_i^* 的取值原则是：当 $x_i = x_i^*$ 时，厂商 i 无论选择 $a_i = 1$ 还是选择 $a_i = 0$，获得的期望收益是相等的，即：

$$\begin{aligned} & U_i(1;1,x_i^*) \cdot \Pr(a_j = 1|x_i = x_i^*) + U_i(1;0,x_i^*) \cdot (1 - \Pr(a_j = 1|x_i = x_i^*)) \\ = & \ U_i(0;1,x_i^*) \cdot \Pr(a_j = 1|x_i = x_i^*) + U_i(0;0,x_i^*) \cdot (1 - \Pr(a_j = 1|x_i = x_i^*)). \end{aligned} \tag{5-13}$$

因此有：

$$\delta_i \cdot \Pr(a_j = 1|x_i = x_i^*) \ + \ x_i^* \ = \ \delta_i \cdot (1 - \Pr(a_j = 1|x_i = x_i^*)).$$

[1] 如上这种使用断点策略（cutoff strategy）来简化模型的做法，在贝叶斯博弈的文献里很常见。例如，Morris 和 Shin（2003）。此外，Xu（2014）讨论了如何把断点策略应用于一个由两个行为人参与的、不可观测变量是彼此相关的二值选择模型。

整理得到：

$$
\begin{aligned}
x_i^* &= \delta_i \cdot (1 - 2 \cdot \Pr(a_j = 1 | x_i = x_i^*)) \qquad (5\text{-}14)\\
&= \delta_i \cdot (2 \cdot \Pr(a_j = 0 | x_i = x_i^*) - 1). \qquad (5\text{-}15)
\end{aligned}
$$

仔细研究以上方程会发现，x_i 肩负着双重任务：(i) x_i 直接进入到厂商 i 的收益函数，(ii) 当厂商 i 需要对厂商 j 行为的概率作出预判时，要用到 x_i。可见，它的确承担了“信号”的角色。

为了看清上面的第 (ii) 点，我们考察一下 (x_i, x_j) 服从的二维正态分布所对应的边缘分布：

$$
\begin{aligned}
x_j | x_i &\sim \mathcal{N}(\mu_j + \rho \cdot (x_i - \mu_i), 1 - \rho^2) \qquad (5\text{-}16)\\
\therefore \left. \frac{x_j - \mu_j - \rho \cdot (x_i - \mu_i)}{\sqrt{1-\rho^2}} \right| x_i &\sim \mathcal{N}(0, 1). \qquad (5\text{-}17)
\end{aligned}
$$

用 x_j^* 代表厂商 j 的断点，那么厂商 i 的思路应该是：

$$
\begin{aligned}
\Pr(a_j = 1 | x_i) &= \Pr(x_j \geq x_j^* | x_i) \qquad (5\text{-}18)\\
&= \Pr\left(\frac{x_j - \mu_j - \rho \cdot (x_i - \mu_i)}{\sqrt{1-\rho^2}} \geq \left. \frac{x_j^* - \mu_j - \rho \cdot (x_i - \mu_i)}{\sqrt{1-\rho^2}} \right| x_i \right) \qquad (5\text{-}19)\\
&= 1 - \Phi\left(\frac{x_j^* - \mu_j - \rho \cdot (x_i - \mu_i)}{\sqrt{1-\rho^2}} \right) \qquad (5\text{-}20)\\
\therefore \Pr(a_j = 0 | x_i) &= \Phi\left(\frac{x_j^* - \mu_j - \rho \cdot (x_i - \mu_i)}{\sqrt{1-\rho^2}} \right). \qquad (5\text{-}21)
\end{aligned}
$$

因此，厂商 i 的最优反应函数中用到的断点值是：

$$
x_i^* = \delta_i \cdot \left[2 \cdot \Phi\left(\frac{x_j^* - \mu_j - \rho \cdot (x_i^* - \mu_i)}{\sqrt{1-\rho^2}} \right) - 1 \right]. \qquad (5\text{-}22)
$$

用方程 5-22 解出 x_i^* 的值，也就解出了模型的均衡，即贝叶斯纳什均衡。而且，如果参数满足如下条件，就能够充分保证该均衡解的唯一性：[1]

$$
\delta_i, \ \delta_j > -\sqrt{\frac{\pi}{2}} \cdot \sqrt{\frac{1-\rho}{1+\rho}}. \qquad (5\text{-}23)
$$

为了能够让自己真正理解最优反应函数背后的直觉，不妨思考如下问题：如果厂商 i 对“广告协调”问题并不担心，即若 $\delta_i = 0$，那么该厂商的行为会有何变化？如果市场“信号” (x_i, x_j) 是彼此独立的，即若 (x_i, x_j) 的相关系数 $\rho = 0$，它们各自服从均值为 (μ_i, μ_j) 的正态分布，那么厂商们的行为会有何变化？给定各个参数的取值，请问 x_i^*

[1]这里的条件改编自 Morris 和 Shin（2003）。它确保了两个厂商的最优反应函数在相交之后，不会掉头再次相交。Gole 和 Quinn（2014）在更复杂的三个参与人的情形下推导出了等价的条件，并讨论了其与两个参与人模型之间的关联。

能够取到的最大值和最小值分别是什么？如果现在允许 δ 在方程 5-23 规定的范围之外取值，那么您是否能把模型的多重均衡计算出来。（请注意，方程 5-23 是能够保证均衡唯一性的*充分但非必要*条件，因此，当 δ 在方程 5-23 规定的范围之外取值时，也不排除会出现均衡仍然唯一的情况。[1]）

为上述的二值贝叶斯博弈的相关参数赋值。例如，令 $\mu_i = 1$，$\mu_j = 1$，$\rho = 0.75$，$\delta_i = \delta_2 = -0.5$，就可以算出该博弈的解对应的具体数值。与上节的古诺博弈相比，本节的贝叶斯博弈的最优反应函数更加复杂。通过改编上节我们为古诺模型绘图时所用到的代码，我们可以很容易地将贝叶斯博弈的解绘制成图 5-5。本章最后的习题 (v) 和 (viii) 会邀请您一步步完成这一系列编程和作图。

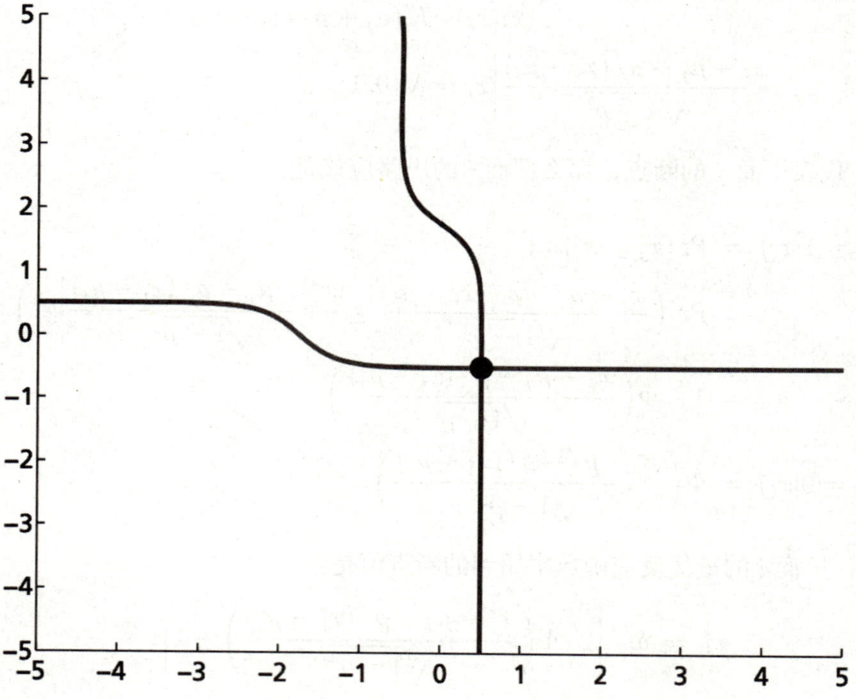

图 5-5 二值贝叶斯博弈的一个数值解

5.2.1 博弈的模拟

既然我们已经学会了贝叶斯模型的求解，那么，该如何在模型和数据之间建立起联系呢？我们可以从直接给模型的参数赋值做起。假设我们的研究对象是两个厂商，分别被称为“厂商 1”和“厂商 2”，他们两个会在 M 个彼此独立的市场里博弈。假设对

[1]方程 5-23 提供的只是保证均衡唯一性的*最弱*的充分条件，也就是说，如果该条件虽然没有被满足，但是也仅仅是被违背了一点点的话，那么多重平衡就已经*有可能*会出现了。

于第 m 个市场（其中 $m \in \{1, \ldots, M\}$），研究者可以观测到该市场规模的大小（单位是百万个消费者，数据精度精确到 0.1），记为 n_m；对于该市场里的第 i 个厂商（其中 $i \in \{1, 2\}$），研究者可以观测到该厂商的属性 z_{im}，令其取值要么是 0 要么是 1，z_{im} 刻画的是该厂商对“广告协调问题”的偏好，具体而言：

$$\delta_{1m} = \beta_1 \cdot z_{1m}; \tag{5-24}$$

$$\delta_{2m} = \beta_2 \cdot z_{2m}. \tag{5-25}$$

方程 5-24 和方程 5-25 的含义是，z_{im} 会通过参数 β_i 影响到厂商利润的第二部分 δ_{im}。假设每个厂商的 z_{im} 取值是所有厂商都知道的共同知识。在这样的设定下，研究者可以观测到的某个市场的数据大致会类似如下的样子：

		厂商 1		厂商 2	
m	n_m	z_{1m}	a_{1m}	z_{2m}	a_{2m}
1	0.3	0	0	0	1
2	0.1	1	0	0	0
⋮	⋮	⋮	⋮	⋮	⋮
M	0.9	1	1	0	0

在该表中，当我们观察到某个市场里 $(z_{1m}, z_{2m}) = (0, 0)$ 时，根据方程 5-24 和方程 5-25，就知道 $(\delta_{1m}, \delta_{2m}) = (0, 0)$。这一点对于模型的识别很重要。[1] 根据方程 5-9，两个厂商在电台投放广告给自己带来的纯利润 x_{im}（即厂商利润的第一部分）服从二维正态分布，我们进一步假设：随机变量 x_{im} 的均值 μ_{im} 是市场里消费者数量（即市场规模）n_m 的线性函数，即：

$$\mu_{1m} = \gamma_1 \cdot n_m; \tag{5-26}$$

$$\mu_{2m} = \gamma_2 \cdot n_m. \tag{5-27}$$

假设 x_{1m} 和 x_{2m} 之间的相关系数在各个市场都相同，令其为 ρ。因此，模型的待估计参数一共有五个，将他们放在同一个向量里：$\boldsymbol{\theta} = (\gamma_1, \gamma_2, \beta_1, \beta_2, \rho)'$。

首先，我们要通过对模型的模拟，生成将要用于参数估计的数据集。我们把完成这个任务的函数命名为 `SimulateBayesianNash`，它可以模拟出对应于每个市场的数据：n_m、z_{1m}、z_{2m}、a_{1m} 和 a_{2m}。（该函数要调用函数 `SolveBayesianNash`，这是读者需要在习题（vii）完成的代码，您也可以从本书的配套网站下载到。）

[1]我们不打算在本书讨论识别问题，所以也不打算从现在开始讨论。对离散博弈的识别问题感兴趣的读者，可以参考本章末尾给出的进一步阅读文献列表。

SimulateBayesianNash.m

```
function [a,z,nm] = ...
  SimulateBayesianNash(M,g_1,g_2,b_1,b_2,rho);
%-------------------------------------------------
% PURPOSE: simulates data from the Bayesian Nash
%          model.
%-------------------------------------------------
% INPUTS:  M : total markets
%          g_1 : gamma 1 (parameter)
%          g_2 : gamma 2 (parameter)
%          b_1 : beta 1 (parameter)
%          b_2 : beta 2 (parameter)
%          rho : signal correlation (parameter)
%-------------------------------------------------
% OUTPUT:  a : advertising strategy choice
%          z : binary covariate
%          nm : market size
%-------------------------------------------------
rng(1)

%--- First, simulate the covariates (z and p).---
z     = randi([0, 1], M, 2);
nm    = randi([0, 10], M, 1)/ 10;

%---- Second, simulate by solving the game for
%     each market...----
cutoffs = NaN(M, 2);
a       = NaN(M, 2);

for count = 1:M
    count
    cutoffs(count, :) =  ...
    SolveBayesianNash(g_1 * nm(count),...
                      g_2 * nm(count),...
                      b_1 * z(count, 1),...
                      b_2 * z(count, 2),...
                      rho);
    a(count, :) = mvnrnd([g_1 * nm(count),...
                          g_2 * nm(count)],...
                         [1, rho; rho, 1], 1) > ...
                          cutoffs(count, :);
end

return
```

我们使用这个函数对 $M = 500$ 个市场进行模拟，生成相应的数据集。

```
>> gamma_1       = 1;
```

```
>> gamma_2       = 0.5;
>> beta_1        = -0.4;
>> beta_2        = -0.7;
>> rho           = 0.5;
>> [a, z, nm]    = SimulateBayesianNash(500,...
                   gamma_1, gamma_2,...
                   beta_1, beta_2, rho);
```

5.2.2 估计

将两厂商在市场 m 博弈的解，即贝叶斯纳什均衡时两厂商的断点，记为 (x_{1m}^*, x_{2m}^*)，则有：

$$\Pr(a_1=0,a_2=0)=\Phi_2(x_1^*-\mu_1,x_2^*-\mu_2,\rho); \tag{5-28}$$

$$\Pr(a_1=1,a_2=0)=\Phi_2(\mu_1-x_1^*,x_2^*-\mu_2,-\rho); \tag{5-29}$$

$$\Pr(a_1=0,a_2=1)=\Phi_2(x_1^*-\mu_1,\mu_2-x_2^*,-\rho); \tag{5-30}$$

$$\Pr(a_1=1,a_2=1)=\Phi_2(\mu_1-x_1^*,\mu_2-x_2^*,\rho). \tag{5-31}$$

那么，市场 m 的对数似然度为：

$$\begin{aligned}&\boldsymbol{\ell}(\boldsymbol{\theta};a_{1m},a_{2m}|z_{1m},z_{2m},n_m)\\&\quad=\ln\Phi_2\bigg[(2a_{1m}-1)\cdot(\gamma_1z_{1m}-x_{1m}^*),(2a_{2m}-1)\cdot(\gamma_2z_{2m}-x_{2m}^*),\\&\qquad\qquad(2a_{1m}-1)\cdot(2a_{2m}-1)\cdot\rho\bigg].\end{aligned} \tag{5-32}$$

我们用函数 BayesianNashLL 来执行方程 5-32 的运算过程。请注意，其中用函数 unique 生成了一个名为 UniqueData 的矩阵，并基于它的元素执行循环操作。请思考一下，这样做的好处是什么？

BayesianNashLL.m

```
function LL      = BayesianNashLL(param, a, z, nm)

%-------------------------------------------------
% PURPOSE: log-likelihood of Bayesian Nash
%    equilibrium
%-------------------------------------------------
% INPUTS:    a : advertising strategy choice
%            z : binary covariate
%            nm : market size
%            param : [gamma; beta]
%-------------------------------------------------
% OUTPUT:    LL : log-likelihood
```

```
%-----------------------------------------------

g_1          = param(1);
g_2          = param(2);
b_1          = param(3);
b_2          = param(4);
rho          = param(5);

N            = size(a, 1);

[UniqueData, m, n]  = unique([z, nm], 'rows');
cutoffs_small       = NaN(size(UniqueData, 1), ...
                      2);

for c = 1:size(UniqueData, 1)
   cutoffs_small(c, :) = SolveBayesianNash(...
                           g_1*UniqueData(c, 3),...
                           g_2*UniqueData(c, 3),...
                           b_1*UniqueData(c, 1),...
                           b_2*UniqueData(c, 2),...
                           rho);
end

cutoffs          = cutoffs_small(n, :);
ll               = NaN(N, 1);

for c = 1:N
    q1        = 2 * a(c, 1) - 1;
    q2        = 2 * a(c, 2) - 1;

    ll(c)     = log(bvnl(q1 * (g_1 * nm(c,1) -...
        cutoffs(c, 1)), q2 * (g_2 * nm(c,2) -...
        cutoffs(c, 2)), q1 * q2 * rho));

end

LL  = -sum(ll);

return
```

通过最大化以上定义的对数似然度，我们就可以得到参数向量 $\boldsymbol{\theta}$ 的估计值，重现我们在模拟时输入的设定值。但是，我们还需要先解决掉一个问题才能进行这个求解过程。前文说过，如果 δ_{1m} 或 δ_{2m} 是绝对值足够大的负数，那么博弈就会出现多重解。一旦出现多重均衡，如果程序不知道厂商在多重均衡之间进行取舍的规则，就无法得到估计值了。我们可以有一些解决方法，比方说，要么规定厂商从多个均衡中挑选单个均衡的规则，要么规定厂商会以某个预先确定好的概率搭配选择多个均衡（可以参见 Sweeting

(2009) 以及 de Paula 和 Tang（2012）的做法）。不过，为了简单起见，我们眼下想办法直接排除多重均衡的可能性。

回顾一下前文中的方程 5-23，该方程就是提供了保证均衡唯一性的充分条件。我们就把这个条件作为非线性约束，加到最大似然算法中。（需要注意的是，方程 5-23 是在单次博弈中对变量 δ_{1m} 和 δ_{2m} 规定的条件。而在本节的估计例子里，我们设定了 $\delta_{1m}=\beta_1\cdot z_{1m}$ 和 $\delta_{2m}=\beta_2\cdot z_{2m}$，其中 z_{1m} 和 z_{2m} 是取值非 1 即 0 的虚拟变量，因此，我们接下来就把方程 5-23 规定在 δ_{1m} 和 δ_{2m} 上的条件施加到 β_1 和 β_2 上。）

如下函数 UniqueEquilibriumConstraint 表达了这个保证均衡唯一性的约束条件：

UniqueEquilibriumConstraint.m

```
function [c, ceq] =
UniqueEquilibriumConstraint(param)
%--------------------------------------------------
% PURPOSE: non-linear constraint for uniqueness
%--------------------------------------------------
% INPUTS: param : [gamma; beta; rho]
%--------------------------------------------------
% OUTPUT: c : non-linear inequality constraint
%         ceq : non-linear equality constraint
%--------------------------------------------------

delta_1     = param(3);
delta_2     = param(4);
rho         = param(5);

c    = [-sqrt(pi/2) * sqrt((1 - rho) /...
       (1 + rho)) - delta_1; -sqrt(pi/2) *...
       sqrt((1 - rho) / (1 + rho)) - delta_2];
ceq   = [];

return
```

UniqueEquilibriumConstraint 会返回两个输出项：c 和 ceq，之所以要如此设定，是 fmincon 对输入项的格式要求，它要求非线性约束必须包含不等值约束和等值约束两个部分：

$$c\leq 0; \tag{5-33}$$

$$ceq=0. \tag{5-34}$$

在本节的例子中，方程 5-23 是规定在 δ_1 和 δ_2 两个标量上的非线性不等值约束，将这两个条件表达成对一个向量 c 的不等值约束；本例中不包含非线性等式约束，故将 ceq 设置为空矩阵。

好了，既然我们能够保证均衡唯一性了，就可以对似然函数求最大化了：

```
>> parameters_init  = [gamma_1, gamma_2, beta_1,...
                       beta_2, rho]';
>> lb    = [-2, -2, -2, -2, 0];
>> ub    = [2, 2, 0, 0, 0.99];
>> opts  = optimset('Algorithm', 'sqp',...
           'Display', 'iter', 'DiffMinChange',...
           1e-4);

>> [param, LL, exitflag] =...
  fmincon(@(par)  BayesianNashLL(par, a, z, nm),...
        parameters_init, [], [], [], [], lb, ub,...
        @(par) UniqueEquilibriumConstraint(par),...
        opts);

>> [parameters_init, param]

ans =

    1.0000    1.0041
    0.5000    0.5405
   -0.4000   -0.3808
   -0.7000   -0.6416
    0.5000    0.5711
```

该算法的表现还不错：参数的估计值很好地重现了模型模拟时的参数输入值。为了完整起见，根据要求，我们应该检查一下参数的估计值是否满足均衡唯一性的条件：

```
>> UniqueEquilibriumConstraint(param)

ans =

   -0.2740
   -0.0132
```

向量 c 的所有元素都是负值，满足了要求。当然，如果二者里有非负的值，背后的原因只能是：我们的程序编错了，或者 fmincon 没有成功地收敛。也就是说，这个检验无法告诉我们：我们研究的数据集里，是否真的存在多重均衡。它只能说明：我们在估计参数的时候，成功地施加了方程 5-23 规定的约束条件。在本节中，因为我们用的是模拟数据，所以我们可以检验一下我们在进行模拟时使用的参数（的真值）是否满足均衡唯一性的条件：

```
>> UniqueEquilibriumConstraint(parameters_init)

ans =

   -0.3236
```

```
-0.0236
```

5.3 复习与习题

为了读者复习方便，我们将本章用到的全部 MATLAB 命令都列示在表 5-1 中。

表 5-1 第 5 章用到的 MATLAB 命令

命令	简要描述
unique	选出不重复的值
nonlcon	用于刻画求最优化时面临的非线性约束，包含等值约束和非等值约束两部分，是作为一个函数被传递给求最优化的过程

延伸阅读

本章所讨论的模型，其基本结构与“进入博弈”类似。与进入博弈相关的计量经济学研究，最著名的开创性研究是 Bresnahan 和 Reiss (1990，1991a，1991b) 以及 Berry(1992)，此外还有 Heckman (1978)、Tamer (2003) 以及 Ciliberto 和 Tamer (2009)。此类模型通常使用“完全信息”的结构，正如 Bresnahan 和 Reiss (1991a，第 59 页) 所解释的，“博弈的参与者能够观察到（影响收益的那些随机变量的实现值），而且了解有关其他参与者行为的完全信息。然而，计量经济学家并不能观察各个参与者的收益，因此会将其视为随机变量”。

也有文献讨论博弈参与者对于其竞争对手的收益只有不完全信息的情形，本章讨论的也是这种情况。这类文献一般假设各个参与人接收到的特异性的信号（在研究者可观察到的变量的条件下）是彼此独立的：具体可参考 Sweeting (2009)、Bajari 等 (2010) 以及 de Paula 和 Tang (2012)。最近，Grieco (2014) 使用了一种更灵活的参数结构，得以将（参与者可观测到但研究人员观测不到的）“公共冲击”和（只有各自相应参与者能观测到的）“私人冲击”相结合，这使得模型在极限情况下可以嵌套一个完全信息的博弈。相关的文献还有 Gole 和 Quinn (2014)，他们的贡献在于对三个彼此信号相关联的参与人的二值博弈进行了估计，本章所讨论的模型采用的是他们的方法，讨论的是只有两个参与人的简化版本。（另请参阅 Xu (2014)、Wan 和 Xu (2014)，他们讨论了一个不可观测值彼此相关且协变量连续的模型。）

习题

(i) 编写一个名为 `Demand` 的函数，以返回（第 5.1 节中讨论的）古诺模型里市场需求函数的反函数 $p(q;a,b)$。

(ii) 编写一个名为 `Profit` 的函数，以返回（第 5.1 节中讨论的）古诺模型里厂商 i 的利润函数 $\pi_i(q_i,q_j;c_i,a,b)$。

(iii) 假设（第 5.1 节中讨论的）古诺模型里有 N 家厂商。对该章用数值方法求解纳什均衡的程序加以扩展。并验证：当 $N=2$ 时，程序的结果与 `SolveCurnotNash` 一致。

(iv) 再次考虑第 5.1 节中讨论的两个参与人的情形。但是，现在假设厂商 1 先行动，并且其决策可以被厂商 2 观察到（这是个 Stackelberg 问题）。请改编第 5.1 节中的代码来求解这个博弈。

(v) 让我们回到第 5.2 节中的二值贝叶斯博弈。编写一个名为 `BestResponseLoss` 的函数，以返回方程 5-22 左侧和右侧之间的差。使用此函数进一步创建一个名为 `SolveBestResponse` 的函数，以求解：给定参与人 j 的断点 x_j^* 时，参与人 i 的最优断点 x_i^* 的值。

(vi) 参考第 5.1 节为古诺博弈编写的函数 `CournotLoss`，相应地，为第 5.2 节的贝叶斯博弈编写一个名为 `BayesianNashLoss` 的函数，以完成类似的功能。

(vii) 参考第 5.1 节为古诺博弈编写的函数 `SolveCournotNash`，相应地，为第 5.2 节的贝叶斯博弈编写一个名为 `SolveBayesianNash` 的函数，以完成类似的功能。

(viii) 结合函数 `SolveBestResponse` 和函数 `SolveBaysianNash`，生成图 5-5。

第三部分

动态

6
有穷期界的动态选择

未来并非曾经所期望的那样。

约吉·贝拉

时移事易，事过境迁。人们在作经济决策时，必须把时间因素纳入考虑范围之内。我们今天所作的决策，也许会让我们明天的某个决策或者变得不可行，或者变得代价更高，或者变得更有利可图，或者变得不得不作。也就是说，我们在作很多决策时，必须跨期地考虑如何实现最优化。例如：是否接受一份工作、是否再多受一年教育、是否投资某个项目，甚至是否选择某人作终身伴侣。我们将这种需要“跨期优化”的问题，称为“动态选择”问题。

6.1 直接求解

虽然求解动态优化问题的数学方法，通常比求解静态最优化的方法更复杂。但是，二者背后的基本思想是一致的，而且都可以很直观地表达出来。对于追求静态最优化的消费者而言，他需要让他消费的每种商品的边际效用经过成本调整之后达到相等；类似地，对于追求跨期最优化的消费者而言，他需要让他消费的*每期*商品的边际效用经过时间贴现之后达到相等。如果消费者已经实现了静态最优化，那么就不再存在通过调整不同商品的消费数量来达到更高效用水平的可能性；类似地，如果消费者已经实现了动态最优化，那么就不再存在通过调整不同时期的消费数量来达到更高效用水平的可能性。在动态最优化的数学里，这种“无套利条件”有一个专用名称，叫作“欧拉方程”。我们会反复用到欧拉方程。

我们首先讨论确定性的动态问题，即假设模型中的决策者*不会*受到不确定性的冲击。在这种情况下，动态问题就可以被当成静态问题来处理，因为此时决策者能够一次性地把所有时期需要作的决策全部都作出来，从而完成最优化。Adda 和 Cooper (2003) 把这种作法叫作“直接求解”，Stokey 和 Lucas (1989) 则称之为“序列问题”求解。

6.1.1 线性流量方程

我们从一个简单的动态问题开始。假设某居民有一块蛋糕可供消费，他需要作出在 T 期内的每期消费量的决策。这个问题有时被称为是“有限期界的吃糕问题”。假设该

居民的目标是让自己在这 T 期内的贴现效用最大化：[1]

$$U=\sum_{t=1}^{T}\beta^{t-1}u(c_t). \tag{6-1}$$

其中，β 是居民的贴现因子。

令蛋糕的初始大小为 k_1，居民自己来决定每期消费多少。将他在第 1 期消费的蛋糕记作 c_1，那么他在第 2 期顶多能消费 k_1-c_1。把这种关系写得更一般化，得到如下的“流量方程”：

$$k_{t+1}=k_t-c_t. \tag{6-2}$$

方程中 t 的取值范围是 $\{1,\ldots,T\}$，该方程跟踪记录了资本存量 k 在这个时间范围内的变化历程。在这里，我们称资本存量 k 是 *状态变量*，每期期末时资本存量的状态 k_{t+1}，取决于该期期初时的状态 k_t，以及该期期内居民关于选择变量 c_t 的决策。这里的选择变量 c 是消费流量，又被称作 *控制变量* 。

将方程 6-1、各期的方程 6-2 以及非负约束 $c_t\geq 0$ 和 $k_t\geq 0$ 放在一起，我们得到了对该居民跨期决策问题的完整描述：

$$\max_{\{c_t\}_1^T}\sum_{t=1}^{T}\beta^{t-1}u(c_t) \tag{6-3}$$

约束条件为：

$$\begin{aligned}\sum_{t=1}^{T}c_t+k_{T+1}&=k_1\\ c_t&>0\\ k_t&>0.\end{aligned} \tag{6-4}$$

可以看到，$t\in\{1,\ldots,T\}$ 的一系列流量方程 6-2 被合并成了单一方程（即约束条件的第一行），这也方便了表达以及后面的计算。

将这个问题与我们在前几章里已经求解过的静态优化问题相比较，会发现二者非常相似。因此，只要我们知道效用函数 $u(c_t)$ 的函数形式、贴现因子 β 的值、初始禀赋 k_1 的大小，以及有穷期界 T 的数目，就可以很容易地使用 `fmincon` 求出这个问题的解。不妨令效用函数是对数函数形式 $u(c_t)=\ln(c_t)$，期界数目 $T=10$，贴现因子 $\beta=0.9$，初始禀赋 $k_1=100$。我们首先构建一个函数 `FlowUtility`，其输入变量是 T、β，以及各期的消费流量 $\{c_t\}_1^T$，函数计算的是消费流量在各期获得的效用水平贴现到第 1 期的净现值之和，并将其相反数命名为输出变量 `V`：[2]

---

[1]注意，这里假设了各期消费带来的效用是用“加号”汇总在一起的。这个假设相当于令“午餐和晚餐之间的边际替代率与早餐的量无关”，Dixit（1990）将这一类比归功于 Henry Wan。

[2]该函数代码的第 18 行，之所以将正的效用水平 `V` 取成它的相反数，是因为居民追求的是效用水平的 *最大化* ，但是 `fmincon` 是一个致力于求 *最小化* 的 MATLAB 函数。此外，代码的第 14 行是为了确保 `c` 是一个 `T×1` 维的列向量，以便于我们在后文继续使用这个函数。

FlowUtility.m

```
function V = FlowUtility(T,Beta,C)
%----------------------------------------------------
% PURPOSE: calculates the total utility of
% consumption assuming an additively separable
% utility function, an discount rate Beta.
%----------------------------------------------------
% INPUTS: C : Tx1 vector of independent variable
%         T : scalar time
%         Beta : scalar discount rate
%----------------------------------------------------
% OUTPUT: V : -utility
%----------------------------------------------------

    c   =   C(:,1);

    t   =   [1:1:T];
    V   =   Beta.^(t-1)*log(c);
    V   =   -V;

return
```

函数 FlowUtility 计算的是目标函数的值，有了它，我们就可以借助 fmincon 来求解最优消费路径了。我们来逐项讨论一下各个参数的设定。因为 log(0) 是没有定义的，所以我们令每期的消费量 c 都严格大于零，为了在 Matlab 代码里表达这一点，我们把每期选择变量 c_t 的下限都设定为 eps（在 Matlab 里，它取值为 2^{-52}）。[1] 因为每期的消费量 c 都不可能大于初始禀赋值，所以我们令每期消费的上限都为 100。为了让 fmincon 开始迭代，我们需要给它一个关于最优解的初始猜测 guess。为了简单起见，令初始猜测为在各期之间平均分配蛋糕。最后，因为各期消费流量之和不能超过初始禀赋量，所以我们借助向量 A，令 $\boldsymbol{A}\cdot\boldsymbol{c}\leq k_1$。

```
>> Beta  = 0.9;
>> T     = 10;
>> K1    = 100;
>> lb    = eps*ones(10,1);
>> ub    = 100*ones(10,1);
>> guess = 10*ones(10,1);
```

[1]在 Matlab 命令行键入 help eps，会发现 eps 的数学定义是“从 1.0 到与它最邻近的比它大的双精度数的距离”。为了更直观地说明 eps 的原理，可以考察下面两个逻辑式的值：

```
>> 1 == (1+eps)
ans =
0
>> 1 == (1+eps/2)
ans =
1
```

```
>> A      = ones(1,10);
>> opt    = optimset('TolFun', 1E-20, 'TolX',...
            1E-20, 'algorithm', 'sqp');
>> c      = fmincon(@(C) FlowUtility(T,Beta,C),...
            guess, A, K1, [], [], lb,...
            ub, [], opt)
c =
    15.3534
    13.8181
    12.4363
    11.1926
    10.0734
     9.0660
     8.1594
     7.3435
     6.6091
     5.9842
```

向量 c 表示的是每期的最优消费量。因为贴现因子 $\beta < 1$，所以最优消费量的确应该呈逐年下降的趋势。可以发现，居民各期最优消费量之和的确恰好将初始禀赋 k_1 都消费掉了。

```
>> sum(c)

ans =

   100
```

在本例中，我们对居民的偏好作了一些设定，即明确给出了贴现因子的取值，规定了对数形式的效用函数。本章最后的习题（i）和（ii）请您探索：改变这些设定，会对最优消费组合带来哪些影响。

6.1.2 非线性流量方程

我们在求解上面的动态优化问题时，之所以能够像处理静态优化问题一样简单，是因为我们把所有期的流量约束（即方程 6-2）合并成了单一的线性约束（即方程 6-4）。为了实现合并，我们对模型施加了一系列很强的假设。这些假设可能会被认为是太牵强了。本节打算放松这些假设，讨论一个更接近现实的例子。此时，流量约束就无法被合并成优美的线性约束了。

假设模型中的居民既是生产者又是消费者。我们可以把他想象成一个小型的个体生产作坊，他当期的消费量会影响到他下一期的生产能力。说得更具体一点，假设他本期期初的资本存量 k_t 要首先满足他当期的消费 c_t，剩下的部分 $k_t - c_t$ 才被他投入到本期的生产中。假设他的生产函数 f 是严格凹的。此时，流量方程就是非线性的了，其形如：

$$k_{t+1} = f(k_t - c_t, \theta), \tag{6-5}$$

其中，θ 是不随时间推移而变化的技术参数。该居民面临的最大化问题是：

$$\max_{\{c_t\}_1^T} \sum_{t=1}^{T} \beta^{t-1} u(c_t) \tag{6-6}$$

约束条件为：

$$k_{t+1} = f(k_t - c_t, \theta) \tag{6-7}$$

$$c_t > 0 \tag{6-8}$$

$$k_t > 0. \tag{6-9}$$

对这个跨期优化问题的直接求解，仍然可以借助 fmincon 过程。在上一节的问题里，约束条件的第一个方程 6-4 是线性的，所以在调用 fmincon 求解最优化时，借助一个向量 A 就可以简洁地把 $\boldsymbol{A} \cdot \boldsymbol{c} = k_1$ 表达出来。可是在这里，约束条件的第一个方程 6-7 是非线性的。这种非线性的经济学含义是，当期消费的提高，不仅减少了当期的资本存量，而且进一步降低了未来期生产资本存量的能力。

不妨假设生产函数是 Cobb-Douglas 形式，则非线性流量方程的具体形式是：

$$k_{t+1} = f(k_t - c_t, \theta) = \theta(k_t - c_t)^{\alpha}. \tag{6-10}$$

这样的非线性约束共有 T 个。我们在前几章见到过，fmincon 允许把非线性约束定义成函数传递给它。我们就把本例的非线性流量方程定义成函数 FlowConstraint：

FlowConstraint.m

```
function [d,deq] =...
FlowConstraint(CK,T,K1,theta,alpha)
%-----------------------------------------------
% PURPOSE: sets up the system of constraints
% k_{t+1}=\theta (k_t-c_t)^\alpha
%-----------------------------------------------
% INPUTS: CK    : Tx2 matrix of C and K values
%                 at each t
%         T     : scalar time
%         K1    : stock of K at start of t=1
%         Theta : Cobb-Douglas parameter
%         Alpha : Cobb-Douglas parameter
%-----------------------------------------------
% OUTPUT:   d   : inequality constraint vector
%           deq : equality constraint vector
%-----------------------------------------------
```

```

    cap  =   CK(:,2);
    c    =   CK(:,1);
    k    =   [K1; cap];

    for t = 1:T
        deq(t)   =  k(t+1) - theta * (k(t)- c(t))^alpha ;
    end
    d    =  [];

return
```

一定要注意，刻画非线性条件的函数*必须*返回两个输出项给 fmincon：一项用于刻画非线性的等值约束，一项用于刻画非线性的不等值约束。因此，函数 FlowConstraint 也需要有两个输出项，刻画等值约束的 deq 和刻画不等值约束的 d。[1] 因为方程 6-7 代表的是 T 个等值约束，所以 deq 是个 T 阶向量，因为本例中不包含非线性的不等值约束，所以把 d 定义成没有任何元素的空向量。在调用 fmincon 求解最优值之前，不妨先去作作本章末尾的习题（iii），让自己再熟悉一下函数 FlowConstraint。

好，那我们来求解吧：

```
>> Beta = 0.9;
>> T = 10;
>> K1 = 100;
>> Theta = 1.2;
>> Alpha = 0.98;
>> lb    = zeros(10,2);
>> ub    = 100*ones(10,2);
>> guess = [10*ones(10,1), [90:-10:0]'];
>> opt   = optimset('TolFun', 1E-10, 'TolX', 1E-10,...
              'algorithm','sqp',...
              'MaxFunEvals', 100000,'MaxIter', 2000);
>> result = fmincon(@(CK) FlowUtility(T,Beta,CK),...
              guess,[],[],[],[],lb,ub, @(CK)...
              FlowConstraint(CK,T,K1,Theta,Alpha),opt)
result =

   16.5011   91.7125
   15.9856   83.3386
   15.5165   74.8041
   15.0944   66.0245
   14.7213   56.9014
   14.4010   47.3159
   14.1408   37.1173
   13.9543   26.1024
```

[1] 在前面的章节里，我们在讨论 fmincon 时，会用 c 和 ceq 来分别指代其非线性的不等值与等值约束，因为这是 MATLAB 说明文档里的标准术语。但是，由于本章已经用 c 代表了消费，所以我们在这里只得改用 d 和 deq。

```
   13.8695   13.9624
   13.9624    0.0000
```

求解最优化的结果，是得到一个 $T = 10$ 行的两列矩阵。这就是我们要求解出的 CK：每期的消费量 c_t，以及每期（剩余的）投入生产过程的资本 $k_t - c_t$。在同一个坐标系里绘制二者的时间路径，如图 6-1 所示。可以看到，随着时间的推移，资本存量最终会变成零，消费量也呈现出逐期递减的趋势。

```
>> plot(1:T, result(:,1), '--r', 1:T, result(:,2),...
   'linewidth', 2)
>> xlabel('Time', 'FontSize', 14)
>> ylabel('C_t,k_t', 'FontSize', 14)
>> legend('Consumption', 'Capital Remaining',...
   'Location', 'NorthEast')
>> title({'Firm Consumption and Investment',...
    '\beta=0.9, \theta=1.2, \alpha=0.98'},...
    'FontSize', 16)
>> print -depsc DynamicBehaviour
```

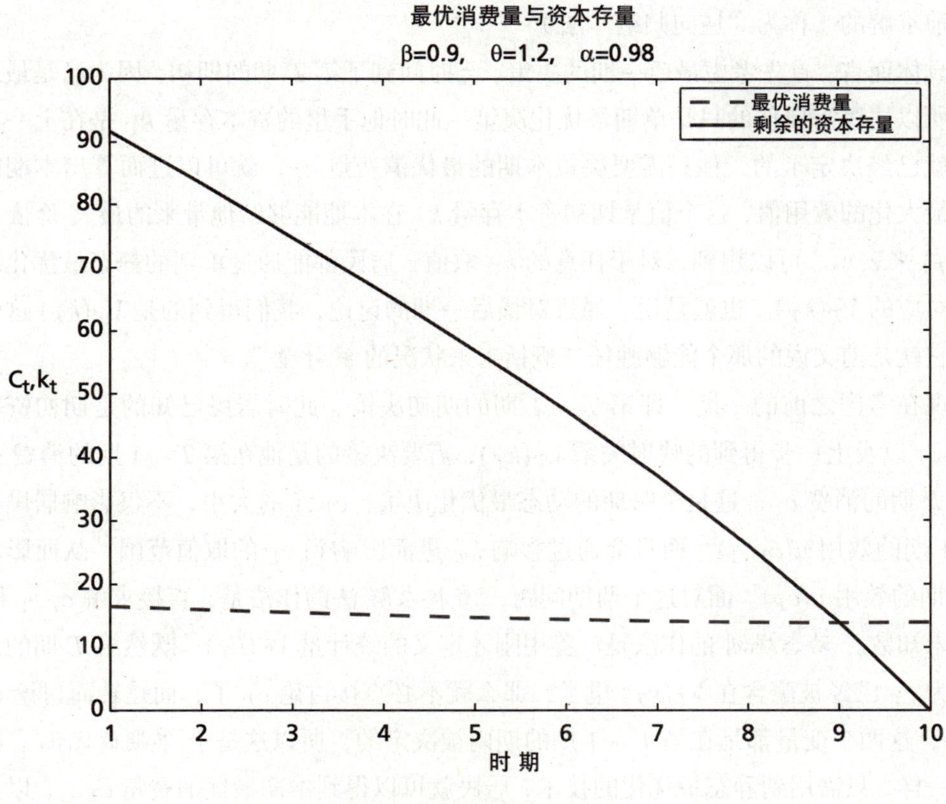

图 6-1 居民的动态行为

6.2 动态规划

如果需要求解的跨期问题是不包含随机因素的，那么上节讨论的 直接求解 法就已经很够用了。可惜，现实世界往往不会这么简单。我们面临的局势总是：天有不测风云，我当未雨绸缪。这就是 动态规划 方法致力于刻画和求解的问题，即面对不确定性的未来，该如何作出最优化的动态决策。这超出了直接求解法能够胜任的范围，却恰恰能体现出动态规划法的强大力量。但是本节，我们仍以确定性的跨期决策问题为例，来讲解动态规划法的基本思想。

同样是求解 T 期问题，如果说直接求解法是 一次性地把未来所有时期需要作的最优决策全部都作出来 的话，那么动态规划法则是 每次只专注于把当前时期的单期最优化决策作好 。后者的最优化任务之所以能够作到（至少听起来）比前者的简单，其奥妙在于，后者需要提炼出一个能够胜任概括“未来状况”的 统计量 。以上节讨论的吃糕问题为例，这个统计量指的就是：如果从该期开始直到最后一期，居民能够作到每一期都最优化地行动的话，那么该期的期初他所拥有的资本存量，未来总共能给他带来的效用最多是多少，即该期的期初资本存量未来能够给他带来的最大价值。这其实揭示了动态规划的核心思想：动态规划在求解有穷期界的最优化问题时，是从最后一期开始、从后向前求解的（称为“逆向归纳”法）。

具体而言，首先考虑最后一期的决策。当时间到了第 T 期的期初，因为已是最后一期，所以居民需要作的只是单期最优化决策，此时他手里的资本存量 k_T 是在上一期的期末就已经决定了的，他只需要决策本期的最优消费量 c_T，就可以进而算出本期能实现的最大化的效用值，这个值是期初资本存量 k_T 在本期能够给他带来的最大 价值 ，用 $V_T(k_T)$ 来表示。可以想到，对于任意的 k_T 取值，居民都能通过单期的静态最优化决策算出对应的 $V_T(k_T)$。也就是说，通过对最后一期的讨论，我们得到的是 $V_T(k_T)$ 这个函数，它就是前文说的那个能够胜任“概括未来状况的 统计量 ”。

现在考虑之前的一期，即第 $T-1$ 期的期初决策。此时居民已知的是期初资本存量 k_{T-1} 以及上一步得到的映射关系 $V_T(k_T)$，需要决策的是他在第 $T-1$ 期的消费 c_{T-1} 和第 T 期的消费 c_T，这是个跨期的动态最优化决策：c_{T-1} 的大小，不仅影响居民在第 $T-1$ 期的效用 $u(c_{T-1})$，而且会通过影响 k_T 进而影响到 c_T 的取值范围，从而影响到第 T 期的效用 $u(c_T)$。面对这个两期问题， 直接求解 法的作法是，直接求解 c_{T-1} 和 c_T 两个未知数。 动态规划 的作法是，善用刚才定义的统计量 $V_T(k_T)$：既然第 T 期的最优化行为 c_T 已经被蕴含在 $V_T(k_T)$ 里了，那么就不必直接讨论 c_T 了，而是转而讨论 c_{T-1} 和 k_T，这两个变量都是在第 $T-1$ 期的期内被决定的，所以这是个 单期最优化 。跟上一步一样，只需用到静态最优化的技术，居民就可以得到本期最优消费量 c_{T-1}，以及本期能实现的最大化的效用值，进而得到期初资本存量 k_{T-1} 在最后两期能够给他带来的最大 价值 $V_{T-1}(k_{T-1})$。请注意，这一切都是建立在上一步得到的 $V_T(k_T)$ 的基础上的。

再向前推进一期，第 $T-2$ 期的期初决策。在*直接求解*法看来，是要同时求解 c_{T-2}、c_{T-1} 和 c_T 三个值，在*动态规划*法看来，则是：因为上一步得到的 $V_{T-1}(k_{T-1})$ 里已经蕴含了对 c_{T-1} 和 c_T 的最优决策，所以第 $T-2$ 期只需用静态最优化的技术，解出最优消费量 c_{T-2} 和统计量 $V_{T-2}(k_{T-2})$。依此类推，直到第 1 期，基于统计量 $V_2(k_2)$，得到最优消费量 c_1 和统计量 $V_1(k_1)$。最终我们得到最优的消费量序列 $\{c_1, c_2, \ldots, c_{T-2}, c_{T-1}, c_T\}$，以及作为副产品的一系列函数 $\{V_1(k_1), V_2(k_2), \ldots, V_{T-2}(k_{T-2}), V_{T-1}(k_{T-1}), V_T(k_T)\}$。

在上面的求解过程中至关重要的函数 $V_t(k_t)$，被称为*价值函数*（value function），它表示的是：给定第 t 期期初资本存量 k_t，如果从这一期开始直到最后一期，行为人每一期都作到最优化行动的话，那么他就能得到数值为 V_t 的最大化的*价值*，因为这一切的根源都来自期初的资本存量 k_t，所以价值函数被写成 $V_t(k_t)$。

我们现在把前面用文字论述的逆向归纳求解过程用数学符号表达出来。既然假设蛋糕要在 T 期吃完，其实就是假设蛋糕在第 T 期之后会因为过期而无法食用，即不再有任何*价值*，记作：

$$V_{T+1}(k_{T+1}) = 0. \tag{6-11}$$

这是我们执行逆向归纳求解的起点。居民在第 T 期需要作的决策是，给定期初资本存量 k_T，求解能够为居民带来最大*价值*的最优消费量 c_T（或者等价地，求解最优的期末资本存量 k_{T+1}）：

$$V_T(k_T) = \max_{c_T \in (0, k_T]} \{u(c_T) + \beta V_{T+1}(k_{T+1})\}. \tag{6-12}$$

其中，$k_{T+1} = k_T - c_T$。

将方程 6-11 代入到方程 6-12，可以很容易地解出居民的最优消费规则 $c_T(k_T)$。[1] 将最优消费规则代入方程 6-12 右侧，结合效用函数 $u(c_T)$ 的具体函数形式，可以得到价值函数 $V_T(k_T)$。基于它，就可以求解居民在第 $T-1$ 期的决策：

$$V_{T-1}(k_{T-1}) = \max_{c_{T-1} \in (0, k_{T-1}]} \{u(c_{T-1}) + \beta V_T(k_T)\}. \tag{6-13}$$

方程 6-13 和方程 6-12 很相像，采用类似的求解过程，可以得到价值函数 $V_{T-1}(k_{T-1})$。依此类推，可以一直逆向归纳求解到 $V_1(k_1)$，同时最优消费序列也被同步解出。

接下来，我们将以上数学符号表达的逆向归纳求解操作转换成 MATLAB 代码：

BackwardsInduc.m

```
%----- (1) Prompt user to input parameters
Beta         =  input('Input Beta:');
T            =  input('Input time:');
K1           =  input('Input initial capital:');
grid         =  input('Input fineness of grid:');
```

[1] 显然，$c_T = k_T$。思考一下为什么。

```
6
7  K             =  0:grid:K1;
8  V             =  [NaN(length(K),T), zeros(length(K),1)];
9
10 %----- (2) Loop over possible values of k_{t} and
11 %          k_{t+1} ---
12 aux      =   NaN(length(K),length(K),T);
13 for t    =   T:-1:1
14  for inK    = 1:length(K)
15   for outK    = 1:(inK)
16    c              =    K(inK)-K(outK);
17    aux(inK,outK,t) = log(c)+Beta*V(outK,t+1);
18   end
19  end
20  V(:,t)=max(aux(:,:,t),[],2);
21 end
22
23 %-----(3) Calculate optimal results going forward
24 vf   = NaN(T,1);
25 kap  = [K1; NaN(T,1)];
26 con  = NaN(T,1);
27
28 for t=1:T
29  vf(t)    =V(find(K==kap(t)), t);
30  kap(t+1)=K(find(aux(find(K==kap(t)),:,t)==vf(t)));
31  con(t)   =kap(t)-kap(t+1);
32 end
33
34 %----- (4) Display results ----------------------
35 [kap([1:T],:),con]
36 subplot(2,1,1)
37 plot([1:1:T],[con, kap([2:T+1],:)], 'LineWidth', 2)
38 ylabel('Consumption, Capital', 'FontSize', 12)
39 xlabel('Time', 'FontSize', 12)
40 legend('Consumption', 'Capital')
41
42 subplot(2,1,2)
43 plot([1:1:T], vf, 'Color', 'red', 'LineWidth', 2)
44 ylabel('Value Function', 'FontSize', 12)
45 xlabel('Time', 'FontSize', 12)
```

为了弄清楚 BackwardsInduc.m 的逻辑，我们从代码的第 (2) 部分看起。这里有三层循环，我们暂且先忽略最外层循环，只研究最里面的两层（即从第 14 行到第 19 行）。这里我们定义了矩阵 aux，它非常像方程 6-12 和方程 6-13。矩阵 aux 有三个维度，第三个维度是时期维度 t，表明我们当前是在讨论第几期。因为我们打算暂且忽略最外层循环，所以就是固定住了矩阵的时期维度，那么，aux(:,:,t) 就只剩下两个维度在变：矩阵的每一行（即第一维度）对应了该期期初资本存量 k_t 的每一个可能的取值；该行的每一列（即第二维度）对应的是当前期初资本存量 k_t 给定的情况下期末资本存量 k_{t+1} 的每一个可能的取值。两层循环的任务是对这个二维矩阵进行逐项赋值：外层循环是每次取出该二维矩阵的第 `inK` 行代表的 k_t，内层循环是每次取出该行的第 `outK` 项代表的 k_{t+1}，二者之差确定了此时的消费量 c_t，这三个量就刻画好了居民在该期的行为。给定效用函数 $u(c_t)$ 是对数函数形式，以及在第 8 行被初始化赋值了的（以及在第 20 行会被不断更新的）价值函数 V_{t+1}，那么由方程 6-12 可知，此时居民能够获得的 价值 也就能算出来了，把这个值存储到矩阵 `aux` 的相应位置上。举例说明，若某个时期的期初资本存量 `K(inK)` 是 20 个单位，那么其期末资本存量 `K(outK)` 的取值范围就是从 0 到 20，即居民可以选择把 20 个单位的资本存量全部消费掉，这意味着给下期的期初留下的资本存量 `K(outK)` 就是 0；居民也可以选择消费掉 19 个单位，那么 `K(outK)` 就是 1 个单位；或者居民消费 18 个单位，让 `K(outK)` 为 2 个单位，等等。

因为二维矩阵 `aux(:,:,t)` 的内容已经被填充好了，其每一行里的各项值都有大有小，分别对应了居民在给定 k_t 情况下的不同 k_{t+1}（或者等价的 c_t）的决策结果，其中的最大值就是居民通过最优的决策能够得到的最大化的 价值 ，将这个值记录于矩阵 `V` 第 t 列的对应行。这就是代码第 20 行完成的操作。由代码第 8 行得知，矩阵 `V` 有 $T+1$ 列：其第 $T+1$ 列各行的值都是 0，这对应了方程 6-11，即无论为第 $T+1$ 期保留多少 K_{T+1} 都不会为居民带来任何价值；而矩阵 `V` 第 t 列的值，则记录了对于第 t 期各个可能的 k_t，居民通过选择最优的 k_{t+1}（或者 c_t）获得的最大价值。例如，假设某期的期初资本存量 $k_t = 20$，而且居民发现他消费 $c_t = 5$ 时是最优的，那么他就让 $k_{t+1} = 15$，程序会把此时居民获得的最大化的价值的取值写入矩阵 `V` 第 t 列的对应行。

第 14 行到第 20 行的代码，计算的是矩阵 `V` 第 t 列所有行的值，也就是它穷举了第 t 期的期初资本存量 k_t 有可能取到的每个值的情形。分析到这里，也许有读者会问：有这个必要吗？如果事实证明居民在第 $t-1$ 期的期末为下一期预留的资本存量 $k_t = 19$，那么我们对 $k_t = 18$、$k_t = 20$ 等情形的分析，岂不是一种浪费？答案很简单：如何才会知道居民在第 $t-1$ 期的最优决策 k_t 应该是多少？这需要我们站在第 t 期的立场，详细分析居民在 k_t 取各种不同值的情况下所能获得的最大价值，进行综合研判，才可以选择出最优的 k_t，这正是方程 6-13 所作的计算。可见，对 k_t（或者 c_{t-1}）的最优选择，离不开价值 函数 $V_t(k_t)$，所以我们 逐个格点 计算出每个 `inK` 所对应的 `V(:,t)`。

分析到这里，我们终于又一次触及到（有穷期界的）动态规划的核心思想。（1）求解价值函数时的逆向迭代过程。还记得我们刚才暂且跳过的位于第 13 行的最外层循环吗？它首先让 `t` 取值是 `T`，在 `t=T` 期间，每次运行到第 17 行，用到的 `V(:,T+1)` 的值都是已知的（因为第 8 行已经将 `V(:,T+1)` 各项都赋值为 0），所以第 20 行得以成功地为 `V(:,T)` 赋值；它其次让 `t` 取值为 `T-1`，在 `t=T-1` 期间，每次运行到第 17 行，都要用到的刚刚赋值的 V(:,T)，因此第 20 行得以成功地为 V(:,T-1) 赋值；依此类推，到第 21 行时，整个矩阵 V 里有意义的项都被赋值完毕，至此，我们完成了对价值函数的数值求解。这个赋值过程是从 V 的第 $T+1$ 列开始从右到左地逐列赋值的，而且第 t 列的赋值过程中要用到第 $t+1$ 列的值，在代码里，这是被称为是逆向迭代。（2）使用价值函数时的正向迭代过程。一旦我们得到了价值函数的数值解（即矩阵 V），其实就是得到了居民在给定 k_t 的情况下的最优消费函数 $c_t(k_t)$，或者最优储蓄函数 $k_{t+1}(k_t)$，这两个最优函数都隐藏在矩阵 V 中，从第 28 行到第 33 行的循环，就是要在给定初始资本存量 K1 的情况下，把各期的最优消费量 con(t)、最优储蓄量 kap(t)，以及居民能够获得的最大价值 vf(t) 都从矩阵 V 中提炼出来，因为一切都是从 K1 开始的，所以这是个从第 1 期开始逐期向前、一直迭代到第 T 期的正向迭代过程。

现在我们来实际运行一下代码，看看效果如何。为了便于和上一节的直接求解方法相比较，我们采用相同参数设定。

```
>> BackwardsInduc
Input Beta:0.9
Input time:10
Input initial capital:100
Input fineness of grid:0.25

ans =

  100.0000   15.5000
   84.5000   13.7500
   70.7500   12.5000
   58.2500   11.2500
   47.0000   10.0000
   37.0000    9.0000
   28.0000    8.2500
   19.7500    7.2500
   12.5000    6.5000
    6.0000    6.0000
```

图 6-2 中的上半部分绘制的是居民在每个时期的消费量以及期末资本存量的值，下半部分绘制的是居民在各期期初的资本存量能给他带来的价值。拿如上计算结果的第二列，即各期最优消费量，与第 6.1.1 节使用直接求解法的计算结果相比，会发现本节计算结果的精度较低。这是因为在本节代码的第（1）部分对本来是连续变量的资本存量进行了离散化。具体而言，通过语句 K = 0:grid:K1 规定了各期资本存量 k_t 和 k_{t+1} 的取值格点，使得程序在寻找最优 k_{t+1} 时，只能在有限的格点上以 grid 为步长展开搜索。可以验证，当我们采用更小的 grid 从而使格点更密集时，解的精度会更高。[1]

[1]如果我们把格点距离定为常用的 0.05，则计算结果变为：Result(:,2)' = 15.3500 13.8000 12.4500 11.2000 10.1000 9.0500 8.1500 7.3500 6.6000 5.9500。

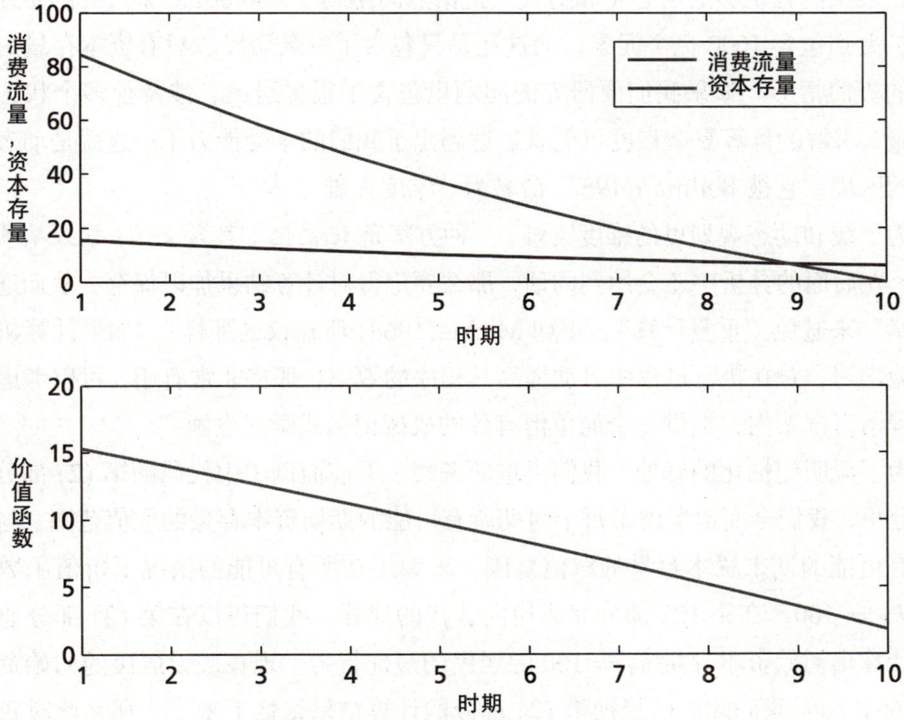

图 6-2 运用价值函数求解居民的动态行为

在我们继续讨论如何更有效率地执行格点搜索之前，我们建议读者不妨通过练习来确保自己透彻理解本节代码。本章末尾的习题（v）会请读者改造本节代码，用价值函数的方法来求解我们前面讨论过的包含非线性约束的跨期优化问题。

6.3 记忆化

既然使用动态规划法所求得的解的精度，依赖于它所定义的格点的细密程度，那么这就意味着，只要我们把格点间距定义得足够小，解的精度就会足够高。但是也必须认识到，随着格点间距的减小，计算复杂度会迅速提升，并成为制约大多数个人计算机执行求解的瓶颈。

以上一节的代码为例。它在对矩阵 aux 进行逐项赋值时，需要穷尽 (k_t, k_{t+1}) 所有可能的取值，如果我们令 grid=0.1，那么就会发现：

```
>> size(aux)

ans =

      1001 1001 10
```

如果我们有足够的耐心（和勇气）把格点间距缩小到 0.001，那么我们要处理的矩阵会扩大到包含 1000 亿个元素，而这还是只包含了一名居民、只有资本存量一个状态变量的极简情形。如果我们要研究的问题里包含了很多居民、涉及很多个状态变量的话，那么求解的计算复杂程度可能就远远超出了我们的承受能力了。这就是动态规划里著名的困境，它被 Bellman(1957) 命名为“维度灾难”。[1]

为了缓和动态规划里的维度灾难，一种方案是 *记忆化*，其含义是：如果某项计算的结果，在后面的分析中还会用到的话，那么要记得对计算结果加以保存，从而通过“调取记忆”来避免“重复计算”。正如 Michie(1968) 所建议的那样：“如果计算机能够通过经验学习，并在执行过程中自动提高其程序的效率，那将非常有用。可以考虑在适当的编程语言框架内，提供一个简单但有效的机械记忆式学习设施。”

为了说明记忆化的好处，我们再重新考察一下前面例子中代码的第 (2) 部分。在这一部分里，我们全面地考虑了每个时期所有可能的期初资本存量的取值范围、与之相应的所有可能的期末资本存量的取值范围，求解了在所有可能的情况下价值函数。当我们令 $k_1 = 100$，在第 (2) 部分完成逆向迭代的计算，我们得以在第 (3) 部分通过正向迭代计算出初始资本存量 $k_1 = 100$ 的居民的最优行为。现在假设居民的初始资本存量 $k_1 = 50$，如果我们此前已经把第 (2) 部分的计算结果记忆下来了，那么此时我们就没有必要再次重新执行逆向迭代的计算了。类似地，假设居民在第 3 期或者第 4 期收到一笔意外的资本增加量，这时也照样可以继续使用事先记忆好的价值函数，没有必要重新计算，从而节约了大量的计算成本。下一节将要讨论随机动态规划时，我们会更深刻地感受到记忆化的重要性和灵活性。

6.4 随机动态规划

终于可以讨论随机冲击了！继续沿用我们之前讨论过的那个小型家庭生产作坊的例子，并且假设其资本存量会受到一个随机冲击的影响。令资本存量随着时间推移遵循如下变化规律：

$$k_{t+1} = f(k_t - c_t, \theta, \varepsilon_{t+1}) = \theta(k_t - c_t)^{\alpha} + \varepsilon_{t+1}. \tag{6-14}$$

假设在第 t 期，模型里的行为人并不知道随机冲击 ε_{t+1} 的确切取值，但是知道该随机变量的分布。

如果说在不包含随机冲击的确定性跨期决策模型里，居民是在当前消费与未来消费之间权衡的话，那么在这里，居民是在当前消费与未来消费的 *预期值* 之间进行权衡。此时需要求解的动态规划问题就应该改写为：

$$V_t(k_t) = \max_{c_t \in (0, k_t]} \{u(c_t) + \beta \mathbb{E}[V_{t+1}(k_{t+1})]\}. \tag{6-15}$$

---

[1] 我们会在第 9 章遇到不同背景下的类似困境。

其中，k_{t+1} 由方程 6-14 给定，预期值则取决于随机变量 ε_{t+1} 的分布。

为了具体说明对随机冲击的处理过程，我们不妨为 ε 设定一个非常简单的分布：假设随机变量 ε 在每期的实现值，要么是比较低的 $\varepsilon=-2$、要么是比较高的 $\varepsilon=2$，而且令二者出现的概率相等，都是 0.5。[1] 我们把这些随机性的因素写进两个向量：冲击向量 $\boldsymbol{\varepsilon}=[-2,2]$，概率向量 $\boldsymbol{\pi}=[0.5,0.5]$。$V_{t+1}(k_{t+1})$ 不仅依赖于本期的消费决策 c_t，还依赖于下期的随机冲击的实现值 ε_{t+1}。

代码 `FiniteStochastic.m` 旨在计算有限期界的随机动态规划问题各期的价值函数的数值解，即矩阵 `V`，其每一列对应一个有限期界的一个时期，给定列的每一行对应了该期的一个可能的期初资本存量取值，给定行和列的元素的值，是居民从该期开始每期都最优化决策的情况下所能获得的最大化的预期价值。代码第 24 行，`nextKl` 表示的是：如果下一期随机冲击的实现值是比较低的情况（即 $\varepsilon_{t+1}=-2$）时，下一期期初资本存量 k_{t+1} 的值。同理，第 25 行的 `nextKh` 表示的是当冲击是 $\varepsilon_{t+1}=2$ 时的 k_{t+1} 的值。[2] 第 26 行的意思是：如果 `nextKl` 在负向冲击之下变成负值，那么令 `nextKl` 等于零。这是一个技术性的处理，因为模型要求资本存量不能成为负值。

`EnextV` 表示的是未来价值的预期值。因为这是一个数学期望，所以我们首先分别计算 `nextKl` 和 `nextKh` 两种情况下的价值，然后分别乘以二者发生的概率。因为 `nextKl` 或 `nextKh` 不一定恰好位于预先设定的资本存量格点上，因此程序对它们作了四舍五入，用距离它们最近的格点上的值来取近似。对于状态变量是连续变量的动态优化问题，这种离散化的操作是必不可少的。

FiniteStochastic.m

```
1  clear; clc;
2  
3  %----- (1) Setup parameters ---------------------
4  e        =  [-2 2];
5  PI       =  [0.5 0.5];
6  Beta     =  0.9; Theta = 1.2; Alpha = 0.98;
7  K1       =  100;
8  grid     =  0.1;
9  T        =  10;
10 
11 K        =  0:grid:K1+max(e);
12 V        =  [NaN(length(K),T), zeros(length(K),1)];
13 aux      =  NaN(length(K),length(K),T);
14 
15 
```

[1] Stachurski(2009) 非常精彩地概述了如何为存在依赖性的随机过程建模。

[2] 代码里采用的是 `nextKj = theta*(K(inK) - c)^alpha + e(j)`，我们也可以写成 `nextKj = K(outK) + e(j)`。二者表达的意思是完全一致的，即本期结束时的资本存量是 `K(outK)`，下期开始时的资本存量是 `nextKj`，冲击是发生在本期结束之后，所以要把冲击 `e(j)` 加到 `K(outK)` 上。

```
%----- (2) Loop over possible values of c, k and
%         epsilon -----
for t = T:-1:1
fprintf('Currently in period %d\n', t)

 for inK = 1:length(0:grid:K1)
  for outK = 1:inK
  c          =  K(inK)-(K(outK)/theta)^(1/alpha);
  nextKl     =  theta*(K(inK) - c)^alpha + e(1);
  nextKh     =  theta*(K(inK) - c)^alpha + e(2);

  nextKl(nextKl<0)=0;
  EnextV     =  PI(1) * V((round(nextKl/grid)+1),...
    t+1) + PI(2) * V((round(nextKh/grid)+1), t+1);
  aux(inK,outK,t)   =  log(c) + Beta*EnextV;
  end
 end
 V(:,t)=max(aux(:,:,t),[],2);
end
```

这段代码计算出了 10 个时期每期的价值函数的数值解，其中每一项背后都代表了居民的一个最优的资本与消费组合。我们将这个计算结果保存下来（即“记忆化”这个函数），以供接下来的模型模拟之用，即给定居民在各期受到的随机冲击，计算居民在各期的最优消费路径。

与第 6.1 节讨论的确定性模型不同，本节的随机模型不存在唯一的最优解，因为每期的最优消费决策会因居民实际受到的随机冲击 ε 的不同而不同。下面假设一个 10 期的经济中有 100 个居民，每个居民在各期各自受到相互独立的随机冲击 ε，代码计算了他们各自的最优消费路径，印证了最优消费决策与随机冲击之间的关联。

SimulateStochastic.m

```
%----- (1) Set-up parameters, simulate shocks ---
people                =   100;

epsilon               =   randi(2,people,T+1);
epsilon(epsilon==1)   =   -2;

vf          =   NaN(people,T);
kap         =   [K1*ones(people,1) NaN(people,T)];
con         =   NaN(people,T);

%----- (2) Determine consumption based on
%         simulated shocks ----
for p=1:people
 for t=1:T
  position     =   round(kap(p,t)/grid+1);
```

```
16    vf(p,t)      =   V(position,t);
17    kap(p,t+1)   =   K(find(aux(position,:,t)...
18                     ==vf(p,t)));
19    con(p,t)     =   kap(p,t) - (kap(p,t+1)/theta)^...
20                        (1/alpha);
21    kap(p,t+1)   =   kap(p,t+1) + epsilon(p,t+1);
22   end
23  end
24
25  %----- (3) Output ------------------------------
26  plot([1:1:T], con)
27  ylabel('Consumption', 'FontSize', 12)
28  xlabel('Time', 'FontSize', 12)
29  title('Simulated Consumption Paths',...
30        'FontSize', 16)
31
32  figure(2)
33  hist(sum(con,2))
34  title('Lifetime Consumption', 'FontSize', 16)
```

这段代码从第 13 行开始的循环计算了每个居民的各期的最优决策：他们的消费量 `con`、资本存量 `kap`，以及对应的价值函数 `vf`。计算过程中用到了我们之前的计算结果，即我们对矩阵 `V` 的记忆化。以上代码体现了处理大部分有限期界的随机动态规划问题的典型结构：首先用 *逆向迭代* 求解模型，然后再用 *正向迭代* 模拟模型。

图 6-3 展示了对 100 个居民的最优消费路径的模拟结果。一共模拟了 10 期，因为所有居民的初始资本存量都相同，所以第 1 期时，所有居民的最优消费量完全相同；随着时间的推移，因为每个人经历的冲击 ε 可能不同，导致了他们各期的最优决策（包括最优消费量以及因此导致的下期资本存量）开始分化。

6.5 有穷期界模型的估计

我们刚才在对模型进行模拟时，对 β、α、θ 等参数进行了赋值。这些参数有的用于刻画消费者的效用、有的用于刻画厂商的技术、有的用于刻画随机冲击的分布等等。可见，对行为人跨期最优行为的刻画离不开这些参数，所以它们又被称作模型的基本结构参数。我们把它们集中在一起，组成参数向量 $\mathbf{\Omega}$：

$$\mathbf{\Omega} = (\beta, \theta, \alpha). \tag{6-16}$$

通过模拟，的确能够有助于加深我们对这些参数所刻画的世界的认识、帮助我们预测模型里行为人的行为。可是，要想对模型进行模拟，我们首先需要知道这些结构参数的取值。模型模拟的逆操作是模型估计。为了成功地估计出这些结构参数的取值，我们需要用到有关行为人行为的数据。

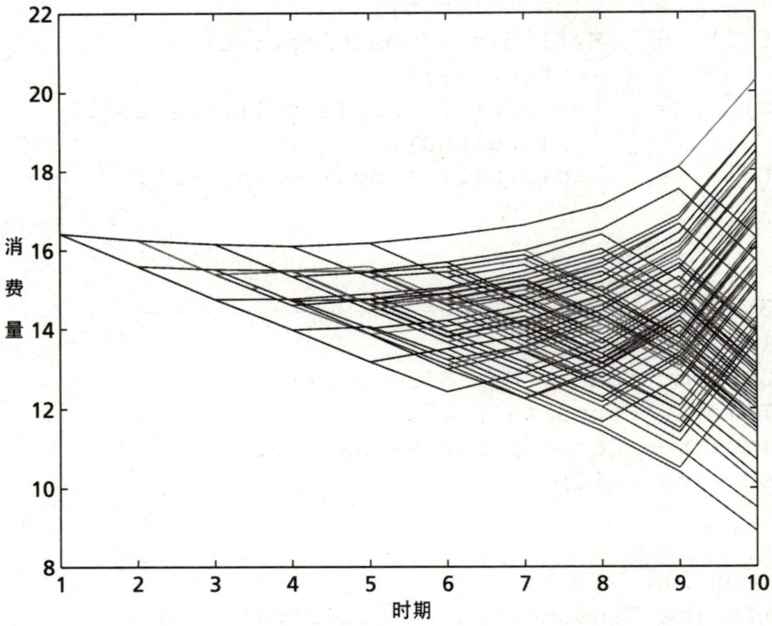

图 6-3 对随机模型中消费路径的模拟

用 GMM 估计

在第 3 章，我们曾经使用 GMM 估计过线性回归模型。这个方法也完全可以用于对本章所介绍的动态模型的估计。在估计过程中，最棘手的环节是如何寻找到合适的矩条件。

为了便于说明，我们继续使用第 6.4 节的小型家庭生产作坊的例子。矩方法估计的起点是，假设 某个 变量的总体均值是零。假设我们有理由相信，每期随机冲击的期望值是零，即：

$$\mathbb{E}[\varepsilon_t] = 0 \quad \forall\, t. \tag{6-17}$$

注意，上式仅仅是关于随机变量的 一个矩（即 ε 的均值）的假设，并未对其分布作任何其他更多的假设。[1]

在随机动态优化模型里，居民的跨期最大化问题是：

$$\max_{\{c_t\}_{t=1}^{T}} \sum_{t=1}^{T} \beta^{t-1} u(c_t) \qquad \text{s.t.} \qquad k_{t+1} = f(k_t, c_t) + \varepsilon_{t+1}. \tag{6-18}$$

结合方程 6-17 和方程 6-18，可以写出矩条件。第一组条件来自对资本流量方程的

[1]第 4 章使用的最大似然估计，需要用到 ε 的分布函数，所以这里使用的基于矩进行估计的方法并不需要知道那么多，这也许正是矩估计最吸引人的特征之一。我们会在本节结束时回到这一点。

整理，将 ε 移到等号左侧，其他项移到等号右侧，方程两边求期望，得到：

$$\mathbb{E}\big[k_{t+1} - f(k_t, c_t)\big] = 0. \tag{6-19}$$

第二组条件来自欧拉方程，即两期之间消费的边际替代率等于资本的边际收益率：

$$\mathbb{E}\left[\frac{u'(c_t)}{\beta u'(c_{t+1})} - f'(k_t)\right] = 0. \tag{6-20}$$

结合我们在前文所使用的效用函数和生产函数的函数形式，得到如下矩条件：

$$\mathbb{E}\big[k_{t+1} - \theta(k_t - c_t)^{\alpha}\big] = 0, \tag{6-21}$$

$$\mathbb{E}\left[\frac{c_{t+1}}{\beta c_t} - \alpha\theta(k_t - c_t)^{\alpha-1}\right] = 0. \tag{6-22}$$

有了这些总体矩条件，我们就可以找与之对应的样本矩了。跟前几章一样，我们使用前文已经得到的模拟数据来进行估计（参见 SimulateStochastic.m）。一共有三个参数需要估计，我们直接为 β 赋一个合理的值，[1] 并在估计其他参数的过程中直接使用该值。

我们把矩条件写成 MATLAB 函数，如下：

DynamicMoments.m

```
function Q=DynamicMoments(ct,ctp,kt,ktp,params)
%------------------------------------------------------
% PURPOSE: returns the quadratic distance based
% on dynamic model moments and specified values
% of alpha and theta
%------------------------------------------------------
% INPUTS:  ct     : Nx1 vector of C_t
%          ctp    : Nx1 vector of C_{t+1}
%          kt     : Nx1 vector of K_t
%          ktp    : Nx1 vector of K_(t+1)
%          params : Alpha, Theta
%------------------------------------------------------
% OUTPUT:  Q      : value of moment conditions
%------------------------------------------------------

Alpha = params(1);
Theta = params(2);
Beta  = 0.9;
k     = size(params,2);

%----- (1) Form moments ---------------------------
m1    = mean([ktp - Theta*(kt - ct).^Alpha]);
```

[1]在动态模型中，为了实现对贴现因子 β 的识别，需要对模型的深层结构施加很强的限制。本书不打算在此详细展开，感兴趣的读者可以参考 Rust(1994a，1994b)。

```
m2    = mean([(ctp./(Beta*ct))-Alpha*Theta*...
               (kt-ct).^(Alpha-1)]);

%----- (2) Create weight matrix and quadratic
%       distance -------
W     = eye(k);
Q     = [m1 m2]*W*[m1 m2]';
return
```

请注意，程序中的两个矩 m1 和 m2 依赖于我们前面设定的效用函数和生产函数的具体函数形式，以及程序直接设定了贴现因子的值 $\beta = 0.9$。还要注意，我们只设置了两个矩。在方程 6-17 中，我们假设了每个时期的 $\varepsilon = 0$ 都成立，这意味着，我们可以建立过度识别的一组矩，习题 (vi) 会请您对此作进一步讨论。

估计所用的数据，来自我们对模型的模拟。利用上一节的模拟程序，可以得到 100 个居民历经 10 个时期的最优决策数据。我们仅仅使用 100 个居民从第 4 期到第 5 期的单期决策数据，调用 MATLAB 求解无约束最小化问题的函数 fminunc 来最小化我们的目标函数：

```
>> FiniteStochastic;
>> SimulateStochastic;
>> opt = optimset('TolFun', 1E-20, 'TolX', 1E-20);
>> [Param, Q] = fminunc(@(p) DynamicMoments...
                (con(:,4),con(:,5),kap(:,4),...
                kap(:,5),p),[1, 1], opt)

Param =

    0.9832    1.1895

Q =

    2.7558e-08
```

得到的估计值 0.9832 和 1.1895 接近于模型模拟时所使用的真实值 0.98 和 1.20。习题 (vi) 和 (vii) 会请您通过使用更多的矩条件来改进这些估计值。也建议您借助这些代码，探索使用不同的（以及不那么巧合的）函数形式、不同的贴现率数值等设定，看看它的表现。

6.6 复习与习题

本章讨论了包含时间因素的经济模型，即跨期经济决策问题。翻一翻期刊《经济动力学与控制杂志》（*Journal of Economic Dynamics and Control*）就会发现，这是当前理论研究和实践应用的重要领域。有兴趣深入探索这一研究方向的读者，比较好的入门书包括：Stokey 和 Lucas (1989)、Adda 和 Cooper (2003)，以及 Dixit (1990) 和 Acemoglu (2008) 的相关章节，从中可以学到更全面的内容。当然，我们也鼓励您阅读本书的第 7 章。除此之外，我们觉得可能会对您有所帮助的，还有如下几个话题及相关资源：

首先，在求解期望价值函数时，可以使用更复杂的工具。其中最重要、最常用到的，应该算是数值积分，它是对模型的随机部分进行积分运算。Judd(1998) 是学习数值积分很好的入门书。可以在 MATLAB 里输入 `help integrate` 或者 `lookfor integral`。用于计算积分的数值方法，一般是求积法，最常用的包括 Gauss-Legendre 求积法或 Guass-Hermite 求积法等。

其次，在刻画随机冲击时，可以考虑更复杂的随机过程。在本章讨论的随机模型里，仅仅包含了结构非常简单的冲击：我们令它在各个时期的分布都是已知的且不随时间的变化而变化。如果想刻画结构更加复杂的随机冲击，可以使用马尔可夫链，它允许本期的随机冲击与上期的随机冲击相关，即它首先定义各期可能出现一组状态，然后定义将相邻两期的各个状态联系在一起的转换概率矩阵。相关资料有很多，与动态规划相关的包括 Adda 和 Cooper(2003)、Stachurski(2009) 以及 Ljungqvist 和 Sargent(2000)。

再次，GMM 并不是估计这类模型的唯一方法。其他方法包括：模拟矩方法、最大似然法、最大模拟似然法等。最好的入门资料当属 Eisenhauer 等 (2014)，他们讨论的正是这个话题。类似地，很值得读的还有 Keane 等 (2013) 在手册里那一章，其中关于“DCDP 模型的可信度”的论述非常精彩。此外，Wolpin(2013) 对（动态）经济模型里的推断问题作了更一般性的讨论。

最后，读完 Eisenhauer 等 (2014) 之后，应当接着去读一些致力于动态模型估计的实证论文，以了解如何选择合适的方法来进行建模和估计。比较好的例子包括 Wolpin (1984)，Keane 和 Wolpin (1997)、Adda 和 Cooper (2000)，以及 Todd 和 Wolpin (2006)。

为了读者复习方便，我们将本章用到的全部 MATLAB 命令都列示在表 6-1 中。

表 6-1 第 6 章用到的 MATLAB 命令

命令	简要描述
`subplot`	一次输出多张子图
`input`	提示用户从键盘输入
`find`	在矩阵中查找与目标精确一致的元素所在的位置
`print`	将当前图形内存中的项目存储到磁盘
`clc`	清除结果屏幕
`figure`	在 MATLAB 脚本文件中输出图形

习题

(i) 在正文里，我们利用函数 FlowUtility.m，能够求出基于给定贴现率 Beta 的最优消费路径。请问，最优消费路径如何随 β 的变化而变化？请编写程序生成类似下图之一的图形，来展示 β 的一系列不同取值对应的一系列最优消费路径。

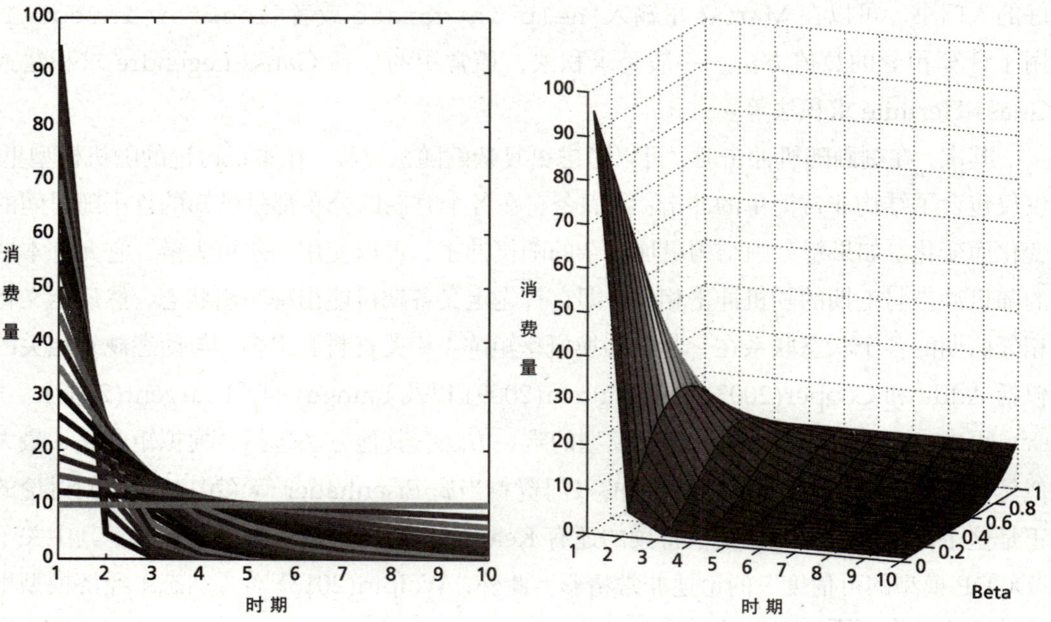

(ii) 上一题得到的计算结果是否依赖于我们所设定的效用函数的具体函数形式？请修改函数 FlowUtility.m 的代码，为它增加参数，以让它可以适用于不同函数形式的效用函数（例如等弹性效用函数、指数效用函数等）。记得相应地修改函数的帮助文件。

(iii) 把函数 FlowConstraint.m 需要的参数都输入给它，看看它会输出什么。不妨令 $\alpha = 1$ 且 $\theta = 1$，尝试两种情形：(1) deq=0，(2) deq$\neq$ 0。小提示：为了看到函数的两个输出项（d 和 deq），需要明确地向 Matlab 提出要求。

(iv) 本章中的模型所使用的效用函数都是基于方程 6-1 的函数形式，即假设居民的时间贴现率 β 是常数。现在考虑拟双曲线贴现模型，即假设随着时间的推移，居民的时间贴现率序列为：$1, \beta\delta, \beta\delta^2, \beta\delta^3, \ldots$。不妨令 $\beta = 0.7, \delta = 0.96$，讨论此时居民的最优消费路径，并用代码验证你的直觉（有关这些行为的更多细节，请参阅 Laibson（1997））。

(v) 代码 BackwardsInduc.m 求解的是流量方程是 $k_{t+1} = k_t - c_t$ 时的价值函数。请

修改代码以求解流量方程是 $k_{t+1}=\theta(k_t-c_t)^\alpha$ 时的价值函数（并将结果与第 6.1.1 节的结果相比较）。小提示：改动仅集中在对消费的定义。

(vi) 本章正文使用 GMM 估计 $\hat{\alpha}$ 和 $\hat{\theta}$ 时，只用到了关于第 5 期冲击 ε_5 的两个矩条件。请把 GMM 估计进行扩展，用关于所有 ε_t 的 $(T-1)*2$ 个矩条件来进行估计。

(vii) 第 3 章的习题 (iii) 曾要求读者把一阶段 GMM 扩展成更有效率的两阶段 GMM。请您作类似扩展，基于第一步的估计值生成最优权重矩阵 $\hat{\boldsymbol{W}}$（小提示：可以在第 3 章的习题中找到 $\hat{\boldsymbol{W}}$ 的公式，它其实就是第一步中使用矩的协方差矩阵）。

7 无穷期界的动态选择

比有史以来最大的东西还要大得多。实话实说，比那还要大许许多多，大得可谓无边无际，尺度上彻底让人惊呆，货真价实的“哇噢，好大哟”。“无限大”大得让“大”这个概念本身显得小得可怜。“巨大”乘以“庞大”乘以“大得叫人头晕目眩”，这就是我们想让读者了解的概念。

道格拉斯·亚当斯[1]

我们用动态规划方法求解有穷期界的跨期决策问题时，使用的是逆向归纳的思想，即为了得到最优决策，需要首先求解各期的价值函数；而价值函数的求解过程，是从有穷期界的最后一期开始，逐期向前迭代，一直迭代到有穷期界的第一期。从这个意义上说，我们是以最后一期为锚。

当我们面对的是无穷期界的跨期决策问题时，锚又该在哪里呢？之所以需要讨论无穷期界的问题，是因为在很多情况下，决策者并不知道最后一期何时到来。比如，一般厂商不太会确切地知道自己未来经营到哪一天就会终止经营；一个想为自己有生之年作出规划的个体，也不太会确切地知道何时会是自己生命的最后一天。当无法把锚固定在最后一期时，我们需要新的思路。好消息是，新求解思路仍然是 Bellman（1957）提出的动态规划的思想，其实质与第 6 章的思路是一致的。

继续以第 6 章使用的家庭生产作坊的决策为例。在这个简单模型里，居民每期都要在消费和投资之间进行权衡，前者带来本期的效用，后者会提高未来的消费能力。这个权衡在经济学里非常经典，可以追溯到 1928 年拉姆齐的研究（当然，拉姆齐研究的是一个国家在消费与储蓄之间的权衡，研究厂商权衡的可以参考 Söderbom（2005）和 Fafchamps 等（2014）。该问题的目标是最大化各期效用水平贴现到第一期的现值之和，约束条件是各期的资本流量方程。我们假设效用函数采用对数函数形式，生产函数采用 Cobb-Douglas 形式，这一最优化问题可以具体表示为如下形式：

$$\max_{\{c_t\}_{t=1}^{\infty},\{k_{t+1}\}_{t=1}^{\infty}} \sum_{t=1}^{\infty} \beta^{t-1}\ln(c_t) \tag{7-1}$$

[1]摘自道格拉斯·亚当斯（Douglas Adams）1980 年出版的《宇宙尽头的餐厅》（The Restaurant at The End of The Universe），由严肃制作有限公司（Serious Productions Ltd.）出版。哈莫尼图书（Harmony Books）是企鹅兰登书屋有限责任公司（Penguin Random House LLC）旗下皇冠出版集团（Crown Publishing Group）。禁止在本出版物之外的任何第三方使用本材料。感兴趣的各方必须直接向企鹅兰登书屋有限责任公司申请许可。

约束条件为：

$$k_{t+1} = \theta k_t^{\alpha} - c_t \tag{7-2}$$

$$c_t \geq 0 \tag{7-3}$$

$$k_t \geq 0. \tag{7-4}$$

这是一个无穷期界的跨期优化问题，即该家庭作坊追求的不再是 T 期的优化，他的“视界”是无穷期的。这类问题的未知数是无穷多个，通常，想要把它每期最优决策的数理表达式（即模型的 *解析解* ）都写出来，几乎是不可能的，至少是非常困难的。此时，我们就 *只能* 借助 MATLAB 之类的数值工具求 *数值解* 。然而，很幸运的是，基于我们设定的非常特殊的函数形式，这个例子竟然是有解析解的！因此，可以通过将我们求出来的数值解与它的解析解相比对，来调试我们的数值算法。

7.1 价值函数迭代

第 6 章使用动态规划法求解有穷期界的跨期最优化问题时，方程 6-12 起到过非常重要的作用。它被称为 *贝尔曼方程* ，第 t 期的贝尔曼方程的具体形式如下：

$$V_t(k_t) = \max_{c_t \in (0, k_t]} \{u(c_t) + \beta V_{t+1}(k_{t+1})\}. \tag{7-5}$$

我们在第 6 章详细讨论过，贝尔曼方程的基本思想很简单：它是将 T 期的最优化问题简化成了 *两期* 之间的权衡问题。两期分别是：（将当前的第 t 期作为） *今天* ，和（将从第 $t+1$ 期开始到第 T 期结束的未来所有期作为） *明天* 。在方程 7-5 中，今天早上的资本存量 k_t 带来的最大可能价值在今天看来是 $V_t(k_t)$；明天早上的资本存量 k_{t+1} 带来的最大可能价值在明天看来是 $V_{t+1}(k_{t+1})$。从第 6 章对“逆向归纳法”的讨论中我们可以知道，用数值方法求解有穷期界的跨期最优化问题，就是从 $V_{T+1}(k_{T+1}) = 0$ 出发，借助贝尔曼方程 6-12 求出 $V_T(k_T)$，进而借助贝尔曼方程 6-13 求出 $V_{T-1}(k_{T-1})$，依此类推，直至得到 $V_1(k_1)$。可见，将相邻两期价值函数联系在一起的，正是贝尔曼方程 7-5。说得更清楚一点：用动态规划法求解跨期问题时，未知数是各期价值函数；贝尔曼方程作为这些未知的函数必须满足的方程，其实质是“泛函方程”（functional equation）。我们就是要从贝尔曼方程入手，来求出这些未知的价值函数。

还需要注意到，在第 6 章讨论的有穷期界的跨期问题里，随着时间的推移，当行为人越来越接近他视界的终点（即第 T 期）时，相同的资本存量在不同时期能够给他带来的价值肯定是不一样的，也就是说，价值函数 $V_t(k_t)$ 和 $V_{t+1}(k_{t+1})$ 不会是同一个函数。所以，对于有穷期界的动态优化问题而言，贝尔曼方程 7-5 里的时间脚标 t 和 $t+1$ 是必不可少的。如果借用本章开始那个“锚”的比喻，那么随着离“锚”越来越近，行为人需要时时最优化地调整自己的行为。这种行为人的最优决策随着时间的推移而不断变化的特征，被称为是*不平稳的*（non-stationary）。

但是，本章我们要讨论的是无穷期界的跨期优化问题。此时，因为视界的终点在无穷远的未来，也就是不再有一个可以锚定的终止期。所以在行为人看来，一天的流逝完全可以忽略。换句话说，他会认为：从今天开始到无穷远的未来 $V_t(k_t)$，与从明天开始到无穷远的未来 $V_{t+1}(k_{t+1})$，两个跨期优化问题没有任何差别，基于这个认识，我们要把无穷期界动态优化问题的贝尔曼方程写成与时间无关的价值函数：

$$V(k)=\max_{c,\tilde{k}}\left\{u(c)+\beta V(\tilde{k})\right\}. \tag{7-6}$$

在方程 7-6 里，用 k 代表今天早上的资本存量，用 $\tilde{k}$ 代表明天早上的资本存量。方程两侧的价值函数的时间脚标被拿掉了，其含义是：既然行为人今天面临的都是和明天完全相同的未来，那么他在今天的最优决策也一定是明天的最优决策，这种不随着时间推移而变化的行为，被称为是*平稳的*（stationary）。如果借用“锚”的比喻，因为“锚”离自己还很远很远，所以行为人的最优选择是日复一日地重复着完全相同的生活。

就像第 6 章是从贝尔曼方程入手求出未知的价值函数一样，在这里，任务是类似的。我们首先把设定好的效用函数和生产函数的函数形式代入贝尔曼方程，即把方程 7-2 代入方程 7-6，得到无穷期界的动态优化问题的贝尔曼方程：

$$V(k)=\max_{c,\tilde{k}}\left\{\ln(\theta k^{\alpha}-\tilde{k})+\beta V(\tilde{k})\right\}. \tag{7-7}$$

如何借助数值方法从方程 7-7 中找出那个未知的、不随时间变化的价值函数 V？本节使用的是一种叫作“价值函数迭代”的数值方法，其做法与第 6 章用过的逆向迭代法类似：首先定义任意形式的关于 k 的函数，不妨令 $V(\tilde{k})=0$，将其作为第一轮对价值函数的猜测，带入方程 7-7 等号右侧 $V(\tilde{k})$ 的位置，求方程 7-7 定义的最大化问题，得到方程左侧的新的价值函数 $V(k)$；将其作为第二轮对价值函数的猜测，带入方程 7-7 等号右侧 $V(\tilde{k})$ 的位置，求方程 7-7 定义的最大化问题，得到方程左侧的新的价值函数 $V(k)$；将其作为第三轮对价值函数的猜测，不断重复前面的步骤，直到对价值函数的猜测与新的价值函数重合。此时，我们称找到了价值函数空间里的*不动点*，从本质上说，“价值函数迭代”就是在寻找这个不动点。在这个具体问题中，找到这个不动点，就是从贝尔曼方程 7-7 里求解出价值函数 V，同时也找到了期初资本存量在当期消费与为了未来消费而储蓄二者之间最优配置的规则（即最优的跨期消费函数）。上述求解过程可以简约地表达如下：

$$\Gamma V(k)=\max_{\tilde{k}}\left\{\ln(\theta k^{\alpha}-\tilde{k})+\beta V(\tilde{k})\right\}\quad\forall\ k. \tag{7-8}$$

其中，Γ 是个算子，执行的是价值函数迭代操作，一直迭代到 $\Gamma V(k)=V(k)$。

在本章附录里，我们展示了如何用数理方法来表达价值函数的迭代过程。建议读者跟着附录亲自推导一遍，会有助于真正理解价值函数迭代的机理。通过附录里的推导可知，满足贝尔曼方程 7-7 的价值函数的解析表达式是：

$$V(k) = \frac{\alpha}{1-\beta\alpha}\ln k + F. \tag{7-9}$$

其中 F 只是用来表示一个常数。与这个价值函数相对应的最优消费函数（又称为“政策函数”）以及最优储蓄函数（或最优资本存量函数）的解析表达式分别是：

$$c(k) = \theta k^{\alpha}(1-\beta\alpha), \tag{7-10}$$

$$\tilde{k}(k) = \theta k^{\alpha}(\beta\alpha). \tag{7-11}$$

政策函数描述的是：与给定状态变量（即期初资本存量 k）相对应的控制变量的最优取值（即最优消费量 c）。与之类似地，方程 7-11 揭示的是给定期初资本存量 k，最优的期末资本存量 $\tilde{k}$（故可以看作储蓄量）。

7.1.1 计算

由本章附录可知，基于我们设定的非常特殊的效用函数和生产函数的函数形式，这个动态规划问题是有解析解的。存在解析解的情况是很罕见的，所以，求解动态规划问题通常要依赖数值方法，如价值函数迭代法。方程 7-8 刻画了价值函数迭代法的基本要点：对于给定的 k，找到它对应的 $\tilde{k}$ 的取值范围，并据此构造 $\tilde{k}$ 的格点，针对 $\tilde{k}$ 的每个格点计算 $\ln(\theta k^{\alpha} - \tilde{k}) + \beta V(\tilde{k})$ 的值，找出能够让这个值最大的 $\tilde{k}$，并因此得到了 $\Gamma V(k)$；对 k 的所有可能取值重复上面的操作。

我们来看看代码：

IterateVF.m

```
function [TV optK] = IterateVF(V,maxK)
%-----------------------------------------------
% PURPOSE: Takes a potential value function V and
% performs an iteration, returning the updated
% proposed value function TV. When TV=V, we
% have found the true value function. The scalar
% maxK represents the maximum possible amount of
% capital that can be consumed in one period
%-----------------------------------------------
% INPUTS: V    : Nx1 vector of potential value
%                function
%         maxK : scalar of maximum capital
%                that can be consumed in a period
%-----------------------------------------------
% OUTPUT:TV    : updated value function
```

```
16 %        optK : vector of optimal capital amounts
17 %-----------------------------------------------------
18 
19 %----- (1) Basic Parameters ---------------------
20   Alpha = 0.65; Beta = 0.9; Theta = 1.2;
21 
22   grid  = length(V);
23   K     = linspace(1e-6,maxK,grid)';
24   TV    = zeros(length(V),1);
25 
26 %----- (2) Loop through and create new value
27 %----- function for each possible capital value
28   for k = 1:grid
29     c = Theta*K(k)^Alpha-K(1:k);
30     c(c<=0) = 0;
31     u = log(c);
32     [TV(k) optK(k)] = max(u + Beta*V(1:k));
33   end
34 return
```

函数 IterateVF 的输入变量是初始的价值函数 V 以及资本存量的最大可能值 maxK，然后对输入的价值函数执行一次迭代操作。代码的第 (1) 部分是对必要的变量加以设定和处理，第 (2) 部分是函数的核心部分：首先，通过一个循环语句在 k 的可行域内逐个格点取值，以保证输出的价值函数的定义域覆盖了所有可能的 k；其次，对于每次取到的 k 值，计算每个可能的 $\tilde{k}$ 对应的效用值，并在第 32 行以当前的初始价值函数为基础，找出能够让当前目标函数取得最大值的格点，将最大化的值赋值给新的价值函数 TV(k)，将此时格点位置的资本存量的值赋值给最优的资本存量 optK(k)。

下面的程序借助 IterateVF 执行了 10 次价值函数迭代。

IterateGraph.m

```
%-----(1) Set parameters, plot analytical
%        solution -----
Beta = 0.9; Alpha = 0.65; Theta = 1.2;
aB = Alpha*Beta;
K = linspace(1e-6,100,1000);

E = Alpha/(1-aB);
F = 1/(1-Beta)*(log(Theta*(1-aB))...
                + aB*log(aB*Theta)/(1-aB));
soln = E*log(K)+F;

plot(K,soln, '-k', 'LineWidth', 3)
axis([0 100 -15 10])
hold on

```

```
%-----(2) Plot 10 value function iterations ----
TV = [zeros(1000,1) NaN(1000,10)];
for iter = 1:10
    fprintf('Iteration number %d\n', iter)
    TV(:,iter+1)=IterateVF(TV(:,iter),100);
end

plot(K,TV)
xlabel('Amount of Capital', 'FontSize', 12)
ylabel('Value Function', 'FontSize', 12)
title('Value Function Iteration', 'FontSize', 14)
```

在上面的代码里，将初始价值函数的所有元素设定为零，以此为起点进行了 10 次价值函数迭代，并将这 11 个价值函数的值都存储在矩阵 TV 里。

图 7-1 中将这道无穷期界动态规划问题的解析解（黑色粗线）以及前 10 次迭代得到的价值函数的数值解（彩色细线）展示在同一个坐标系里。显然 10 次迭代是不够的：它们的确在逐步向解析解收敛，但是截止到第 10 次迭代的结果，它距离我们的目标结果还有一段距离。

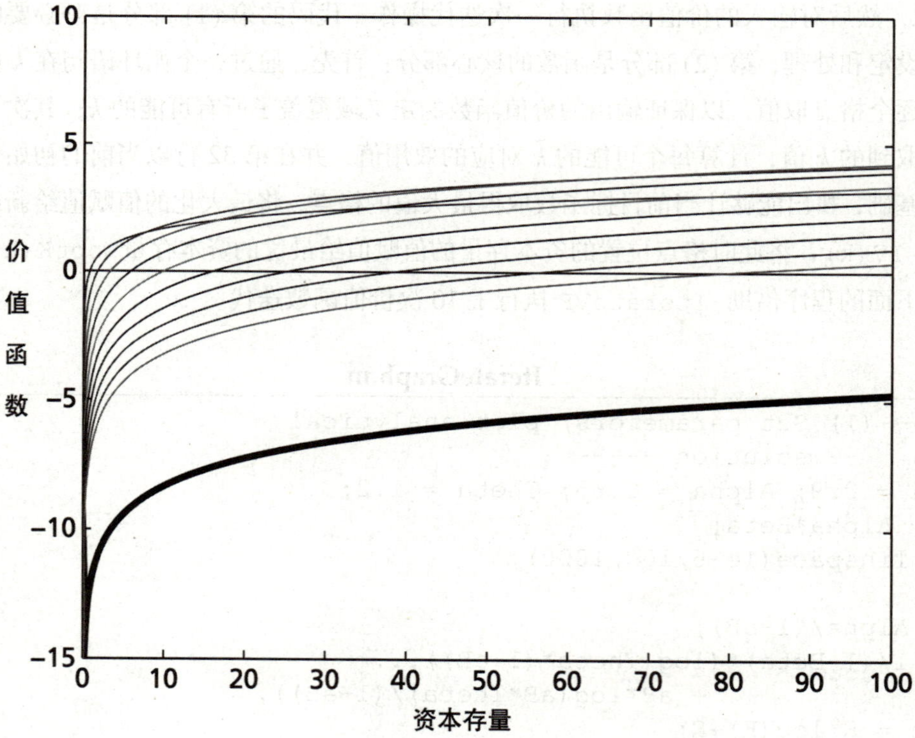

图 7-1 向解析解逐步收敛的前 10 次迭代

我们来改进一下上面的代码：加入对当前得到的价值函数是否已经“收敛”的判断，

从而明确地要求其实现收敛。[1] 其判断的标准是：$V_{j+1}(k) \approx V_j(k)\ \forall k$，即相邻两次迭代的结果是否已足够接近。我们在 MATLAB 里建立一个 while 循环，让它一直执行价值函数的迭代操作，直到满足下面的收敛性判断标准：

$$||V_{j+1}(k) - V_j(k)|| \leq \delta \quad \forall k \tag{7-12}$$

在下面的代码里，用 crit 代表上式里的 δ（在这里令其取值 0.01）。每执行一次迭代，就计算一次 $||V_{j+1}(k) - V_j(k)||$，并把计算结果存入变量 conv。

ConvergeVF.m

```
%----- Convergence to the Value Function --------
conv = 100;
crit = 1e-2;

K    = linspace(1e-6,100,1000);
V    = zeros(1000,1);
axis([0 100 -15 10])
hold on

cc   = hot(70);
Iter = 0;

while conv>crit
    Iter        = Iter+1
    [TV optK]   = IterateVF(V,100);
    conv        = max(abs(TV-V))
    plot(K,TV, 'color', cc(Iter,:))
    V           = TV;
end
```

代码的执行结果如图 7-2 所示。图中可见，价值函数确实收敛了。[2] 不妨思考一下：如果我们对初始价值函数的函数形式的初始猜测 $V_0(k)$ 换一个设定，会有什么结果？如果我们将资本存量的格点设置得更加细密，会有什么结果？

7.1.2 政策函数

好了，我们已经成功地解出了价值函数，那么，我们是否能因此推算出决策主体的最优决策？说得更确切一点：我们能否知道这个家庭作坊在给定时间点上的最优消费量以及储蓄量？这就是在求解 *政策函数* 。政策函数指的是从状态变量到控制变量的映射。

[1]之所以给收敛加上引号，是因为我们在这里对“收敛”这个术语有些滥用。严格地说，运用数值方法进行的价值函数迭代，永远无法得到真正收敛。只能说，当迭代次数趋向于无穷大时，相邻两次迭代得到的价值函数之间的距离会趋向于任意小。

[2]绘制这张图时，程序使用了 MATLAB 自带的“颜色映射”函数 hot，其目的在于设定价值函数曲线的颜色：随着迭代次数的增加，用越来越“暖”的色调绘制价值函数。

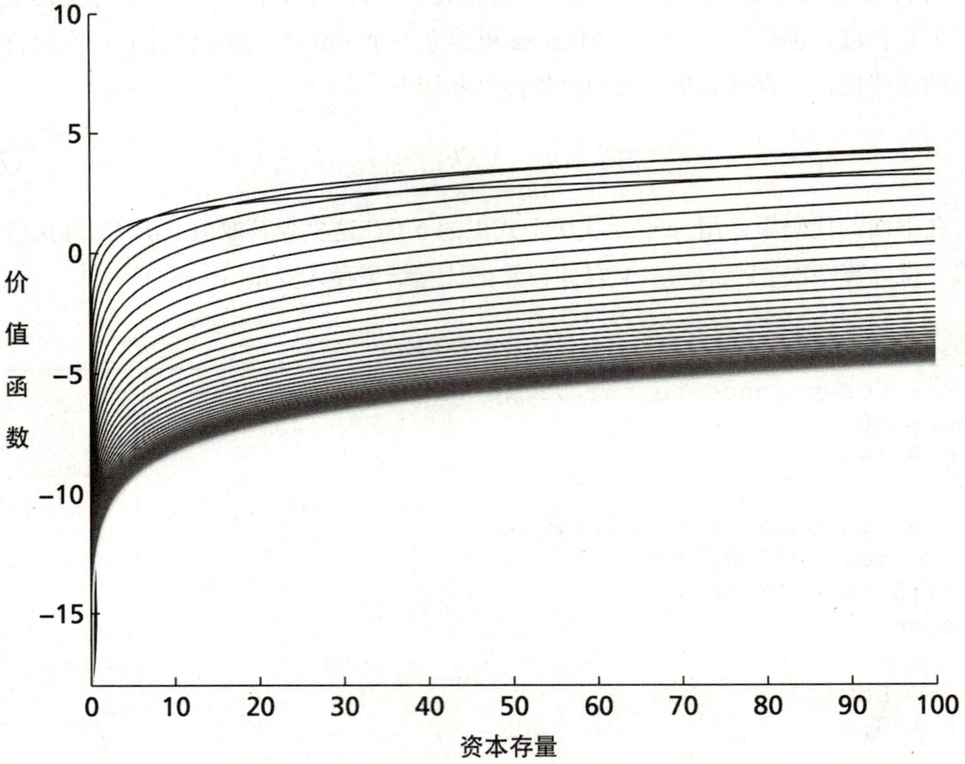

图 7-2 收敛到解析解的过程

具体到我们讨论的家庭作坊这个例子，政策函数就是 $c(k)$，即从资本存量到消费量的映射。好消息是，我们用价值函数迭代求解无穷期界动态规划问题时，政策函数已经捎带着也被求出来了。

还记得我们刚讨论过的函数 `IterateVF` 吗？在那里，我们对资本存量格点 k 逐个求价值函数的时候，其对应的最优的期末资本存量 $\tilde{k}$ 的值也同时被求出来了，并被存入了向量 `optK` 的相应位置上，成为函数 `IterateVF` 的两个输出项之一。之后，在代码 `ConvergeVF.m` 里，每一轮迭代都会对两个向量进行更新：价值函数 `TV` 以及最优资本存量 `optK`。

既然向量 `optK` 里存储的是最优资本存量规则，即对格点上的每个期初资本存量取值 k，映射出最优的期末资本存量取值 $\tilde{k}$，那么我们就可以编程，将这个最优资本函数 $\tilde{k}(k)$ 图形画出来。虽然它并不是政策函数 $c(k)$ 本身，但是二者关系密切。[1] 图 7-3 有左右两部分，左侧图中曲线表示的是经计算得到的最优资本函数的数值解，右侧图中则是该数值解与解析解比对图，最优资本函数的解析解是由方程 7-11 刻画的。可以看到，两条曲线高度重合，表明计算所得数值解与解析解拟合度很高。本章末尾的习题 (i) 会

[1]根据本节第一段的定义，政策函数特指 $c(k)$，而这里要作的图是 $\tilde{k}(k)$，二者之和是 k，所以它们关系密切。

请读者根据 政策 函数的方程 7-10 来绘制对应的图形。

```
>> aB   = 0.65*0.9;  Theta = 1.2;  Alpha = 0.65;
>> plot(K,K(optK),K,aB*Theta*K.^Alpha, '--r',...
   'LineWidth', 3)
>> xlabel('Amount of Capital', 'FontSize', 12)
>> ylabel('Optimal k_{t+1}', 'FontSize', 12)
>> title('Policy Function: K Consumption',...
   'FontSize', 14)
```

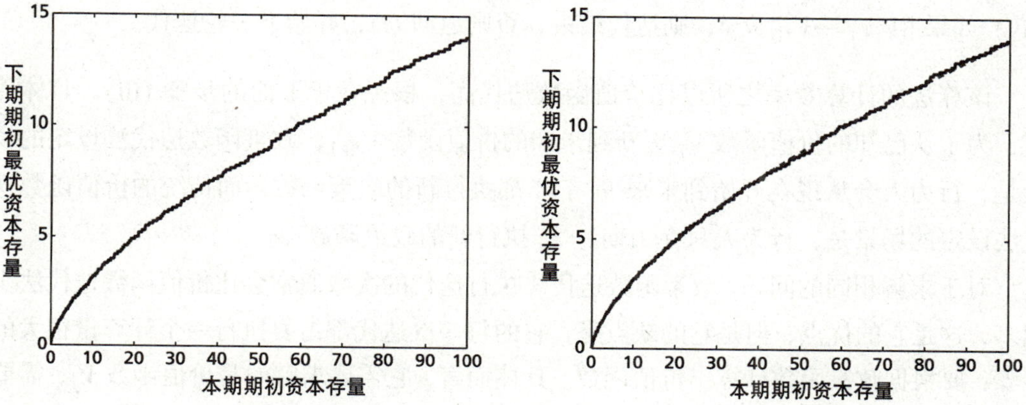

图 7-3 最优资本函数的数值解（左）及其与解析解的比对（右）

7.2 政策函数迭代

虽然在第 7.1 节里，我们用价值函数迭代法成功地找到了无穷期界问题的数值解，而且它或许恰巧也能很好地解决您所研究的问题，然而不可否认的是，这种“传统”的数值求解方法的计算效率并不总是令人满意。如果待求解问题的状态空间非常大，那么您可能会发现，价值函数的每一次迭代都需要很长时间才能完成。

本节讨论价值函数迭代法之外的另一个非常有用的数值求解方法，霍华德改进算法 (*Howard's Improvement Algorithm*)，也被称为 政策函数迭代法 。我们会发现，与价值函数迭代法相比，政策函数迭代法收敛到不动点所需要的步数往往比前者少很多。

第 7.1 节使用 `ConvergeVF.m` 执行价值函数迭代法时，为了得到与 V_{j+1} 足够接近的 V_j，即为了让价值函数收敛到不动点，需要执行 66 次迭代。而且，根据代码的第 3 行可知，程序对“足够接近”或者“收敛到不动点”的设定是令 $||V_{j+1} - V_j|| < 0.01$。如果我们把收敛的标准设定得更加严格，那么可能需要更多（得多）的迭代次数才能完成计算。[1]

[1]例如，如果把收敛的标准设定为 `1e-6` 的话，那么求解这个问题需要执行 153 次迭代。

粗略而言，政策函数迭代法的步骤大致是，将价值函数的迭代起点 V_j 的初始值设定为任意形式的价值函数 V_0，并设定收敛与否的判定标准 δ，然后开始执行迭代循环：

(i) 结合已知的 V_j，对格点上的每个 k，找到最优消费量 c，形成对应的“政策函数” $c_j(k)$；

(ii) 计算与此政策函数对应的效用 $u(c_j(k))$；

(iii) 假设行为人将 *永远* 依据此政策函数行动，计算这种情况下的价值函数 V_{j+1}；

(iv) 如果 $||V_{j+1} - V_j|| < \delta$，则迭代结束；否则返回 (i)，开始下一轮迭代。

该算法的计算效率之所以比价值函数迭代高，根源在于上面的步骤 (iii)。具体而言，为了从已知的价值函数 V_j 更新到未知的价值函数 V_{j+1}，政策函数迭代法设定的场景是，行为人会从现在开始到未来 *所有期* 都执行新的政策函数，而传统的价值函数迭代法设定的场景是，行为人只在当期 *一期* 执行新的政策函数。

对于求解相同的问题，政策函数迭代法执行迭代的次数通常会比价值函数迭代法少很多，这是它的优点；但是它的缺点是，它的每一次迭代都需要执行一个计算量很大的步骤：要根据政策函数计算出价值函数。具体而言，它需要求解的是价值函数 V_j，需要执行的计算如下：[1]

$$
\begin{aligned}
& V_j = u(c_j(k)) + \beta Q_j V_j \\
\Rightarrow \quad & V_j = (\boldsymbol{I} - \beta \boldsymbol{Q}_j)^{-1} u(c_j(k)).
\end{aligned} \tag{7-13}
$$

式中 $\boldsymbol{I}$ 是单位矩阵，$\boldsymbol{Q}$ 是描述给定 V_j 的情况下资本存量变化的矩阵。[2] 方程 7-13 与上述计算步骤 (iii) 对应，使用矩阵左除法计算 V_j 的值，这一步的计算量比较大。

函数 `IteratePolicy` 实现了上面陈述的计算步骤。因为方程 7-13 里的 $\boldsymbol{Q}$ 是一个大部分元素为零的矩阵，所以代码调用了 MATLAB 里处理稀疏矩阵的函数 `sparse`。本书第 10 章会更详细地讨论稀疏性以及该函数的使用。

IteratePolicy.m

```
function [V,opt] = IteratePolicy(V, maxK)
%-------------------------------------------------------------
% PURPOSE: takes an aribitrary value function
% V and iterates over the policy function c(k).
% At each step it calculates an updated policy
% function c_j(k), and a corresponding value
% function V_j(k), which is the value of.
```

[1] 这里的数学表达是来自 Judd（1998），对进一步的细节感兴趣的读者请查阅该书第 411-417 页。

[2] 当讨论的是随机无穷期界模型时，$\boldsymbol{Q}$ 表示的是模型中的随机成分在相邻两期的不同实现值之间的概率转移矩阵。本书对此不再展开讨论。有兴趣将代码扩展到随机情形的读者请仍旧参见 Judd（1998）。

```
% following c_j(k) forever.
%----------------------------------------------------
% INPUTS:  V    : Nx1 vector of potential value
%                 function
%          maxK : scalar of maximum capital
%                 that can be consumed in a period
%----------------------------------------------------
% OUTPUT: V    : updated value function at each
%                point
%         opt  : optimal k for V
%----------------------------------------------------

%----- (1) Parameters -----------------------------
  Alpha = 0.65; Beta = 0.9; Theta = 1.2;
  grid  = length(V);
  K     = linspace(1e-6,maxK,grid)';
  opt   = NaN(grid,1);

%----- (2) Calculate optimal k for V ------------
  for k = 1:grid
      c               = Theta*K(k)^Alpha-K(1:k);
      c(c<=0)         = 0;
      u               = log(c);
      [V1,opt(k)] = max(u+Beta*V(1:k));
  end

  kopt = K(opt);
  c    = Theta*K.^Alpha-kopt;
  u    = log(c);

%----- (3) Invert k, u to find V_{j+1} ----------
  Q  = sparse(grid,grid);

  for k = 1:grid
     Q(k,opt(k)) = 1;
  end
  TV =  (speye(grid)-Beta*Q)\u;
  V  =  TV;
return
```

接下来我们写一段简短的程序，循环调用函数 IteratePolicy，直至政策函数的数值解收敛到不动点。代码的前 8 行设置了作图的环境参数，把政策函数的解析解先画在图上，并将政策函数的初始值设定为一条与横轴重合的直线 $V_0 = 0$，然后就可以进行政策函数迭代了：以初始政策函数为起点，通过 for 循环语句，一共执行 7 次政策函数迭代，并将每次迭代的结果都呈现在同一个坐标系里，如图 7-4 所示。可以看出，仅仅经过 7 次迭代，政策函数的数值解就已经非常接近解析解了。

GraphPolicy.m

```
%----- (1) Setup parameters, pre-fill matrices ---
cmap = cool(7);
V    = zeros(1000,1);
K    = linspace(1e-6,100,1000);
aB   = 0.65*0.9; Theta = 1.2; Alpha = 0.65;

%----- (2) Plot analytical solution to determine
%           performance ----
plot(K, aB*Theta*K.^Alpha, '-k','LineWidth',3)
hold all

%----- (3) Iterate using the Howard Algorithm,
%           plot each step ----
for l = 1:7
    [V,k] = IteratePolicy(V,100);
    plot(K,K(k), 'color', cmap(l,:))
end

legend('Analytical', 'Iter 1', 'Iter 2', ...
'Iter 3', 'Iter 4', 'Iter 5', 'Iter 6', ...
'Iter 7', 'Location', 'NorthWest')
xlabel('Amount of Capital')
ylabel('Optimal k_{t+1}')
title('Policy Function Iteration and Optimal Consumption')
```

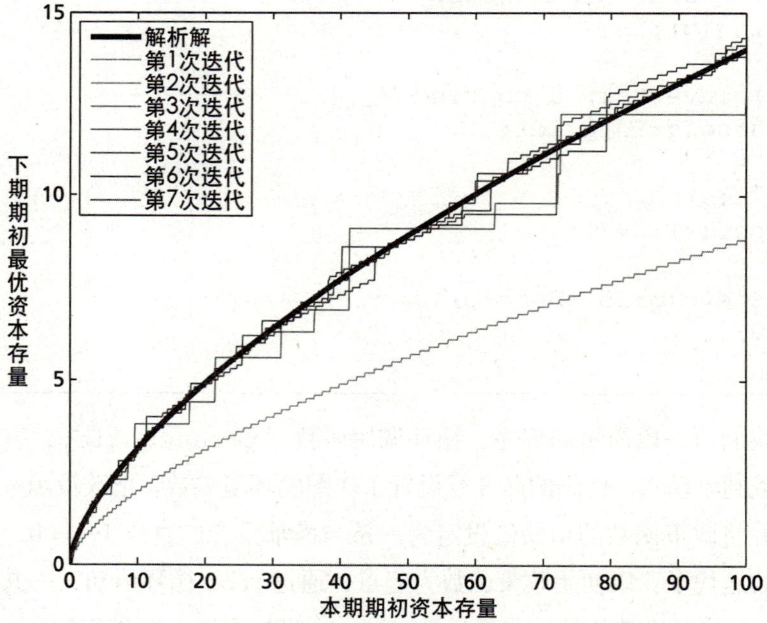

图 7-4 政策函数收敛得更快

7.3 无穷期界模型的估计

在第 6 章里，我们花了相当多的时间讨论如何将随机元素纳入我们的动态模型，以及在此基础上，如何从数据中估计出结构参数的值。我们不打算在本章再重复类似的代码，但是，这绝不意味着对无穷期界的模型进行模拟和估计不重要。恰恰相反！对于任何一项微观经济计量应用，进行估计都是一个必要的基本步骤，因此，作为研究人员，我们必须要完成参数估计。只是从本质上讲，对无穷期界模型的估计与对有穷期界模型的估计*没有什么真正的不同*。所以，我们请您回到第 6.4 节和第 6.5 节，复习一下对随机性的处理；[1] 然后，我们请您参阅本章结尾的习题 (ii) 和 (iii)，练习一下自己亲自编写模型模拟和估计的代码。

7.4 复习与习题

本章将上一章介绍的贝尔曼最优值原理以及价值函数迭代运用到更广泛的领域：把动态分析从有穷期界的情形推广到*无穷*期界。此时，作为逆向归纳法起点的最后一期就不复存在了。但是，正如我们在本章看到的，这并没有阻止我们的求解。读者通过阅读本章以及上一章，真正弄懂并亲自调试里面的代码，就会对跨期模型的建模和估计有基本的了解。如果您对这个方向很有兴趣，那么接下来您可以阅读：

(i) 很多宏观经济问题会用无穷期界的动态规划的方法来研究，如（由拉姆齐开始讨论的）一个国家的增长率和它的投资决策问题等。这一领域已有大量文献以及研究这些问题要用到的计算机程序资源。如 Stachurski（2009）以及 Sargent 和 Stachurski（2013）讲解了如何用 Python 解决动态经济问题，Collard（2013）的在线讲义讨论了如何用 MATLAB 实现宏观经济研究中的价值函数迭代等。

(ii) 本章为了在求解模型时能够使用 MATLAB，需要对状态空间进行离散化，即状态变量在其定义域内取格点。但是在某些情况下，状态空间会非常大，计算能力不支持在足够精细的格点上求解价值函数。此时的解决方案是，不把格点设定得非常细密，但是在求解价值函数时，如果要用到位于格点之间的状态变量，就借助*插值*的方法。常用的插值方法有：线性方法、最小二乘（以状态变量为解释变量）或样条曲线等。Keane 和 Wolpin（1994）讨论了模拟与插值，是关于动态模型中的插值方法的入门文献，更近的文献包括 Rust（2000），他提出了所谓的“参数化政策迭代”。

(iii) 第 6.6 节中所列的要点也适用于本章。更先进的数值运算工具、对状态空间更有

[1]值得指出的一个好消息是：虽然我们要估计的是无限期界的模型，但是这不意味着我们需要无穷期的数据。估计过程是：根据无穷期界的模型，写出矩条件或者对数似然函数，然后以此为目标函数，根据有限期的数据对参数加以估计。

效的网格化和插值方法，以及更精致的随机因素刻画等，都有助于建立和估计更现实、更高效的模型。请参阅第 6.6 节中列出的参考资料。

为了读者复习方便，我们将本章用到的全部 MATLAB 命令都列示在表 7-1 中。

表 7-1 第 7 章用到的 MATLAB 命令

命令	简要描述
`linspace`	用指定值构造元素间距均匀的向量
`hot`	设定从黑到红到黄再到白渐变的绘图色调
`fsolve`	求解方程组
`sparse`	以稀疏矩阵的方式存储矩阵以提高计算效率
`speye`	生成稀疏单位矩阵
`legend`	将图例添加到绘图中

习题

(i) 本章使用 `ConvergeVF` 生成了图 7-3，刻画的是最优资本存量。请根据方程 7-10，自己编写相应的代码，以执行类似的操作，生成刻画最优消费量的图。

(ii) 在第 6 章中，我们将随机冲击引入有穷期界模型。请以该代码为基础，自己编写相应的代码来模拟如下模型：

$$\max_{\{c_t\}_{t=1}^{\infty}} \sum_{t=1}^{\infty} \beta^{t-1} u(c_t) \quad \text{s.t.} \quad k_{t+1} = \theta k_t^{\alpha} - c_t + \varepsilon_{t+1}.$$

(a) 沿用上一章例题中对 ε 的设定（50% 的概率取值 +2，50% 的概率取值 −2）。模拟 1000 人在 10 个时期的行为（包括对资本存量和消费量的选择），令每个人的初始资本存量为 100 个单位。绘制出每期总消费量以及期末剩余资本存量。

(b) 现在，不再假设每个人都从 100 个单位的资本存量开始，而是假设每个人的初始资本存量是随机变量，服从的是 50 到 100 之间的均匀分布。请计算此时的最优行为。需要重新估计 (a) 部分的价值函数吗？

(iii) 现在假想的场景是，把习题 (ii) 计算出来的资本存量和消费量路径当成已知的数据集，并假设数据生成过程如 (ii) 所述。请根据该数据来估计参数 θ 和 α（令 $\beta = 0.9$）（小提示：上一章的 GMM 代码以及相关的矩条件可以用在这里）。

附录：价值函数迭代的数学推导

在下面的推导过程中，我们用 V_j 来表示价值函数，其中，下标 $j \in [0, \infty)$，表示这是经过了 j 次迭代得到的价值函数。值得强调的是，这个数字 j 并 不是指 行为人在第 j 期的决策。j 越大，说明我们已经迭代的次数越多，因此 V 就越可能更接近不动点，即 问题的解 。从 Stokey 和 Lucas（1989）可知，在一组相对无害的假设下，压缩映射定理意味着：当 $j \to \infty$，有 $\Gamma V \to V$（即价值函数会收敛）。执行迭代操作的第一步，是定义一个初始的价值函数：[1]

$$V_0(k) = 0 \quad \forall\, k.$$

V_j 是我们对问题的解的猜测，V_{j+1} 是以 V_j 为基础进行一次迭代所得出的解。只有当 $V_{j+1} = V_j$ 时，我们猜测的解才能够被确定为问题真正的解；否则要把 V_{j+1} 设定为对问题的解的新的猜测，进行下一轮的迭代。所以，当初始猜测是 V_0 时，我们要进行的是第一轮迭代，具体操作是，求解如下的最大化问题，生成 V_1：

$$V_1(k) = \max_{\tilde{k}} \left\{ \ln(c) + \beta V_0(\tilde{k}) \right\} \quad \text{s.t.} \quad c = \theta k^{\alpha} - \tilde{k}. \tag{7-14}$$

这里，k 和 $\tilde{k}$ 分别表示当期期初和当期期末（或下期期初）的资本存量。因为无论 k 取值多少，V_0 都等于 0，所以最优策略就是把当期所有的期初资本存量都消费掉，即 $c^* = \theta k^{\alpha}$。将此最优消费量代入方程 7-14，得到新的价值函数 V_1：

$$\begin{aligned} V_1(k) &= \ln(c^*) + \beta V(\tilde{k}^*) \\ &= \ln(\theta k^{\alpha}) + \beta \cdot 0 \\ &= \ln\theta + \alpha \ln k. \end{aligned} \tag{7-15}$$

显然，$V_1(k) \neq V_0(k)$，因此，我们猜测的 V_0 并不是贝尔曼方程的解。

我们刚才以 V_0 为基础，完成了第一次迭代，得到了 V_1。现在我们以 V_1 为基础，来进行第二次迭代：

$$V_2(k) = \max_{\tilde{k}} \left\{ \ln(c) + \beta V_1(\tilde{k}) \right\} \quad \text{s.t.} \quad c = \theta k^{\alpha} - \tilde{k}. \tag{7-16}$$

求解方程 7-16 里的最大化问题，得到如下一阶条件：

$$\frac{1}{\theta k^{\alpha} - \tilde{k}} = \frac{\beta\alpha}{\tilde{k}},$$

[1] 对初始价值函数的函数形式的设定，可以是任意的。也就是说，作为迭代起点的价值函数无论采取什么函数形式，只要它可以被求解，那么它就能够被逐步迭代到问题的真正的解。

整理可得，$\tilde{k}^* = \frac{\beta\alpha}{1+\beta\alpha}\theta k^\alpha$，将它代入流量方程 $c = \theta k^\alpha - \tilde{k}$，得到 $c^* = \left(\frac{1}{1+\beta\alpha}\right)\theta k^\alpha$。将此最优消费量代入方程 7-16，可得：

$$\begin{aligned}
V_2(k) &= \ln c^* + \beta V_1(\tilde{k}^*) \\
&= \ln\left[\left(\frac{1}{1+\beta\alpha}\right)\theta k^\alpha\right] + \beta\left[\ln\theta + \alpha\ln\left(\frac{\beta\alpha}{1+\beta\alpha}\theta k^\alpha\right)\right] \\
&= \alpha(1+\beta\alpha)\ln k + \ln\left(\frac{\theta}{1+\beta\alpha}\right) + \beta\ln\theta + \beta\alpha\ln\left(\frac{\beta\alpha}{1+\beta\alpha}\theta\right) \\
&= E_1\ln k + F_1
\end{aligned}$$

其中，第二行里 V_1 的函数形式来自方程 7-15。E_1 和 F_1 只是代表常数项，我们再次发现 $V_2(k) \neq V_1(k)$。

类似地，我们进行第三次迭代：

$$\begin{aligned}
V_3(k) &= \max_{\tilde{k}}\ \left\{\ln(c) + \beta V_2(\tilde{k})\right\} \quad \text{s.t.} \quad c = \theta k^\alpha - \tilde{k}, \\
&= \max_{\tilde{k}}\ \left\{\ln(\theta k^\alpha - \tilde{k}) + \beta\left[\alpha(1+\beta\alpha)\ln\tilde{k} + F_1\right]\right\}
\end{aligned}$$

对应的一阶条件为：

$$\frac{1}{\theta k^\alpha - \tilde{k}} = \frac{\beta\alpha(1+\beta\alpha)}{\tilde{k}}.$$

整理可得，$\tilde{k}^* = \frac{\beta\alpha+\beta^2\alpha^2}{1+\beta\alpha+\beta^2\alpha^2}\theta k^\alpha$，进而得到 $c^* = \left(\frac{1}{1+\beta\alpha+\beta^2\alpha^2}\right)\theta k^\alpha$。将它们代入价值函数，可得：

$$\begin{aligned}
V_3(k) &= \ln c^* + \beta V_2(\tilde{k}^*) \\
&= \ln\left[\left(\frac{1}{1+\beta\alpha+\beta^2\alpha^2}\right)\theta k^\alpha\right] + \beta\left[\alpha(1+\beta\alpha)\ln\left(\frac{\beta\alpha+\beta^2\alpha^2}{1+\beta\alpha+\beta^2\alpha^2}\theta k^\alpha\right) + F_1\right] \\
&= \alpha(1+\beta\alpha+\beta^2\alpha^2)\ln k + F_2 \\
&= E_2\ln k + F_2
\end{aligned}$$

同样，E_2 和 F_2 只是代表常数项。[1]

在这里，我们又一次看到 $V_3(k) \neq V_2(k)$。同时我们发现，某种模式确实在慢慢浮出水面：第 j 次迭代的结果形如 $V_j(k) = E_j\ln k + F_j$。为了完整求解，我们可以不断地迭代，从而得到 $V_4(k)$、$V_5(k)$……对于这个计算过程，我们可以利用几何级数求极限的技巧。对于第一个常数项 E_j，根据几何级数的求和公式，并求极限，会得到：

$$\lim_{j\to\infty} E_j = \alpha\left[1 + \beta\alpha(1 + \beta\alpha + \beta^2\alpha^2 + \ldots + \beta^{j-1}\alpha^{j-1})\right] = \frac{\alpha}{1-\alpha\beta}. \tag{7-17}$$

[1]万一你想知道 F_2 的表达式，没有问题！如果你认真计算（而且我也没算错的话）会发现它大致会是：

$$F_2 = \ln\left(\frac{\theta}{1+\beta\alpha+\beta^2\alpha^2}\right) + \beta\ln\left(\frac{\theta}{1+\beta\alpha}\right) + \beta^2\ln\theta + \beta^2\alpha\ln\left(\frac{\beta\alpha}{1+\beta\alpha}\theta\right) + \beta\alpha(1+\beta\alpha)\ln\left(\frac{\beta\alpha+\beta^2\alpha^2}{1+\beta\alpha+\beta^2\alpha^2}\theta\right)$$

我们分几步来处理第二个常数项 F_j。根据 F_1 和 F_2，可知更一般形式的 F_j 是：

$$\begin{aligned}F_j =&\beta^0\ln\left(\frac{\theta}{1+\beta\alpha+\ldots+\beta^j\alpha^j}\right)+\beta^1\ln\left(\frac{\theta}{1+\beta\alpha+\ldots+\beta^{j-1}\alpha^{j-1}}\right)+\ldots+\\&\beta^t\ln\left(\frac{\theta}{1+\beta\alpha+\ldots+\beta^{j-t}\alpha^{j-t}}\right)+\ldots+\\&\beta^{j-2}\ln\left(\frac{\theta}{1+\beta\alpha+\beta^2\alpha^2}\right)+\beta^{j-1}\ln\left(\frac{\theta}{1+\beta\alpha}\right)+\beta^j\ln\theta+\\&\beta^0(\beta\alpha)(1+\beta\alpha+\ldots+\beta^{j-1}\alpha^{j-1})\ln\left(\frac{1+\beta\alpha+\ldots+\beta^{j-1}\alpha^{j-1}}{1+\beta\alpha+\ldots+\beta^j\alpha^j}\alpha\beta\theta\right)+\\&\beta^1(\beta\alpha)(1+\beta\alpha+\ldots+\beta^{j-2}\alpha^{j-2})\ln\left(\frac{1+\beta\alpha+\ldots+\beta^{j-2}\alpha^{j-2}}{1+\beta\alpha+\ldots+\beta^{j-1}\alpha^{j-1}}\alpha\beta\theta\right)+\ldots+\\&\beta^t(\beta\alpha)(1+\beta\alpha+\ldots+\beta^{j-t-1}\alpha^{j-t-1})\ln\left(\frac{1+\beta\alpha+\ldots+\beta^{j-t-1}\alpha^{j-t-1}}{1+\beta\alpha+\ldots+\beta^{j-t}\alpha^{j-t}}\alpha\beta\theta\right)+\ldots+\\&\beta^{j-2}(\beta\alpha)(1+\beta\alpha)\ln\left(\frac{1+\beta\alpha}{1+\beta\alpha+\beta^2\alpha^2}\alpha\beta\theta\right)+\beta^{j-1}(\beta\alpha)\ln\left(\frac{1}{1+\beta\alpha}\alpha\beta\theta\right).\end{aligned}$$

如上，它可以被分成两部分之和，每一部分又分别是一个几何级数之和。第一部分的极限是：

$$\begin{aligned}\lim_{j\to\infty}\sum_{t=0}^{j}\beta^t\ln\left(\frac{\theta}{1+\beta\alpha+\ldots+\beta^{j-t}\alpha^{j-t}}\right)&=\lim_{j\to\infty}\sum_{t=0}^{j}\beta^t\ln\left[\theta(1-\beta\alpha)\right]\\&=\frac{1}{1-\beta}\ln\left[\theta(1-\beta\alpha)\right],\end{aligned}$$

第二部分的极限为：

$$\begin{aligned}\lim_{j\to\infty}\sum_{t=0}^{j-1}\beta^t(\beta\alpha)(1+\beta\alpha+\ldots+\beta^{j-t-1}\alpha^{j-t-1})\ln\left(\frac{1+\beta\alpha+\ldots+\beta^{j-t-1}\alpha^{j-t-1}}{1+\beta\alpha+\ldots+\beta^{j-t}\alpha^{j-t}}\alpha\beta\theta\right)\\=\lim_{j\to\infty}\sum_{t=0}^{j-1}\beta^t\frac{\beta\alpha}{1-\beta\alpha}\ln\left(\beta\alpha\theta\right)\\=\frac{1}{1-\beta}\left[\frac{\beta\alpha}{1-\beta\alpha}\ln\left(\beta\alpha\theta\right)\right].\end{aligned}$$

因此，可以得到：

$$\begin{aligned}\lim_{j\to\infty}F_j&=\frac{1}{1-\beta}\ln\left[\theta(1-\beta\alpha)\right]+\frac{1}{1-\beta}\left[\frac{\beta\alpha}{1-\beta\alpha}\ln\left(\beta\alpha\theta\right)\right]\\&=\frac{\ln\left[\theta(1-\beta\alpha)\right]}{1-\beta}+\frac{\beta\alpha\ln\left(\beta\alpha\theta\right)}{(1-\beta\alpha)(1-\beta)}.\end{aligned}\tag{7-18}$$

经过上面冗长的推导，读者可能会质疑：如果把方程 7-17 里的 E_∞ 和方程 7-18 里的 F_∞ 代入 $V_\infty=E_\infty\ln k+F_\infty$ 里，得到的真的是我们要找的价值函数的解析解吗？值得庆幸的是，我们有办法验证它！具体作法是：我们再对 V_∞ 进行一次迭代，看看得到

的 $V_{\infty+1}$ 的函数形式是否与 V_∞ 一致，即检验 V_∞ 是否是个不动点。我们来检验一下：[1]

$$V_{\infty+1}(k)=\max_{\tilde{k}}\ \left\{\ln(c)+\beta V_\infty(\tilde{k})\right\}\quad \text{s.t.}\quad c=\theta k^\alpha-\tilde{k}. \tag{7-19}$$

跟以前一样，我们首先找方程 7-17 的一阶条件：

$$\frac{1}{\theta k^\alpha-\tilde{k}}=\frac{\beta\alpha}{(1-\beta\alpha)\tilde{k}}.$$

注意，其中用到了方程 7-17 中的 E_∞。整理上式，可以得到 $\tilde{k}^*=\beta\alpha\theta k^\alpha$，进而得到 $c^*=\theta k^\alpha(1-\beta\alpha)$。将二者代入方程 7-19 中，得到：

$$\begin{aligned}
V_{\infty+1}(k)&=\ln c^*+\beta V_\infty(\tilde{k}^*)\\
&=\ln\left[\theta k^\alpha(1-\beta\alpha)\right]+\beta\left[E_\infty\ln(\tilde{k}^*)+F_\infty\right]\\
&=\ln\left[\theta k^\alpha(1-\beta\alpha)\right]+\beta\left[\frac{\alpha}{1-\alpha\beta}\ln\left(\beta\alpha\theta k^\alpha\right)+\frac{\ln\left[\theta(1-\beta\alpha)\right]}{1-\beta}+\frac{\beta\alpha\ln\left(\beta\alpha\theta\right)}{(1-\beta\alpha)(1-\beta)}\right]\\
&=\frac{\alpha}{1-\alpha\beta}\ln k+\frac{\ln\left[\theta(1-\beta\alpha)\right]}{1-\beta}+\frac{\beta\alpha\ln\left(\beta\alpha\theta\right)}{(1-\beta\alpha)(1-\beta)}\\
&=E_\infty\ln k+F_\infty.
\end{aligned}$$

据此我们发现 $V_{\infty+1}=V_\infty$ 的确成立，说明我们确实找到了价值函数的解析解。

[1]请原谅我们在方程 7-19 里对数学符号的滥用。

第四部分

非参数方法

8
非参数回归

自然界中不存在直线。

高迪[1]

在计量经济学中，最常用的是线性的函数形式。因此，在研究经济问题时，为了让标准的经验研究工具能够适用，需要对研究对象施加很强的假设。然而，这些为了简化估计和推断而施加的假设，往往缺乏相应的理论支撑或先验证据支持。此时，这些假设带来的是便于处理但未必正确的函数形式，据此估计出的参数值以及采用了该函数值的模型，是无法捕捉到微观数据里的复杂性和高度非线性的，所得到的结论的价值也就要打些折扣了。

近年来，可供研究者使用的数据集的规模越来越大，研究工具的计算能力也越来越强，所谓的 非参数 方法就变得越来越流行。这类方法尽量少地对数据生成过程施加假设，它们以非常灵活的方式拟合曲线，也就是说，对于因变量和解释变量之间的关系，这类方法持不可知论立场。

可用于非参数回归估计的方法有很多，远超本书所能够涵盖的内容。本章介绍非参数平滑回归，使用 MATLAB 构建和调试我们自己的 Nadaraya-Watson 核估计量。核方法易于实现，非常灵活，是一系列其他非参数技术的基础。[2] 在本章最后以及课后的习题中，我们将简要讨论如何扩展该方法以实现局部线性回归，并列出处理序列估计技术的文献。

8.1 参数方法与非参数方法的比较

众所周知，回归分析的目标是以数据集 $\{\boldsymbol{X}_i, y_i\}_{i=1,\dots,N}$ 为基础，对解释变量 $\boldsymbol{X}$ 和响应变量 y 之间的关系进行合理的近似。那么，首先需要把 y_i 和 $\boldsymbol{X}_i$ 之间的关系用数学模型的形式表达出来，常常形如：

$$y_i = m(\boldsymbol{X}_i) + \varepsilon_i. \tag{8-1}$$

通常假设 $\mathbb{E}(\varepsilon|\boldsymbol{X}) = 0$，其中的 $m(\boldsymbol{X})$ 被称为“响应函数”。

[1] Albert, Stuart, *When: The Art of Perfect Timing*, Jossey Bass (2013).

[2] Härdle (1991) 认为，“在渐进意义上，所有平滑方法本质上都等同于核平滑”。

如何开展对响应函数 $m(\boldsymbol{X})$ 的研究？有的建模者会直接设定 $m(\boldsymbol{X})$ 的函数形式，有的则完全不对函数形式进行任何设定，依据建模者设定强度的不同，研究方法可以被分成三大类：

(i) **参数方法**：此时，研究者认为自己（至少对 $m(\boldsymbol{X})$ 的函数形式）是无所不知的！$m(\boldsymbol{X})$ 会被设定为具体的函数形式，只需要把模型里为数不多的参数的取值估计出来，就能够完成对响应函数的完整刻画了。例如，我们都很熟悉和喜欢的线性模型就是参数模型的重要例子：

$$y_i = \boldsymbol{X}_i\boldsymbol{\beta} + \varepsilon_i. \tag{8-2}$$

(ii) **非参数方法**：此时，研究者认为自己几乎什么都不知道！[1] 响应函数 $m(\boldsymbol{X})$ 的函数形式是未知的，完全依赖数据来决定：

$$y_i = m(\boldsymbol{X}_i) + \varepsilon_i. \tag{8-3}$$

(iii) **半参数方法**：这是介于上面两个极端之间的方法。此时，研究者会设定一个混合模型：他会对 $m(\boldsymbol{X})$ 的函数形式加以设定，但是把 $m(\boldsymbol{X})$ 之外的部分留给数据去决定。例如，在某些情况下，我们可能很希望把响应函数里的一部分设定为线性关系，另一部分设定为非线性关系。那么我们就可以把解释变量划分为两个部分，写作 $\boldsymbol{X} = (\boldsymbol{W}, \boldsymbol{Z})$，令与 $\boldsymbol{W}$ 相关的回归是线性的，允许与 $\boldsymbol{Z}$ 相关的回归是非线性的，这就得到了部分线性模型：

$$y_i = \boldsymbol{W}_i\boldsymbol{\beta} + m_Z(\boldsymbol{Z}_i) + \varepsilon_i. \tag{8-4}$$

我们会在第 9 章讨论这种方法。

不同的研究方法适用于不同的研究环境。在许多情况下，全参数模型的方法似乎就能很好地开展研究，甚至有时候，它是不可或缺的研究方法，如本书大部分章节中所讨论的应用。但是，当研究者对回归曲线的基本形状几乎没有任何概念时，就需要灵活度更高的方法了。正是在这些情况下，本章将要讨论的技术就变得特别有用了。

为了更清楚地说明在什么情况下必须要使用非参数估计方法，我们要用一下 MATLAB。首先通过模拟，生成数据集 $\{y_i, X_i\}_{i=1,\ldots,N}$，其中 y_i 的数据生成过程（即真实的响应函数）是：

$$y_i = \sin(X_i) + \varepsilon_i. \tag{8-5}$$

其中，$\varepsilon \sim N(0,1)$。

生成过程用如下代码实现：

[1]此时，研究者仍然要假设 $m(\boldsymbol{X})$ 与 ε 是分离的，而且假设 ε 的分布是已知的。

```
>> X = [0.1:0.1:10]';
>> y = sin(X) + randn(length(X),1);
```

代码中第一行生成解释变量 $\boldsymbol{X}$，它是由 100 个元素构成的列向量。代码第二行生成因变量 $\boldsymbol{y}$，它是对 $\boldsymbol{X}$ 取正弦，然后加上一个服从正态分布的误差项。

使用 OLS，可以得到对 $m(\boldsymbol{X})$ 的最优线性近似，但是对本例而言，它与真实响应函数相去甚远。为了说明这一点，我们使用基本矩阵运算来计算 OLS 系数（见第 1 章），并把输出结果绘制在图上：

```
>> X_ = [ones(length(X), 1) X];
>> betaOLS = (X_'*X_)\(X_'*y)

betaOLS =

    0.7572
   -0.0897

>> figure;
>> plot(X, X_*betaOLS, X, sin(X));
>> legend('OLS', 'm(X)')
>> hold on
>> scatter(X,y)
```

代码首先根据数据计算出 OLS 估计值 `betaOLS`，然后在同一个坐标系里，将拟合的响应函数、真实的响应函数，以及由模拟得出的数据散点都绘制出来，如图 8-1 所示。图中可以看到，如果使用 OLS 模型来进行回归分析，显然存在着非常夸张的模型设定错误。既然参数估计方法没能把隐藏在数据背后的真实响应函数精确地还原出来，那么非参数回归方法能更好地实现这个目标吗？

当我们在参数方法和非参数方法之间进行选择时，会面临一些取舍。参数估计是一个 *有限维度* 的问题，也就是说，其任务是要计算出数目有限的一组参数的估计值，因为响应函数的函数形式是早就设定好的，所以一旦参数的取值确定了，响应函数就完全确定了。非参数估计则是一个 *无限维度* 的问题，因为没有对响应函数的函数形式做过任何限制，所以为了得到一个正确的响应函数，有可能需要用到无穷多个参数，而解读一个有无穷多个参数的回归结果，就像要认识一个具有无穷维度的物体，是非常困难的。此外，维度的增加，也给收敛带来了问题。参数估计的收敛速度一般是 $\sqrt{N}$，但是非参数估计的收敛速度会慢很多，特别是当 $\boldsymbol{X}$ 的维度很大的时候。[1]

虽然非参数方法并不是在任何情况下都适用，但是它们确实对许多经验研究问题是非常有用的。因此，它们应该成为每个应用研究人员的工具箱中的一部分。

[1]著名的统计学家 Ronald Fisher 和 Karl Pearson 在参数和非参数方法孰优孰劣的问题上有很多分歧。Fisher 反对非参数方法，因为它相对缺乏效率，而 Pearson 更关心模型的设定问题。

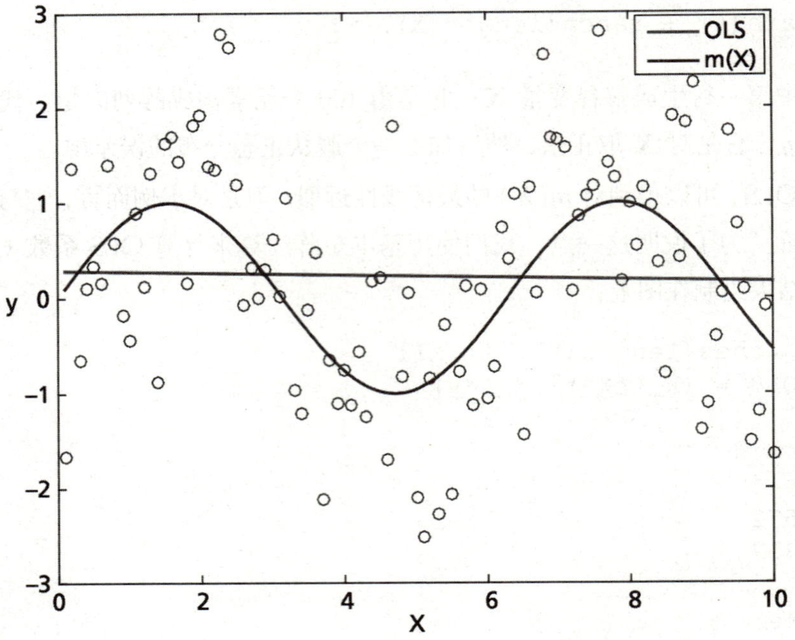

图 8-1 使用 OLS 回归存在模型设定错误

8.2 核回归

在本章中，我们重点讨论非参数单变量回归。多变量的核回归中容易遇到的难点，我们留到第 9 章讨论。

设想一下，我们要估计的是：一个特定的点 x_0 处的响应函数 $m(x_0)$。那么，很容易想到的对 $m(x_0)$ 的一个基本估计量是：取 X_i 中以 x_0 为中心、距离它最近的 N 个点，这些点所对应的 y_i 的平均值为 $\hat{m}(x_0)$。这就是核估计背后的基本思想。只不过在核估计里，$m(x_0)$ 的估计量是因变量 y 的加权平均值。可以将 $\hat{m}(x_0)$ 写成如下数学形式：

$$\hat{m}(x_0) = \frac{\sum_{i=1}^{N} W_i(x_0) y_i}{\sum_{i=1}^{N} W_i(x_0)}. \tag{8-6}$$

其中，$\{W_i(x_0)\}_{i=1,\ldots,N}$ 是权重值序列。

权重 W_i 的设定原则往往是：距离 x_0 最近的点，被赋予最大的权重值；距离 x_0 越远的 X_i，被赋予的权重越小。具体执行这个赋予权重值任务的，叫作核函数，一般用 $K(\cdot)$ 表示。核函数中将距离 x_0 近的样本观测点赋予最大的权重，然后对逐步远离的样本观测点赋予逐步减少的权重。所有的核函数都是连续、有界、对称的实值函数，且其积分等于 1。据此可以将权重值与核函数表达如下：

$$W_i(x_0) = K\left(\frac{X_i - x_0}{h}\right) = K_h(X_i - x_0). \tag{8-7}$$

其中的比例因子 h，被称为“带宽”。

使用核函数为权重赋值的估计方法，被称为 Nadaraya-Watson 估计量 (NWE)。这个估计量是由 Nadaraya（1964）和 Watson（1964）分别提出的，形式如下：

$$\hat{m}_h(x_0) = \frac{\sum_{i=1}^{N} K_h(X_i - x_0)y_i}{\sum_{i=1}^{N} K_h(X_i - x_0)}. \tag{8-8}$$

在应用研究中，估计量的核函数有多种不同的选择。表 8-1 给出了最常见的核函数、它们的公式及其平方的积分 b_K（计算逐点标准误差时会用到，见习题 (i)）。研究人员还必须选择带宽的值，对带宽唯一的限制是 $h > 0$。请注意，带宽的选择非常重要。

表 8-1 常见的核函数

核函数名称	数学公式 $K_h(u)$	b_K
伊番科尼可夫 (Epanechnikov)	$\frac{3}{4\sqrt{5}}(1-\frac{1}{5}u^2)\mathbf{1}(\lvert u\rvert \leq 1)$	3/5
高斯 (Gaussian)	$\frac{1}{\sqrt{2\pi}}e^{-\frac{1}{2}u^2}$	$1/(2\pi^{1/2})$
四次 (Quartic)	$\frac{15}{16}(1-u^2)^2\mathbf{1}(\lvert u\rvert \leq 1)$	7/5
三角 (Triangular)	$(1-\lvert u\rvert)\mathbf{1}(\lvert u\rvert \leq 1)$	2/3
均匀 (Uniform)	$\frac{1}{2}\mathbf{1}(\lvert u\rvert \leq 1)$	1/2

还记得第 8.1 节里的那个回归问题吗？我们现在使用核回归方法来解决它，具体而言，我们需要用高斯核函数以及对带宽的合理猜测来构造估计量（我们会在后文讨论如何最优地选择 K 和 h）。

首先，我们必须构建核函数。我们可以像往常一样，当需要用 Matlab 构造一个函数时，总是单独地建立一个用函数名字命名的 .m 文件。但这次我们换一种方式，我们利用 Matlab 的 *匿名函数* 功能来创建 $K_h(u)$。和“正常”函数一样，匿名函数也有输入项和输出项，但是，它只能包含一句可执行语句。为了定义高斯核而编写的匿名函数如下：

```
>> GaussKernel = @(u) exp(-(u.*u)/2)/sqrt(2*pi);
```

变量 `GaussKernel` 被称为 *函数句柄*，用它来调用相关的核函数。符号 `@` 表示，我们要创建一个匿名函数及其句柄。函数的输入项是 `@` 之后用括号括住的部分。在这里，高斯核函数的输入项是向量 $\boldsymbol{u}$，输出项是也是一个向量，它的每个元素是对 $\boldsymbol{u}$ 的相应元素取正态分布密度函数。注意，这里 $\boldsymbol{u} = (\boldsymbol{X} - x_0)/h$。

其次，我们来讨论带宽。有不少文献讨论过带宽的选择问题，Bowman 和 Azzalini（1997）以及 Silverman（1986）提出了最常用的带宽设置建议（即合理的猜测）。在这里，我们就采用 Bowman 和 Azzalini（1997）给出的公式，并把它表达进 Matlab：

```
>> N = length(X);
>> hx=median(abs(X-median(X)))/0.6745*(4/3/N)^0.2;
>> hy=median(abs(y-median(y)))/0.6745*(4/3/N)^0.2;
>> h=sqrt(hy*hx);
```

有了高斯核函数和带宽，我们现在可以使用 NW 估计量来完成任务了：根据模拟数据复现我们生成模拟数据时所使用的响应函数。

核回归是逐点进行的，所以必须明确要在哪些点上计算回归函数。下面的代码片段很清楚地表明：要对集合 $\{X_i\}_{i=1,\ldots,N}$ 里的每个点 x 计算它对应的 $\hat{m}_h(x)$。具体做法是：首先，对于每个点 x，（代码第 3 行）把集合 $\{X_i\}_{i=1,\ldots,N}$ 里所有点和 x 的距离，用带宽 h 调整之后，都记录在向量 `u` 里；然后代码第 4 行调用（此前已经创建好的）匿名函数 `GaussKernel`，计算出其他各个点对于当前点 x 而言的权重 `Ku`，即方程 8-7；最后，（代码第 5 行）根据方程 8-8 定义的 NW 估计量，将数据里所有点对应的观测值 `y` 结合权重值 `Ku` 求出一个加权平均值，即点 x 的非参数估计值 $\hat{m}_h(x)$。通过循环，完成所有点的计算，得到 $\hat{m}_h(X_i)$。

```
1 yhat = NaN(N,1);
2 for i=1:N
3     u = (X - X(i))/h;
4     Ku = GaussKernel(u);
5     yhat(i) = sum(Ku.*y)/sum(Ku);
6 end
```

为了便于对 NW 回归与 OLS 回归加以比较，我们把用于生成模拟数据的真正的响应函数 $\sin(x)$、上面计算出来的 `yhat`，以及 OLS 回归的预测值都放在同一个坐标系里，如图 8-2 所示。

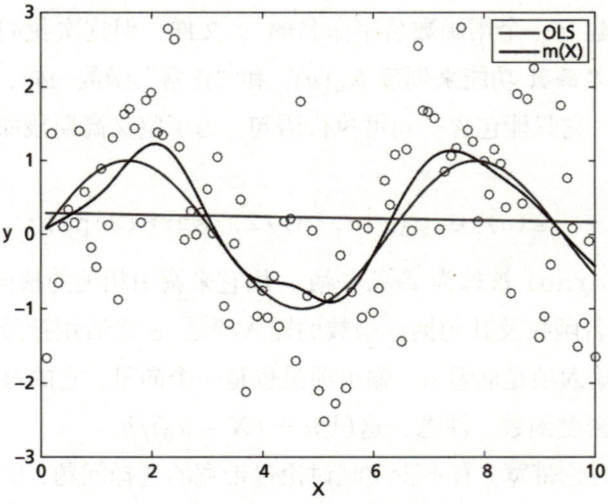

图 8-2 基本的核回归

图 8-2 的绘制代码如下：

```
>> figure;
>> plot(X, sin(X), X, yhat, X, X_*betaOLS);
>> legend('m(X)', 'NW estimator', 'OLS');
```

图中可以看出，尽管仍存在一些偏离，但很明显的是，非参数估计提供了对真实响应曲线更好的近似。

真实的响应曲线和非参数估计值之间仍然存在的这些偏离，有一部分原因可以归于我们对带宽和核函数的选择的任意性。也就是说，我们还存在继续改进的空间，我们很快就会致力于此。

8.2.1 元胞数组与结构数组

到第 8.2.2 节，我们会使用不同的核函数、不同的带宽进行核回归，以比较它们的回归效果。出于比较的需要，我们要把每次运行的回归结果都储存起来。每次回归结果的数据，虽然数值不同，但是结构肯定都是相同的，因此它们可以被看作同一类的对象。存储多次回归结果的数据，相当于要存储同一类的多个对象。MATLAB 提供了两种很方便的方法来处理这类问题：结构数组（structure arrays）与元胞数组（cell arrays）。这是两种不同的数据结构，可以用于存储多种数据类型，或者同一变量中不同大小的数据等。本节就暂时偏离一下主题，先来快速地介绍一下它们。

首先介绍 *结构数组*。我们就以本章前文中计算出来的非参数回归的输出结果为例，看看如何存储它。每次回归的输出结果应当包括三个部分：回归使用的核函数的类型、使用的带宽的大小，以及计算出来的估计值。我们当然可以将这三项分别存储在三个变量里。但是，就像在日常生活中我们经常用文件夹把相关文档都存储在一起一样，如果我们能够把这三项彼此相关的数据存储在同一个变量里的话，条理性会更好。这个变量，我们称之为一个 *结构*。

我们创建一个名为 `Kresults` 的结构，用它来存储非参数回归的结果。如下所示，语法很简单：

```
>> Kresults.kernel = 'Gaussian';
>> Kresults.h = h;
>> Kresults.yhat = yhat;
```

一个结构，本身就是一个变量，所以，要想查看这个结构的内容，只需要在命令行输入它的名字：

```
>> Kresults

Kresults =

 kernel: 'Gaussian'
```

```
      h: 1
   yhat: [100x1 double]
```

可以看出，结构 Kresults 包含三个组成部分：kernel，h 和 yhat。这三个组成部分被称为“字段”（field）。使用函数 fieldnames 可以列出一个结构所包含的所有字段的名称：

```
>> fieldnames(Kresults)

ans =

    'kernel'
    'h'
    'yhat'
```

我们可以随时向这个结构中添加新的字段。例如，添加一个新字段来记录执行回归的日期：

```
>> Kresults.date=date;
>> Kresults

Kresults =

    kernel: 'Gaussian'
         h: 1
      yhat: [100x1 double]
      date: '07-Jul-2023'

>> fieldnames(Kresults)

ans =

    'kernel'
    'h'
    'yhat'
    'date'
```

新增的字段是 Kresults.date，格式为“日-月-年”。使用 fieldnames 查看该结构的字段名称，会发现新字段添加成功。

结构里的字段，就像 MATLAB 的其他变量一样，可以进行运算操作。比如：

```
>> Kresults.h*10

ans =

    10
```

明确了什么是结构，那么所谓结构数组，就是把多个类型一致的结构放在一起。例如，我们使用不同的带宽、不同的核函数执行核回归计算，将每运行一次得到的估计值及相关设定信息存入一个结构，那么，多次运行的结果就存入一个结构数组。具体而言，刚才我们已经把一次回归的结果存储进结构 `Kresults` 里，现在运行第二次回归（使用带宽为 6 以及均匀核函数来执行核回归），当我们把这次回归的结果存储在结构 `Kresults(2)` 里时，我们就创建了一个结构数组，即：

```
>> Kresults(2).kernel = 'Uniform';
>> Kresults(2).h = 6;
>> Kresults

Kresults =

1x2 struct array with fields:
    kernel
    h
    yhat
    date
```

这个数组中的所有结构都具有相同数量的字段和相同的字段名称。数组里新增加的结构中，如果有些字段还未被赋值，则该字段的内容就是空。例如，第二条记录里的字段 `yhat` 和 `date` 就是空内容，直到它们被赋值为止（我们将在本章稍后进行）。

```
>> Kresults(2).yhat

ans =

     []
```

接下来，我们介绍*元胞数组*，它也允许把不同类型和大小的数据存储在一个变量里。为了弄清如何使用它，设想一下：我们想把不同估计方法的英文名称存储起来，它们分别是：parametric，nonparametric，semiparametric。也许您首先想到的存储方法是字符串数组：

```
>> approaches = ['parametric', 'nonparametric',...
                 'semiparametric'];
```

这样做其实是行不通的，我们看一下它的内容：

```
>> disp(approaches)
parametricnonparametricsemiparametric
```

这完全不是我们想要的结果！之所以会出现这种情况，是因为在 MATLAB 里，一个字符串被存储为一个由字符构成的数组。那么，当你打算用如上语句创建一个字符串数组时，MATLAB 会把一个一个独立的字符数组连接在一起，整合成一个大的、单独的字符数组，或者说，一个长的、单独的字符串。为了实现我们预想的功能，需要用到 MATLAB 的元胞数组：它允许我们建立一个元素是字符数组的数组，即元胞数组可以存储一个由字符串构成的数组！

看来普通数组和元胞数组的功能确实是有区别的。那么，创建普通数组和创建元胞数组的方式有何不同呢？二者的主要区别在于使用的括号不同：使用方括号“[”创建的是普通数组，使用花括号“{”创建的是元胞数组。

```
>> approaches = {'parametric', 'nonparametric',...
               'semiparametric'}

approaches =

    'parametric'    'nonparametric'    'semiparametric'
```

普通数组和元胞数组的区别还在于访问方式的不同。该如何访问到元胞数组的某个元素呢？假如我们想把元胞数组 approaches 的第二个字符串换成“excellent”，您的第一反应是否是这么做：

```
>> approaches(2) = 'excellent';
??? Conversion to cell from char is not possible.
```

结果是系统输出了错误信息。之所以没有成功，是因为元胞数组的每个元素都是一个“元胞”（cell），MATLAB 会把代码中的 approaches(2) 理解为：取 approaches 里的第二个元胞，而不是取该元胞里的内容。也许可以这么来类比：一个元胞相当于一个盒子，盒子里的内容可以是字符串、矩阵等各种不同的数据类型。元胞数组相当于很多盒子组成的序列：使用圆括号 approaches(2)，我们是取出第二个盒子；如果想取出第二个盒子里的内容，我们要使用花括号 approaches{2}。我们下面来看看使用不同的括号取出来的对象，它们的数据类型有何不同：

```
>> class(approaches(2))

ans =

cell

>> class(approaches{2})

ans =

char
```

因此，如果我们想获取并改变某个元胞的内容，我们需要用的是花括号：

```
>> approaches{2} = 'excellent!'

approaches =

    'parametric'    'excellent!'    'semiparametric'
```

在本节中，我们会使用元胞数组来更改用于非参数回归的核函数。

8.2.2 核和带宽选择

好了，我们现在一边变换带宽和核函数做不同的回归，一边把每次回归的结果记录下来。这样做，便于我们研究带宽和核函数的不同选择对回归质量的影响。

我们考虑三种不同的核函数：高斯核（Gaussian kernel）、伊番科尼可夫核（Epanechnikov kernel）和均匀核（Uniform kernel）。三者对应的 MATLAB 匿名函数定义如表 8-2 所示。

表 8-2 用 MATLAB 匿名函数表达的核函数

核函数名称	MATLAB 代码
高斯	`GaussKernel = @(u) exp(-(u.*u)/2)/sqrt(2*pi)`
伊番科尼可夫	`EpanKernel = @(u) 0.75*(1 - (u.*u)).*(abs(u)<=1)`
均匀	`UniKernel = @(u) 0.5.*(abs(u) <= 1)`

为了直观地看出这三个用于生成权重值的核函数有何不同，我们将三者绘制在同一个坐标系里，如图 8-3 所示。

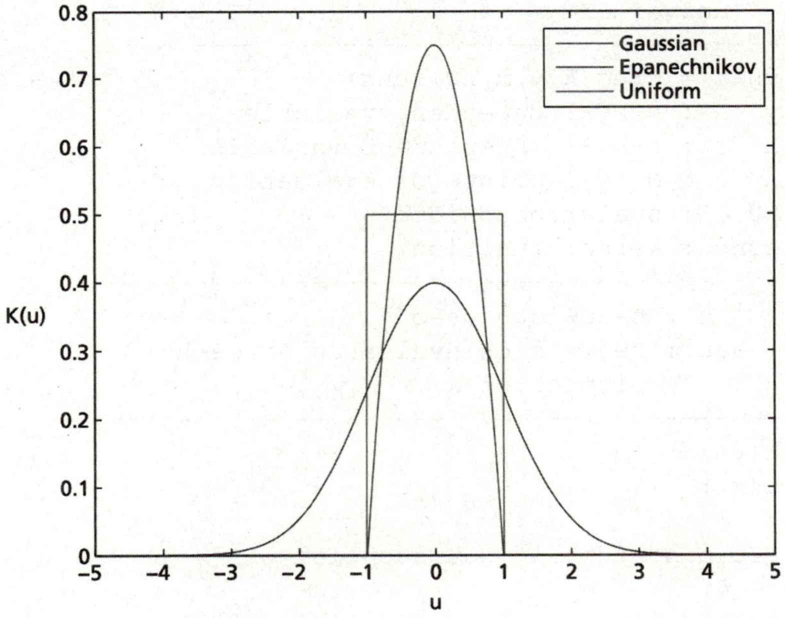

图 8-3 几个用于生成权重值的核函数

用于作图的代码如下：

```
>> u = [-5:0.01:5]';
>> plot(u, GaussKernel(u), u, EpanKernel(u), u,...
   UniKernel(u));
>> legend('Gaussian', 'Epanechnikov', 'Uniform');
>> xlabel('u');
>> ylabel('K(u)');
```

均匀核函数是不连续的，如果研究者相信他要估计的响应函数是连续的，那么就不要采用均匀核函数，因为只有连续的核函数才能得到连续的估计值。在应用研究中，经常采用的是高斯核函数和伊番科尼可夫核函数，二者都是连续的，二者的不同在于：高斯核函数对 X 的所有可能取值都赋予正的权重值，伊番科尼可夫核函数在 $|u| = 1$ 的位置不可导（这可能是伊番科尼可夫核函数的一个缺点，但是它也确实具备效率方面的优点，这些特性将在下文中进一步讨论）。

在使用这三个核函数进行回归时，我们为带宽设置四个可能取值，$h = [0001; 3; 6; 40]$。

函数 Kreg 的输入项包括：用于估计的数据、有待执行核回归的那些点，以及按照研究者的需要设定的对带宽和核函数的不同选择。它的输出项是估计出来的回归值 yhat 以及它所使用的带宽 h。

Kreg.m

```
function [yhat,h] = Kreg(X,y,x,h0,func)
%-----------------------------------------------
% PURPOSE: performs the kernel regression of y on
%            (univar) X
%-----------------------------------------------
% USAGE: yhat = Kreg(X,y,x,h0,func)
% where: y    : n-by-1 dependent variable
%        X    : n-by-1 independent variable
%        x    : N-by-1 points of evaluation
%        h0   : scalar bandwidth
%        func : kernel function
%-----------------------------------------------
% OUTPUT:     h : bandwidth used
%          yhat : regression evaluated at each
%                 element of x
%-----------------------------------------------
n = length(y);
N = length(x);

%--- (1) Set bandwidth if not supplied ----------
if nargin < 4
    % suggested by Bowman and Azzalini (1997)
    hx=median(abs(X-median(X)))/0.6745*(4/3/n)^0.2;
    hy=median(abs(y-median(y)))/0.6745*(4/3/n)^0.2;
    h=sqrt(hy*hx);
else
```

```
27     h = h0;
28 end
29 
30 %--- (2) Set Kernel function if so desired ------
31 if nargin < 5
32     % Gaussian as default
33     krnl = @(u) exp(-(u.*u)/2)/sqrt(2*pi);
34 else
35     K = {'Gaussian', 'Uniform', 'Epanechnikov'};
36 
37     if strcmpi(func, K{1})
38         % Gaussian
39         krnl = @(u) exp(-(u.*u)/2)/sqrt(2*pi);
40     elseif strcmpi(func, K{2})
41         % Uniform
42         krnl = @(u) 0.75*(1 - (u.*u)).*(abs(u) <= 1);
43     elseif strcmpi(func, K{3})
44         % Epanechnikov
45         krnl = @(u) 0.5.*(abs(u) <= 1);
46     else
47         % --> if there's been a mistake- Gaussian
48         krnl = @(u) exp(-(u.*u)/2)/sqrt(2*pi);
49     end
50 end
51 
52 %--- (3) Perform kernel regression! -------------
53 yhat = NaN(N,1);
54 for i = 1:N
55     u = (X - x(i))/h;
56     Ku = krnl(u);
57     yhat(i) = sum(Ku.*y)/sum(Ku);
58 end
59 
60 return
```

调用函数 Kreg 时，对核回归所使用的核函数名称以及带宽数值，可以在调用时明确指定，也可以不指定，如果不指定，函数就会使用预先设定好的默认值。具体而言，请注意代码的第 21 行，用到了 MATLAB 的 nargin 函数，它返回的是研究者在调用函数 Kreg 时，使用的参数（即输入变量）的个数。因为函数对输入变量的设定是 Kreg(X,y,x,h0,func)，所以如果参数数量小于 4，那么 Kreg 就使用前文提到过的最常用的带宽设置。如果发现参数数量并不小于 4，说明研究者明确指定了 h0，那么就令带宽取 h0 的值。

对核函数的设定也是类似的：如果参数数量小于 5，说明研究者没有明确指定核函数的名称，那么 Kreg 就使用函数默认的高斯核；如果参数数量不小于 5，那么函数使用 Matlab 的字符串比较函数 strcmpi 来判断研究者指定的核函数名称与元胞数组里的元素的匹配程度。[1] 请注意代码第 35 行使用了元胞数组。

函数代码的前两部分处理好了带宽和核函数，函数的最后一部分在研究者指定的向量 x 的范围内，运用（前文介绍过的）NW 估计量逐点计算估计值。

8.2.3 核和带宽的影响

下面的程序 KregStruc 首先创建名为 Kresults 的结构，然后使用核函数的不同组合来调用函数 Kreg 执行多次回归，最后把这些回归结果都记录在 Kresults 这个结构里。

代码的第 14 行，使用 struct 创建一个包含三个字段（name、h 和 yhat）的空结构 Kresults。然后，使用一个双层循环来填充这个结构：外层循环用于遍历三个不同的核函数，内层循环用于遍历带宽的四个不同取值，这样，在每次调用 Kreg 执行内核回归之前，会首先记录此次回归所使用的核函数的名称和带宽的值。

KregStruc.m

```
1  % Script: Kernel Regression with Structures
2  %clear; clc;
3
4  %----- (1) Simulate data -------------------------
5  X = [1:100]';
6  y = sin(0.1*X) + randn(length(X),1);
7
8  %----- (2) Prepare structure array --------------
9  K = {'Gaussian', 'Uniform', 'Epanechnikov'};
10 % K is a 'cell array'
11 K_ = length(K);
12 h = [1e-3; 3; 6; 40];
13 h_ = length(h);
14 Kresults = struct('name',[],'h',[],'yhat',[]);
15
16 %----- (3) Perform kernel regression! ------------
17 for k =1 : K_ % cycle over kernel choices
18
19     kernel = K{k};
20
21     for hh = 1 : h_ % cycle over bandwidth choices
22
23         bandwidth = h(hh);
24
25         % record name and bandwidth
26         Kresults((k-1)*h_ + hh).name = kernel;
```

[1]这里使用的是 strcmpi，它在进行字符串比较时，不区分字母的大小写。如果需要区分大小写字母的话，可以使用 strcmp。

```
        Kresults((k-1)*h_ + hh).h = bandwidth;

        % perform kernel regression
        Kresults((k-1)*h_ + hh).yhat = ...
            Kreg(X, y, X, bandwidth, kernel);

    end
end

%----- (4) Plot output --------------------------
% Bandwidth
figure;
for hh = 1 : h_
    subplot(2, 2, hh);
    scatter(X,y);
    hold on
    plot(X, Kresults(hh).yhat,'Color','r',...
         'LineWidth', 1.5);
    hold off
end

% Kernel function
figure;
for k = 1 : K_
    subplot(3, 1, k);
    scatter(X,y);
    hold on
    plot(X, Kresults((k-1)*h_+3).yhat,'Color','r');
    hold off
end
```

图 8-4 和图 8-5 在数据散点图的背景上，分别呈现了：给定带宽值为 6 的情况下采用三种不同的核函数，以及采用高斯核的情况下四种不同带宽，这七种设置所带来的非参数回归的结果。

很明显，选择不同的带宽会对回归结果带来很大的影响，而选择不同的核函数则对曲线的总体形状没有太大的影响。事实上，当样本量很大时，核函数的不同选择带来的影响可以忽略不计。如果以均方误差（MSE）的最小化作为判断标准，可以证明伊番科尼可夫核函数是最优的，但是这种优势也是很小的（Hodges and Lehmann，1956）。

8.3 交叉验证

对于带宽的选择，研究者们费了很多脑筋。我们已经看到，带宽对回归结果的整体质量影响很大。可是，最优化地确定带宽的取值 h，是一个艰难的选择，因为此时我们面临着一个权衡：当把 h 缩小时，偏差会减少（如果我们简单地在数据点之间进行插

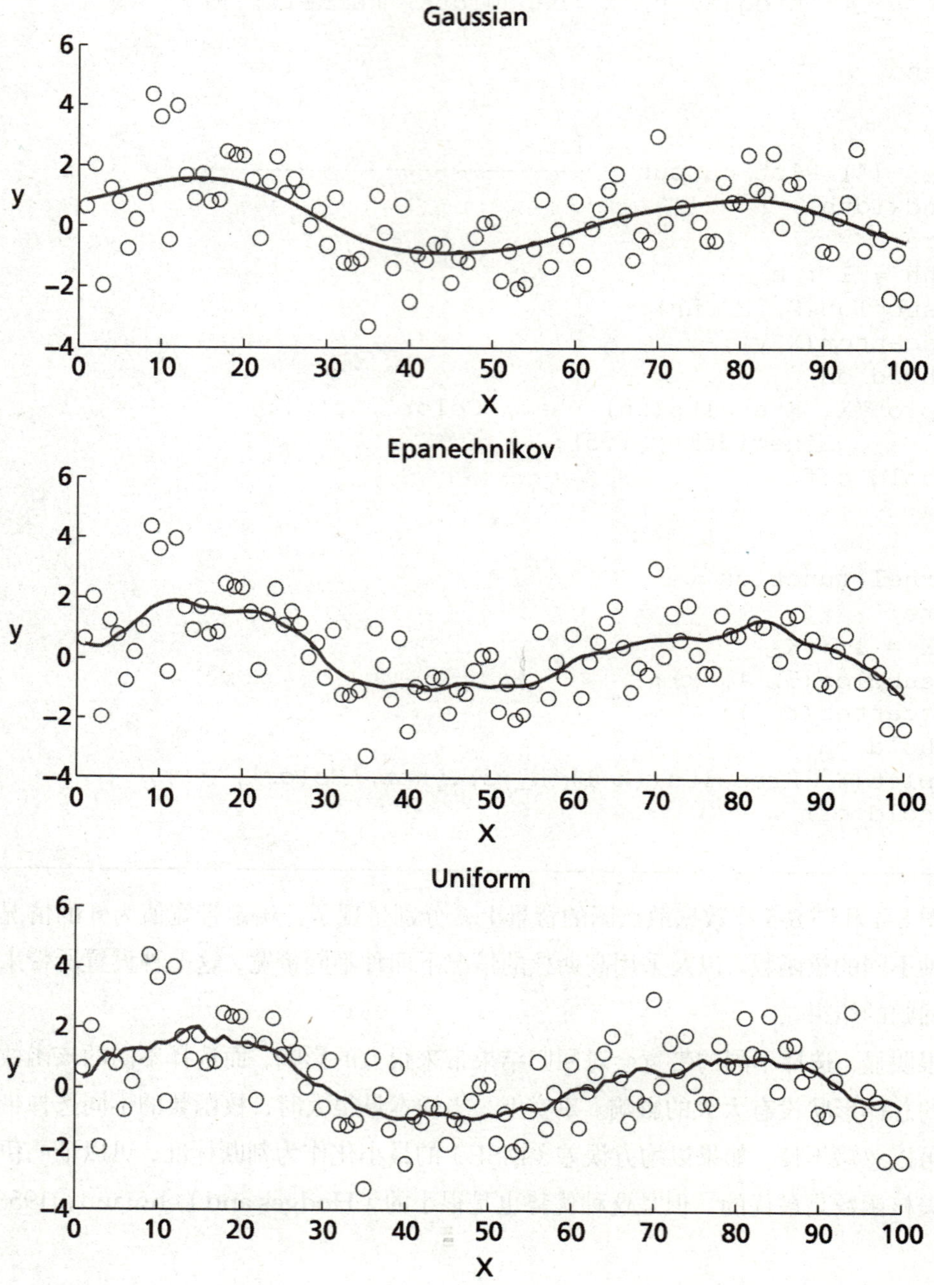

图 8-4 不同核函数带来不同的估计值（带宽值都是 6）

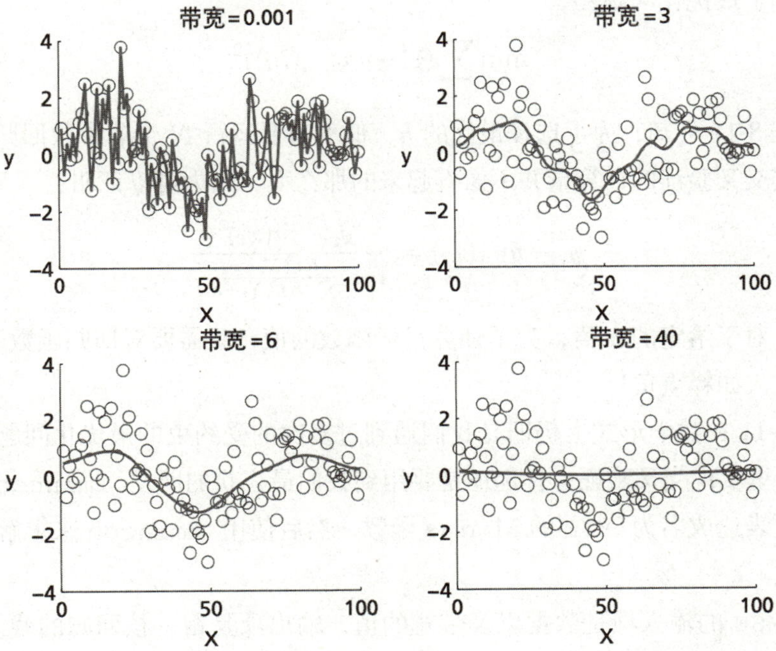

图 8-5 不同带宽值带来不同的估计值（都采用高斯核）

值，则不会有偏差）；当把 h 放大时，平滑度会增加。如果我们用数学去推导核估计量的均方误差，就能够得到对这个权衡的清晰的数学表达（关于这一点的进一步讨论，请参阅本章末尾的参考文献）。

交叉验证（Cross Validation）是一种常用且实用的带宽选择方法。这种方法完全依赖数据来选择带宽的取值。我们首先讨论这样一种做法：通过选择 h 的取值，来最小化残差平方和：

$$\sum(y_i - \hat{y}_i)^2 = \sum \hat{\varepsilon}_i^2. \tag{8-9}$$

然而，选择能够让这个残差平方和最小化的 h 值，*不是*一个合理的做法！这是因为，只要减小 h 的取值，模型的样本内拟合就会得到改善，$\sum \hat{\varepsilon}_i^2$ 就会减小；当 h 接近零时，$\hat{m}_h(X_i)$ 会与 y_i 完全重合，此时就得到了完美的拟合。因此，如果我们简单地以最小化 $\sum \hat{\varepsilon}_i^2$ 为目标，就会得到 $h^* = 0$ 的结果，这其实是在所有的观测数据点之间进行插值（如图 8-5 左上角的情形），而这肯定不是我们的目标。

可见追求残差平方和的最小化是不合理的，交叉验证的做法是：以最小化“留一残差”（leave-one-out residual）的平方和为目标，来选择 h 的值，即：

$$CV = \sum_{i=1}^{N}(y_i - \hat{m}_{\neg i}(x_i))^2. \tag{8-10}$$

其中，$\hat{m}_{\neg i}(x_i)$ 指的是在用核回归估计 x_i 时，使用的是去除了第 i 个观测值的数据集。用数学语言表达，就是为了得到交叉验证的带宽，我们需要在满足约束 $h \geq 0$ 的前提下求解如下最优化问题：

$$\min_h \sum_{i=1}^{N} (y_i - \hat{m}_{h,\neg i}(x_i))^2 \tag{8-11}$$

由方程 8-11 可知，为了选择最优的 h，似乎需要运行 N 个非参数回归。然而好消息是，其实交叉验证的计算量并不像看起来的那么大。因为可以证明：

$$y_i - \hat{m}_{\neg i}(x_i) = \frac{y_i - \hat{m}(x_i)}{1 - \frac{K_h(X_i - x_i)}{\sum_i K_h(X_i - x_i)}}. \tag{8-12}$$

因此，对于给定的 h 值，为了计算目标函数的值，只需要对回归函数进行 一次 计算。真是让人如释重负！

方程 8-11 在数学形式上仍旧是我们遇到过多次的受约束的最优化问题，所以要想在 MATLAB 里实现交叉验证，肯定还是要用到我们最喜欢的朋友 `fmincon`。我们首先把目标函数表达成名为 `MSE` 的 MATLAB 函数，然后使用 `fmincon` 来求解这个目标函数的最小化。

函数 `MSE` 的输入项是数据以及带宽的值，输出项是留一核回归的残差的平方和。代码首先声明它要使用的是高斯核函数（当然可以换成其他核函数），然后使用一个 `for` 循环，对 N 个观测点逐个计算其核回归函数的估计值，同时，在对该观测点进行核回归时，各个观测点的核权重值（第 28 行）以及这些核权重值的和（第 9 行）也都被储存了下来，因为函数的最后（第 34 行）依据方程 8-12 计算出留一 MSE 的值时，需要用到它们。

MSE.m

```
1  function value = MSE(X,y,h)
2  %-----------------------------------------------
3  % PURPOSE: calculate the MSE for the leave-one-
4  %          out kernel reg
5  %-----------------------------------------------
6  % INPUTS: X : Nx1 vector of independent variable
7  %         y : Nx1 vector of dependent variable
8  %         h : candidate bandwidth
9  %-----------------------------------------------
10 % OUTPUT: value : mean squared error of
11 %                 leave-one-out
12 %-----------------------------------------------
13
14 %----- (1) Declare kernel function -------------
15 krnl = @(u) exp(-(u.*u)/2)/sqrt(2*pi);
16
17 %----- (2) Summary vectors ---------------------
18 N          = length(X);
19 yhat       = NaN(N,1);
20 weight_i   = NaN(N,1);
```

```
weight_sum = NaN(N,1);

%-----(3) Perform kernel regression & save
%         weights ------
for i = 1:N
   u = (X - X(i))/h;
   Ku = krnl(u);
   weight_i(i) = Ku(i);
   weight_sum(i) = sum(Ku);
   yhat(i) = sum(Ku.*y)/sum(Ku);
end

%----- (4) Calculate leave-1-out MSE ------------
residual = (y-yhat)./(1-(weight_i./weight_sum));
value = sum(residual.^2);

return
```

准备好了目标函数 MSE，我们就做好准备求解最优交叉验证带宽了。具体而言，我们从对 h 的初始猜测 h_0 开始，在 h 必须弱大于零的约束下，让 fmincon 搜索能够让目标函数 MSE 取得最小值的最优带宽 h。我们用如下代码来完成这项任务。代码中有几点需要注意：对初始带宽 h_0 的设置，是采用了前文讨论过的常用带宽；最小化求解过程只搜索 h 的最优取值；约束条件只规定了 h 的下限为零，其他的等值和非等值约束的占位符都由空括号组成。

```
>> N = length(y);
>> hx=median(abs(X-median(X)))/0.6745*(4/3/N)^0.2;
>> hy=median(abs(y-median(y)))/0.6745*(4/3/N)^0.2;
>> h0=sqrt(hy*hx);
>> options = optimset('Display', 'off', ...
           'Algorithm', 'sqp');
>> [opth,~,exitflag] = fmincon(@(h)MSE(X,y,h), h0,...
                          [],[],[],[], 0, [],[],...
                          options)
opth =

    6.5241

exitflag =

     1
```

修剪

到目前为止，我们对每一个观测点都是同等对待的。然而，有时降低某些观测点的影响程度可能更加合理。

前文我们给出过 NW 估计量的表达式（即方程 8-8），为了方便起见，在这里重新列出：

$$\hat{m}_h(x_0) = \frac{\sum_{i=1}^{N} K_h(X_i - x_0)y_i}{\sum_{i=1}^{N} K_h(X_i - x_0)}. \tag{8-13}$$

该表达式的分母是 $\hat{f}(x_0)$，它表示的是对解释变量在点 x_0 处的密度函数的核估计值。不排除某些观测点（特别是在尾部）的 $\hat{f}(x_0)$ 非常小，从而导致 $\hat{m}_h(x_0)$ 出现误差。

所谓修剪（trimming），就是要在满足 $\hat{f}(X_i) < \delta$ 的观测点处，降低该点的权重值，或者将该观测点剔除掉（其中，当 $N \to \infty$ 时，$\delta \to 0$）。进而，交叉验证标准在考虑了修剪之后，变为：

$$CV = \sum_{i=1}^{N} (y_i - \hat{m}_{\neg i}(x_i))^2 \cdot \pi(x_i). \tag{8-14}$$

其中，$\pi(x_i)$ 是修剪函数。例如，研究者可能会选择不对第 5 个和第 95 个百分位以外的观测值赋予任何权重，在这种情况下，就会令这些观测值的 $\pi(x_i) = 0$，令其他观测值的 $\pi(x_i) = 1$。习题 (vi) 帮助您练习如何完成修剪函数。

8.4 局部线性回归

核估计量是一个“局部常数”的估计量，其含义是：它假设在以 x 为中心的局部邻域里 $m(x)$ 是常数。这种方法可以被一般化为：假设在以 x 为中心的邻域里 $m(x)$ 是线性的。这就是局部线性回归。因为我们已经讨论过标准的核方法，所以接下来我们非常简要地讨论一下局部线性回归及其在 MATLAB 里的实现。

与标准 NW 估计量相比，局部线性估计量能够更好地解决“边界问题”，并且如果真实的响应函数是线性的话，那么局部线性估计量的偏差是零。但是这并不意味着 NW 估计量毫无优势，当真实的响应函数相当平坦时，标准核估计量往往表现得更好；而当真实的响应函数更弯曲时，局部线性估计量可能是更好的选择。

为了让阐述更加清晰，我们把标准的核估计量表达成如下形式：

$$\hat{m}(x_0) = \arg\min_{m_0} K_h(x_0 - X_i)(y_i - m_0)^2. \tag{8-15}$$

不像核估计只是随意选择一个常数，局部线性估计量则是要在 x_0 的邻域里拟合一个线性回归：

$$\hat{m}^{LL}(x_0) = \arg\min_{a_0, b_0} K_h(x_0 - X_i)[y_i - a_0 - b_0(X_i - x_0)]^2. \tag{8-16}$$

在这里，我们之所以把解释变量设定为 $(X_i - x_0)$，而不仅使用 X_i，是为了确保 $m(x) = E(y_i|X_i = x)$。这样的话，一旦我们计算出了估计值 $\hat{a}_0(x)$ 和 $\hat{b}_0(x)$，就可以很方便地得出：$\hat{m}(x) = \hat{a}_0(x)$ 以及 $\frac{\partial \hat{m}(x)}{\partial x} = \hat{b}_0(x)$。

求解该最优化问题就可以得到局部线性估计量的表达式（Fan 和 Gijbels，1996）：

$$\hat{\beta} = (\tilde{\boldsymbol{X}}'\boldsymbol{W}\tilde{\boldsymbol{X}})^{-1}\tilde{\boldsymbol{X}}'\boldsymbol{W}\boldsymbol{y} \tag{8-17}$$

其中：

$$\tilde{\boldsymbol{X}} = \begin{bmatrix} 1 & x_0 - X_1 \\ \vdots & \vdots \\ 1 & x_0 - X_N \end{bmatrix}; \quad W_{ii} = K_h(x_0 - X_i) \tag{8-18}$$

方程 8-17 表明，局部线性估计与加权最小二乘法关系密切。真的很简单！习题 (v) 将局部线性估计量扩展到 p 级的局部多项式估计量。

在 MATLAB 中实现

既然我们已经有了 NW 估计量的代码，那么编程实现 LL 估计量就不难了。其基本原理和 `Kreg` 相同。函数中需要更改的部分仅仅包括对函数输出项的声明以及将代码第 3 部分改成对局部线性估计量的实现。函数的输出项和输入项应改成如下形式：[1]

```
function [a0,b0,h] = LLreg(X,y,x,h0,func)
```

用下面的代码片段来替换 `Kreg` 的第 3 部分。我们首先根据方程 8-16 来定义结果矩阵 `a0` 和 `b0`。然后，执行一个循环，以遍历每一个我们需要估计响应函数的点。在循环里，对于每一个点创建设计矩阵 `Xtilde` 和权重矩阵 `W`，并执行方程 8-17 的操作。代码中唯一有可能第一次见到的函数是 `diag`：当 `diag` 的参数是一个向量时，它会创建一个以该向量的值为主对角线元素、其他元素都是零的对角方阵；当 `diag` 的参数是一个矩阵时，它会用该矩阵主对角线上的元素构建一个列向量。

```
%----- (3) Perform local linear regression! -----
a0 = NaN(n, 1);
b0 = NaN(n, 1);
for i=1:N
    Xtilde = [ones(N, 1) (X-x(i))];
    u = (X - x(i))/h;
    Ku = krnl(u);
    W = diag(Ku);
    bhat = (Xtilde'*W*Xtilde)\(Xtilde'*W*y);
    a0(i) = bhat(1);
    b0(i) = bhat(2);
end
```

[1]请别忘了修改函数的帮助文件！

8.5 复习与习题

本章介绍了 MATLAB 中基于核的平滑方法。值得推荐的介绍核回归统计量的理论和统计推断的教科书包括 Pagan 和 Ullah （1999）、Yatchew（2003），以及 Li 和 Racine（2006）等。综述性的文章包括 Ichimura 和 Todd（2007）、Delgado 和 Robinson（1992），以及 Härdle 和 Linton （1994）等。

关于核密度估计的早期参考文献来自 Rosenblatt（1956）和 Parzen （1962），首次提出了非参数核回归的是 Nadaraya （1964）和 Watson（1964）。本章没有讨论统计推断，尽管我们确实在习题 (i) 中要求您逐点构造置信区间。第 8.4 节介绍了局部线性估计量。还有一种标准的局部回归估计量是 Lowess 估计量（局部加权散点图平滑），它使用可变带宽，并降低了异常值观测值的权重。考虑到该方法在边界处的良好性能和异常值出现时的稳健性，该方法很有吸引力。我们在习题 (vii) 里介绍它。

为了简单起见，我们只集中介绍了如何使用以及如何设定 单一的 全局带宽。但是，诸如 k-近邻估计（kNN）以及超平滑等方法，允许设定可变带宽。kNN 估计与核估计的不同之处在于前者对邻域的设定标准是：按照欧几里得距离，离 x_0 最近的 k 个观测值。这个思想是由 Loftsgaarden 和 Queenberry （1965）提出的。这种方法把带宽的宽度选择问题转换成邻域里观测点的数目问题。习题 (iii) 讨论了这种方法在 MATLAB 中的实现。Friedman（1984）提出的超平滑则是把局部交叉验证应用于 kNN 估计量，Härdle （1991）对此进行了介绍。该方法不是使用固定不变的 k，而是允许 k 可变，这个可变的 k 值是通过对数据进行九次迭代的局部交叉验证来确定的。

序列估计量是本章没有介绍到的另一类主要的非参数估计量。序列方法不是要对观测值进行平滑处理，而是要用一个灵活的参数函数来对一个未知函数进行近似，具体做法是，要对多个函数各自赋予不同的权重值，然后求它们的加权和。因此，该方法旨在求回归函数的全局近似，而不是核方法那种局部方法。对于序列方法而言，要估计的参数的数目与核回归中的带宽起着类似的作用。如果观测值 x 都是实数，那么常见的序列近似方法是使用 p 阶多项式，也就是说，要用 x 的多项式之和来近似未知函数，其中，x 是向量，它的多项式包括所有幂和交叉乘积。另一种常见的序列近似方法是一种连续的、分段多项式函数，称为样条函数。

用于估计处理组接受的平均处理效应的估计量有很多，其中包括 匹配估计量 。这种估计量将处理组的个体与控制组的在观测上类似的个体进行匹配，从而推断出处理组个体如果没有接受处理的话，会有什么后果。Heckman 等人（1998）提出了局部多项式估计量来构建匹配结果以执行估计。

为了读者复习方便，我们将本章用到的全部 MATLAB 命令都列示在表 8-3 中。

表 8-3 第 8 章用到的 MATLAB 命令

命令	简要描述
class	返回传递给它的对象的类的名称
date	以 dd-mm-yyyy 格式的字符串返回当前日期
diag	创建对角矩阵或获取矩阵的对角元素
fmincon	求解受线性或非线性约束的目标函数的最小化
fieldnames	返回结构所包含的字段名称
nargin	返回用于调用函数的输入参数的数目
strcmpi	以不区分大小写的方式比较字符串和元胞字符串
struct	使用指定的字段和值创建结构数组

习题

(i) 改写函数 Kreg，以让它能够输出每个观测点的 95% 置信区间。提示：每个点的标准误公式如下（假设忽略偏差的存在性并假设误差项具有同方差性）：

$$\mathrm{se}(x_0) = \sqrt{\frac{b_K \hat{\sigma}^2}{h\hat{p}(x_0)N}},$$

其中，$b_K = \int K^2(u)du$（见表 8-1），且：

$$\hat{\sigma}^2 = \frac{1}{N}\sum_{i=1}^{N}(y_i - \hat{y}_i)^2.$$

(ii) 创建一个函数，让它返回对一个单变量的随机变量的密度函数的核估计值。提示：核密度估计量公式如下：

$$\hat{f}(x_0) = \frac{1}{hN}\sum_{i=1}^{N}K_h(X_i - x_0).$$

(iii) k-近邻估计量是：最接近 x_0 的 k 个观测值的 y 值的加权平均值。将 $N_k(x_0)$ 定义为：最接近 x_0 的 k 个观测值的集合。那么：

$$\hat{m}_{kNN}(x_0) = \frac{1}{k}\sum_{i=1}^{N}1(X_i \in N_k(x_0))y_i.$$

(a) 创建一个名为 kNN 的函数，计算 k-近邻估计量（使用欧几里得距离度量观测点之间的距离）。

(b) k 的取值会对回归结果带来什么影响？

(iv) 修改函数 `MSE` 的第 3 部分和第 4 部分，以计算回归函数的留一估计值，并检查方程 8-10 和方程 8-12 对留一残差平方和的计算结果是否相等。

(v) 创建一个函数，将局部线性估计量推广到一个 n 阶局部多项式估计量。将该函数的输入项和输出项设定为：

```
function yhat = LPoly(X,y,x,degree)
```

其中，`degree` 是集合 $[0,1,2,3]$ 中的一个整数。

(vi) 重复第 8.3 节的交叉验证，但是令 X 取自 Pareto 分布。向 `MSE` 添加修剪函数。随着 α（Pareto 的参数）的增加，估计值会如何变化？交叉验证带宽是如何随着 α 和您对微调函数的设定的变化而变化的？

(vii) 创建一个脚本来实现 LOWESS 算法，令迭代次数为 I。

(a) 使用上面第 (iii) 题中的 k-近邻估计量，拟合如下加权局部多项式回归：

$$\boldsymbol{\beta}^0 = \arg\min_{\boldsymbol{\beta}} \frac{1}{N}\sum_{i=1}^{N} W_{Ki}(x_0)\left(y_i - \sum_{j=0}^{3}\beta_j X_i^j\right)^2$$

其中，$W_{Ki}(x_0)$ 是 kNN 权重值。

(b) 计算残差 $\hat{\varepsilon}_i$，以及 $\hat{\sigma} = \text{median}(\hat{\varepsilon}_i)$。

(c) 计算稳健性权重 $\delta_i = K(\hat{\varepsilon}_i/6\hat{\sigma})$，其中 $K(u)$ 是四次核。

(d) 使用权重 $\delta_i W_{Ki}(x_0)$ 重新运行回归。

(e) 再重复 $I-1$ 次步骤 2 和步骤 3。

9
半参数方法

多样化总是令人愉悦的。

费德鲁斯·奥古斯都·利伯图斯[1]

有人说，多样化总是令人愉悦的。真的是这样吗？如果我们说的是半参数回归的话，的确可以这么说。经济学家们在做研究时，能够使用非参数估计的场合，一般只局限在数据描述和单变量估计。这是因为当模型中解释变量的数目多于一个时，非参数估计量的统计精度会大大降低。从直觉上的理解是：当维度变高时，对于给定的一个点，它的局部邻域内的观测值的数目往往会太少，少到不足以作出有效估计。因此，维度变高会导致非参数方法失灵，我们称之为“维度灾难”。

此外，当解释变量的维度变高时，非参数回归结果的维度也会变高。维度高于 2 的回归结果的可视化会变得非常困难，这也增加了被理解的难度。试想，一个无穷维度的对象，既无法可视化，又难以理解，基本上就成了无用的怪物。这是阻碍非参数方法用于多变量估计的第二个制约因素。

因此，人们想了一些办法把高维回归问题的复杂度降下来，以便更好地使用非参数估计。常用的做法是，在模型中加入一些参数化建模的成分，这被称为是“半参数”模型。半参数方法的优点在于，它更好地兼顾了效率和灵活性，而且让估计的结果更易于解释。半参数模型的估计通常需要使用非参数技术，因此，我们在第 8 章中所做的努力没有白费！

因为将参数化的成分和非参数化的成分组合在一起的方式有无数种，所以可以想见，半参数估计量也会有很多种。本章我们学习两种常用模型的估计：部分线性模型和单指数模型。在开始学习之前，我们先简要地讨论一下多元变量核估计，看看纯非参数回归会遇到什么困难。

9.1 多变量核回归

从方法论角度上说，多解释变量的核回归与单解释变量的核回归并没有本质上的不同。二者要作的都是：找到点 $\boldsymbol{x}$ 的邻域内的解释变量，取它们的响应变量的局部平均

[1] Phaedrus. (1745). *The fables of Phaedrus*, London: Joseph Davidson. 这本书以英语散文的形式尽可能忠实地再现了（拉丁语）原作，同时考虑到了拉丁语和英语之间的语言差异。

值，以此来近似响应曲线在点 $\boldsymbol{x}$ 的取值。只不过，当解释变量是多维的时候，点 $\boldsymbol{x}$ 的局部邻域是个多维度的球状。当解释变量是一维时，带宽也是一维的；当解释变量是多维的，带宽可能也会是多维的。

将 NW 估计量推广到多维度的情形，会是如下形式，其中，$K_H(\boldsymbol{X}_i-\boldsymbol{x})$ 表示多元变量核函数：

$$\hat{m}_H(\boldsymbol{x}_0)=\frac{\sum_{i=1}^N K_H(\boldsymbol{X}_i-\boldsymbol{x}_0)y_i}{\sum_{i=1}^N K_H(\boldsymbol{X}_i-\boldsymbol{x}_0)} \tag{9-1}$$

$$=\frac{\sum_{i=1}^N K\left(\frac{X_i^1-x_0^1}{h^1},\cdots,\frac{X_i^K-x_0^K}{h^K}\right)y_i}{\sum_{i=1}^N K\left(\frac{X_i^1-x_0^1}{h^1},\cdots,\frac{X_i^K-x_0^K}{h^K}\right)}. \tag{9-2}$$

多元变量核函数 K_H 通常被选择为单变量核的乘积：

$$K_H(\boldsymbol{u})=\prod_{j=1}^K K_{h_j}(u_j). \tag{9-3}$$

如果确实采用了核的乘积，那么通常认为比较好的做法是：将解释变量除以标准差（或者多元带宽）以将它转换成统一的单位。

函数 `BiKreg` 执行的是对二元变量 $\boldsymbol{X}$ 进行 y 的回归。虽然它与（在第 8 章中介绍的）函数 `Kreg` 相似，但是为了能够处理二维的解释变量，也作了不少改变。函数的输入变量包括：用于估计的数据、用于生成响应函数估计值的网格点矩阵 `x`。其中，`x` 是 $n\times 2$ 阶矩阵，代码的第 20 行使用 `meshgrid` 利用 `x` 的两列分别作为横轴和纵轴，铺成一个 $n\times n$ 的平面网格。代码的第 2 和第 3 部分也与一维情形时的 `Kreg` 对应的部分类似，不同之处在于对带宽的处理，以确保可以处理矩阵。为了节省篇幅，`BiKreg` 里只使用了高斯核，读者可以仿照 `Kreg` 的做法加入其他核。

为了便于读者将代码与方程 9-2 相对应，在函数的第 3 部分，我们用了两个循环来分别生成两个变量的核，最后再用一个循环将它们相乘。如果只是为了高效地执行估计量的计算，完全不必使用这么多循环（见第 10 章），我们如此呈现旨在传递概念的直觉，读者不妨在现有代码的基础上自行尝试改进。

BiKreg.m

```
1  function [yhat,h,w,z] = BiKreg(X,y,x,h0)
2  %-----------------------------------------------
3  % PURPOSE: performs the kernel regression of y
4  %          on (bivar) X
5  %-----------------------------------------------
6  % USAGE: [yhat,h,w,z] = BiKreg(X,y,x,h0)
7  % where:   y : N-by-1 dependent variable
8  %          X : N-by-2 independent variable
9  %          x : n-by-2 points of evaluation
```

```
%         h0 : 2-by-1 bandwidth
%----------------------------------------------------
% OUTPUT:    h : bandwidths used
%          yhat : regression evaluated at the
%                 n-by-n grid from columns of x
%----------------------------------------------------

%--- (1) Create grid of points ------------------
N = length(y);
n = size(x, 1);
[w,z] = meshgrid(x(:,1), x(:,2));


%--- (2) Set bandwidth if not supplied & kernel--
if nargin < 4
    hx = median(abs(X-repmat(median(X),...
                N,1)))/0.6745*(4/3/N)^0.2;
    hy = median(abs(y-repmat(median(y),...
                N,1)))/0.6745*(4/3/N)^0.2;
    h = sqrt(hy.*hx);
else
    h = h0;
end
hw = h(1);
hz = h(2);
krnl = @(u) exp(-(u.*u)/2)/sqrt(2*pi);


%--- (3) Perform bivariate kernel regression!---
% Product kernel X(:,1)
KW = NaN(length(y),size(w,1));
W = X(:,1);
for w_ = 1 : size(w,1)
    wi = w(1,w_);
    uw = (W - wi)/hw;
    Kuw = krnl(uw);
    KW(:,w_) = Kuw;
end

% Product kernel X(:,2)
KZ = NaN(length(y),size(z,1));
Z = X(:,2);
for z_ = 1 : size(z,1)
    zi = z(z_, 1);
    uz = (Z - zi)/hz;
    Kuz = krnl(uz);
    KZ(:,z_) = Kuz;
end
```

```
% NW estimator
yhat = NaN(size(w,1), size(w,2));
for i = 1 : n
    for j = 1 : n
        Ku = KW(:,i).*KZ(:,j);
        yhat(j,i) = sum(Ku.*y)/sum(Ku);
    end
end

return
```

为了观察代码的运行，我们首先通过模拟生成数据，并将其可视化。

$$W_i \sim U(0,2) \tag{9-4}$$

$$Z_i \sim U(0,5) \tag{9-5}$$

$$\varepsilon_i \sim \mathcal{N}(0,1) \tag{9-6}$$

$$y_i = \sin(\pi W_i) \cdot \cos(Z_i) + \Phi(X_i Z_i) + \varepsilon_i \tag{9-7}$$

使用 MATLAB 编写的模拟生成程序如下：

BiKregScript.m

```
% create data
W = 2*rand(1000,1);
Z = 5*rand(1000,1);
X = [W Z];
y = sin(pi*W).*cos(Z) + normcdf(W.*Z) +...
    rand(length(W),1);
x = [linspace(0, 2, 100)' linspace(0, 5, 100)'];

% bivariate kreg
[yhat,h,w,z] = BiKreg(X,y,x);

surf(w,z,yhat)
xlabel('W', 'FontSize', 14);
ylabel('Z', 'FontSize', 14);
zlabel('y', 'FontSize', 14);
hold on
scatter3(W,Z,y)
colormap(bone)
```

这段代码的运行结果是生成图 9-1。如果数据充足的话，非参数回归勉强可以处理好二元解释变量的情况。维度再高的情况下，非参数回归将会面临一些相当严重的实际问题。其中最严重的是“维度灾难”，即非参数估计值向真值的收敛速度随着维度的增加而下降。况且，对于应用研究人员而言，几乎无法把多元变量的回归结果图示出来

（例如我们很难在图 9-1 上再增加一个维度），这使得对结果的解释也非常困难。因此，我们接下来讨论一些关键的半参数方法。

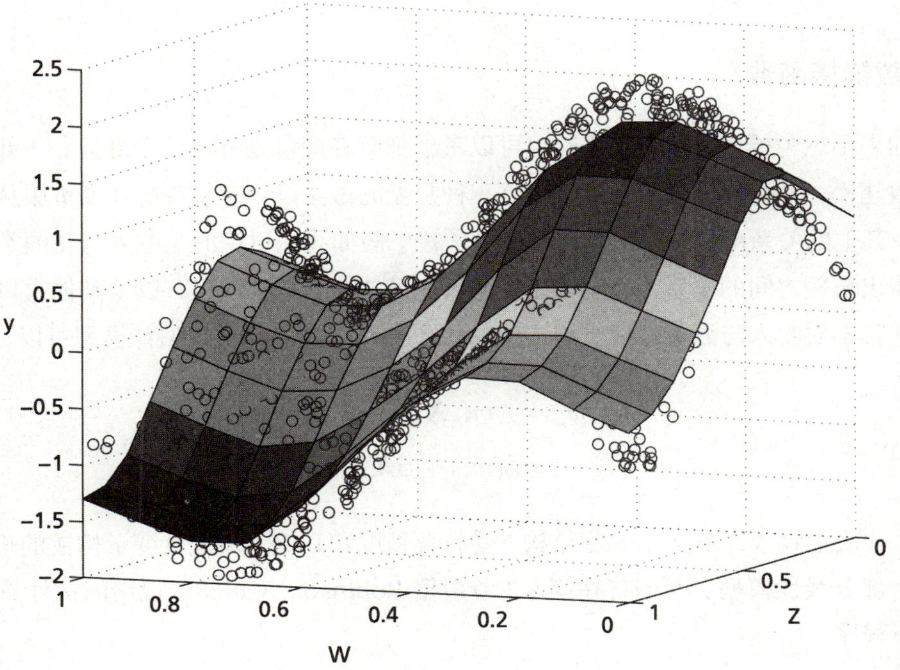

图 9-1 多元变量核回归

9.2 降维

人们想了一些办法把高维回归问题的复杂度降下来。常用的做法是，在模型中加入一些参数化建模的成分，一方面能够使得回归问题的维度降低，一方面又能够保持非参数关系的存在。具体而言，有如下三种方法可以使用：

(i) 变量选择；

(ii) 使用非参数链接函数；

(iii) 使用半参数或者非参数指数。

变量选择

我们总是可以通过减少变量数目来降低回归问题的维度数！那么该舍掉哪些变量、保留哪些变量呢？虽然经济学理论通常能够提供一些在建模方面有用的指引，但在选择哪些变量集的问题上并没有什么简易法则可供遵循。虽然减少变量的数目有助于消解维度灾难，但是始终不要忘记，舍掉的变量也有可能让我们错过最关键的数据，所以变量的选择会影响到模型的解释力。

非参数链接函数

如果不想舍掉变量，那么我们也可以考虑把解释变量划分成两个部分：一部分采用非参数建模，另一部分采用参数建模。一种常见的做法是：令某些解释变量服从线性关系，令其他的关系由数据来决定。举个例子说，假如我们讨论的是收入与在酒类消费方面的支出份额之间的关系，我们可以控制家庭结构、受教育程度，以及其他人口统计变量，并且不对收入与酒类消费支出之间的关系加以限制。此时，估计模型可以写成：

$$\begin{aligned} w_i &= g(m_i, \boldsymbol{X}_i) + \varepsilon_i \quad (9\text{-}8) \\ &= h(m_i) + \boldsymbol{\beta X_i} + \varepsilon_i. \quad (9\text{-}9) \end{aligned}$$

其中，m 表示收入，$\boldsymbol{X}$ 表示家庭结构、受教育程度和其他人口统计变量构成的矩阵。这被称为部分线性模型。我们将在第 9.3 节根据 Robinson（1988）提出的估计量为该模型编写程序。

非参数指数

所谓指数，是将许多不同变量的值汇总为一个数字。例如，通货膨胀率是一个价格指数，它将不同地区的不同商品的价格变化信息综合成一个数字。如果能够将多个变量所包含的信息综合成一个指数，则问题的维数将大大降低（降至 1！）。我们将在第 9.4 节根据 Ichimura（1993）提出的半参数最小二乘估计量为该模型编写程序。

9.3 部分线性模型

在应用研究中，部分线性模型很常用。它们提供了一种非常简单的方法，可以向本来是线性的模型中加入非参数成分。这类模型由两部分组成：参数部分 $\boldsymbol{X\beta}$ 和非参数部分 $m(\boldsymbol{Z})$：

$$y_i = \boldsymbol{X}_i\boldsymbol{\beta} + m(Z_i) + \varepsilon_i. \quad (9\text{-}10)$$

我们的目标是要估计 $\boldsymbol{\beta}$ 与 $m(\cdot)$。为了简单起见，这里暂且假设 Z_i 是一维的。因为前文已经讨论过多元变量的核，所以很容易将非参数的部分扩展到多元变量的情形。

需要注意的是，简单地对 $\boldsymbol{X}$ 进行 y 的回归所得到的 $\boldsymbol{\beta}$ 的估计值是不一致的，除非满足 $\text{Cov}(\boldsymbol{X}, m(\boldsymbol{Z})) = 0$，而这又是一个不太可能成立的条件，所以不要这样做！另一方面，因为对 $m(\cdot)$ 的函数形式是没有限制的，所以 $\boldsymbol{X}_i$ 不会与 Z_i 的任何平滑函数有完全共线性。这意味着，Z_i 的截距以及任何确定性函数都必须排除在 $\boldsymbol{X}_i$ 之外，因为函数 $m(\cdot)$ 将包含这些成分。

罗宾逊方法

我们将按照 Robinson（1988）开创的方法对模型进行估计。Robinson 估计量首先使用双重残差回归消去未知函数，从而估计出 $\boldsymbol{\beta}$，此时所得到的 $\boldsymbol{\beta}$ 的估计是一致的、渐近正态的，并且以参数率收敛。然后使用估计出的 $\hat{\boldsymbol{\beta}}$ 找到 $\hat{m}(\cdot)$。

为了厘清 Robinson 估计量背后的关键思想，对部分线性模型的方程 9-10 两侧取关于 Z_i 的条件期望：

$$\mathbb{E}(y_i|Z_i) = \mathbb{E}(\boldsymbol{X}_i\boldsymbol{\beta}|Z_i) + \mathbb{E}(m(Z_i)|Z_i) + \mathbb{E}(\varepsilon_i|Z_i) \tag{9-11}$$

$$= \mathbb{E}(\boldsymbol{X}_i|Z_i)\boldsymbol{\beta} + m(Z_i). \tag{9-12}$$

将方程 9-10 减去方程 9-12，会消掉未知函数 $m(\cdot)$，得到：

$$y_i - \mathbb{E}(y_i|Z_i) = [\,\boldsymbol{X}_i - \mathbb{E}(\boldsymbol{X}_i|Z_i)\,] \cdot \boldsymbol{\beta} + \varepsilon_i. \tag{9-13}$$

可以把上式表达成残差之间的关系，即：

$$\varepsilon_{yi} = \boldsymbol{\varepsilon}_{xi}\boldsymbol{\beta} + \varepsilon_i. \tag{9-14}$$

这样，$\boldsymbol{\beta}$ 就可以用条件误差的回归被估计出来。

Robinson（1988）建议通过标准核回归把 $\mathbb{E}(y_i|Z_i)$ 和 $\mathbb{E}(\boldsymbol{X}_i|Z_i)$ 估计出来，然后用得到的残差 $\hat{\varepsilon}_{yi}$ 和 $\hat{\boldsymbol{\varepsilon}}_{xi}$ 来估计 $\hat{\boldsymbol{\beta}}$。用数学形式写出来，就是：

$$y_i = m_y(Z_i) + \varepsilon_{yi} \tag{9-15}$$

$$\boldsymbol{X}_i = \boldsymbol{m}_x(Z_i) + \boldsymbol{\varepsilon}_{xi}, \tag{9-16}$$

其中的估计量分别是：

$$\hat{m}_y(z) = \frac{\sum_{i=1}^{N} K_h(z - Z_i)y_i}{\sum_{i=1}^{N} K_h(z - Z_i)} \tag{9-17}$$

$$\hat{m}_x^k(z) = \frac{\sum_{i=1}^{N} K_h(z - Z_i)X_i^k}{\sum_{i=1}^{N} K_h(z - Z_i)}. \tag{9-18}$$

其中，$\hat{m}_x^k(z)$ 是 $\boldsymbol{X}$ 的第 k 个维度的分量在 Z 处的条件期望的估计量（也可以考虑按照第 8.3.1 节讨论的标准方法对数据进行修剪，将某些观测点的数据的权重降低）。

因此，我们可以得到 $\boldsymbol{\beta}$ 的估计量：

$$\hat{\boldsymbol{\beta}} = \left[\sum_{i=1}^{N}(\boldsymbol{X}_i - \hat{\boldsymbol{X}}_i)'(\boldsymbol{X}_i - \hat{\boldsymbol{X}}_i)\right]^{-1} \sum_{i=1}^{N}(\boldsymbol{X}_i - \hat{\boldsymbol{X}}_i)'(y_i - \hat{y}_i). \tag{9-19}$$

其中，$\hat{y}_i = \hat{m}_y(z)$，$\hat{\boldsymbol{X}}_i = \hat{\boldsymbol{m}}_x(Z_i)$。

为了计算 Robinson 估计量，需要在点 Z_i 处计算 y_i 以及 $\boldsymbol{X_i}$ 各个维度的分量的回归。这些是彼此独立的核回归，带宽也彼此独立。计算用到的都是第 8 章介绍的技术。我们不妨举个例子，考虑如下数据生成过程：

$$y_i = X_{i,1}\beta_1 + X_{i,2}\beta_x + \sin(8Z_i) + \varepsilon_i. \tag{9-20}$$

其中，$X_1 \sim \mathcal{N}(1,4)$，$X_2 \sim \mathcal{N}(1,0.25)$，$Z \sim U(0,1)$，$\varepsilon \sim \mathcal{N}(0,1)$。

代码 PLMScript.m 中令 $\boldsymbol{\beta} = [2,-3]$，使用如上数据生成过程模拟出 1000 组观测数据。然后在代码的第 2、3 部分，消去模型的非参数部分：首先对 Z 进行 y 的非参数回归，结果记入 ehatY，然后分别对 Z 进行 $\boldsymbol{X}$ 各个维度分量的回归，结果记入 ehatX。其中用到了第 8 章的函数 Kreg。

PLMScript.m

```
%----- (1) Simulate data -----------------------
X1 = 1 + 2*randn(1000,1);
X2 = 1 + 0.5*randn(1000,1);
X = [X1 X2];
Z = rand(1000, 1);

beta = [2;-3]; % make up a beta
y = sin(8*Z) + X*beta + randn(length(X),1);

%----- (2) NW regression of y on Z -------------
ghat_y = Kreg(Z,y,Z);
ehatY = y - ghat_y;

%----- (3) NW regression of X on Z -------------
ehatX = NaN(size(X,1),size(X,2));
for i = 1:size(X,2)
    ghat_X = Kreg(Z,X(:,i),Z);
    ehatX(:,i) = X(:,i) - ghat_X;
end
```

最后，通过两组回归残差之间的回归来得到参数向量 bhat 的估计值：

```
>> bhat = (ehatX'*ehatX)\(ehatX'*ehatY)

bhat =

    1.9982
   -2.9217
```

估计出来的 $\hat{\boldsymbol{\beta}}$ 与 $\boldsymbol{\beta}$ 的真值很接近，说明估计过程令人满意。接下来，我们利用 $\hat{\boldsymbol{\beta}}$ 来找回模型的非参数部分 $m(Z)$。因为 $m_z(Z_i) = \mathbb{E}(y_i - \boldsymbol{X}_i\boldsymbol{\beta}|Z_i)$，所以对 $m_z(Z_i)$ 的一

致估计量是：

$$\hat{m}_y(z) = \frac{\sum_{i=1}^{N} K_h(z - Z_i)(y_i - \boldsymbol{X}_i\hat{\boldsymbol{\beta}})}{\sum_{i=1}^{N} K_h(z - Z_i)}. \tag{9-21}$$

如下代码执行了方程 9-21 的计算，并把计算结果同数据模拟时采用的真实函数绘制在同一个坐标系里，如图 9-2 所示。

```
%----- (4) NW regression of (y - X*beta) on Z ---
y_bhat = y - X*bhat;
[y_bhat, order] = sort(y_bhat, 'ascend');
Z_ = Z(order);
z_ = min(Z_):(max(Z_) - min(Z_))/100:max(Z_);
[mhat,h] = Kreg(Z_,y_bhat,z_, 0.08);

plot(z_,mhat,'k',z_,sin(8*z_),'b','LineWidth',2)
```

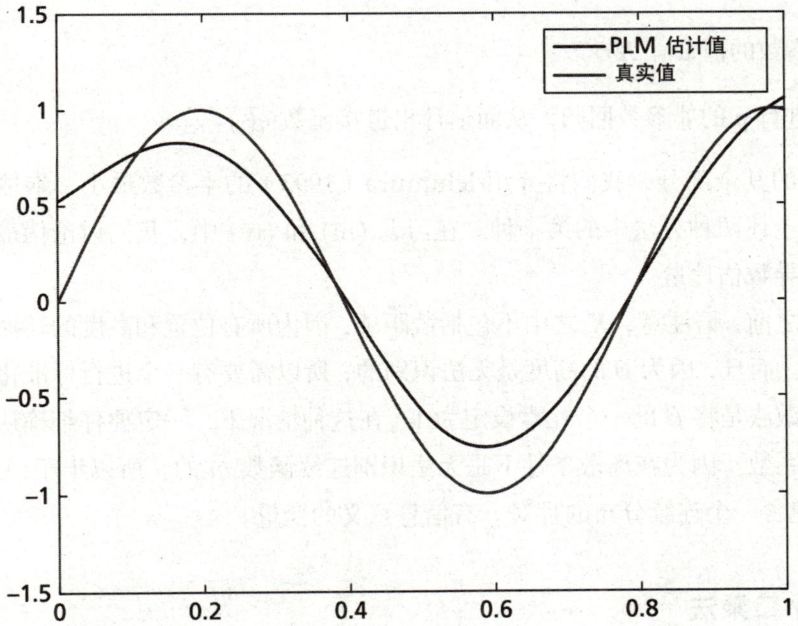

图 9-2 部分线性模型（PLM）的非参数部分

由图 9-2 可以看到，非参数估计很好地近似了非参数函数的形状。

9.4 单指数模型

单指数模型（SIMs）是另一类重要且常用的半参数方法。在这类模型中，$\mathbb{E}(y|\boldsymbol{X}) = g(\boldsymbol{X}\boldsymbol{\beta})$，其中，$g(\cdot)$ 通常被称为链接函数。因为这类模型只在一个维度上是非参数的，所以对消解维度灾难非常有帮助！

其实我们以前肯定多次遇到过 SIMs，包括在本书前面的章节里。因为大部分参数模型都是单一指数的，包括正态回归、Logit、Probit、Tobit……这些模型都对函数形式和概率分布施加了很强的假设，可是我们有时会想放松这些假设，至少我们希望能够检验一下：当这些假设被放松时，我们的结果是否仍然稳健。

半参数 SIMs 的指数部分 $\boldsymbol{X\beta}$ 是线性的，但是允许链接函数 $g(\cdot)$ 是任意的平滑函数。这个方法面临的挑战是：如何找到收敛速度是 $\sqrt{N}$ 的 $\boldsymbol{\beta}$ 的估计量。两种经常用于估计 $\boldsymbol{\beta}$ 和 $g(\cdot)$ 的方法分别是：

(i) 使用半参数最小二乘（SLS）或伪最大似然估计（PMLE）对 $\boldsymbol{\beta}$ 进行迭代逼近。

(ii) 使用回归函数的平均导数直接估计 $\boldsymbol{\beta}$。

尽管不同方法的重要细节各不相同，但估计的基本方法可总结如下：

(i) 通过 $\hat{\boldsymbol{\beta}}$ 估计 $\boldsymbol{\beta}$。

(ii) 计算指数的值 $\hat{v} = \boldsymbol{X}\hat{\boldsymbol{\beta}}$。

(iii) 对 $\hat{v}$ 进行 y 的非参数回归，从而估计出链接函数 $g(\cdot)$。

在本章的其余部分，我们将介绍 Ichimura（1993）的半参数最小二乘估计量的实现，它属于上述两种方法中的第一种。在习题 (iii) 和 (iv) 中，我们讨论伪最大似然估计量和平均导数估计量。

在开始之前，请注意，$\boldsymbol{X}$ 之中不包括截距项，因为所有位置和高度的转换都包含在函数 $g(\cdot)$ 中。而且，因为 $\boldsymbol{\beta}$ 的高度是无法识别的，所以需要有一个进行标准化的参照尺度。通常的做法是将 $\boldsymbol{\beta}$ 的一个元素设定为 1。在这种情况下，一定要仔细确认，该变量应该有非零系数。因为在离散条件下是无法识别连续函数 m 的，所以出于识别的需要，还要求 $\boldsymbol{X}$ 包含一个连续分布的且对 y 有信息意义的变量。

半参数最小二乘法

半参数最小二乘法是由 Ichimura（1993）提出的。该方法源自于这样的想法：如果 $g(\cdot)$ 是已知的，那么我们可以使用非线性最小二乘来估计 $\boldsymbol{\beta}$，即选择能够最小化如下判定函数的 $\boldsymbol{\beta}$：

$$S(\boldsymbol{\beta}, g) = \sum_{i=1}^{N}(y_i - g(\boldsymbol{X}_i\boldsymbol{\beta}))^2 \tag{9-22}$$

遗憾的是，这个估计量是不可行的，因为我们并不知道非参数链接函数 $g(\cdot)$ 的结构，它恰恰是我们正在努力寻找的！

Ichimura 的建议是，用“留一估计量”代替未知的函数 $g(\cdot)$，这产生了一种与（第 8 章讨论过的）交叉验证方法风格相似的技术。具体而言，Härdle, Hall 和 Ichimura

（1993）的建议是，寻找能够带来 $S(\boldsymbol{\beta})$ 的值最小化的 $\boldsymbol{\beta}$ 和 h，因为二者共同决定了 $S(\boldsymbol{\beta})$ 的值。在该方法下，最小化就是（在 h 已经给定的情况）选择参数向量 $\boldsymbol{\beta}$：

$$S(\boldsymbol{\beta}) = \sum_{i=1}^{N} \pi_i (y_i - \hat{g}_{\neg i}(\boldsymbol{X}_i\boldsymbol{\beta}))^2. \tag{9-23}$$

其中：

$$\hat{g}_{\neg i}(\boldsymbol{X}_i\boldsymbol{\beta}) = \frac{\sum_{i\neq j} K\left(\frac{(\boldsymbol{X}_i-\boldsymbol{X}_j)\boldsymbol{\beta}}{h}\right) y_i}{\sum_{i\neq j} K\left(\frac{(\boldsymbol{X}_i-\boldsymbol{X}_j)\boldsymbol{\beta}}{h}\right)}. \tag{9-24}$$

方程 9-23 中的 π_i 是修剪函数，它把 $\boldsymbol{X}_i\boldsymbol{\beta}$ 比较小的观测值的权重降低或者舍掉（见第 8.3.1 节）。对于异方差数据，也可以很容易地通过权重函数来处理。

我们在第 8 章提到过，留一方法的一个优点是，它的计算量并不像看起来的那么大。因为可以证明：

$$y_i - \hat{g}_{\neg i}(\boldsymbol{X}_i\boldsymbol{\beta}) = \frac{y_i - \hat{g}(\boldsymbol{X}_i\boldsymbol{\beta})}{1 - K_h((\boldsymbol{X}_i - \boldsymbol{X}_i)\boldsymbol{\beta})/\sum_i K_h((\boldsymbol{X}_i - \boldsymbol{X}_i)\boldsymbol{\beta})}. \tag{9-25}$$

因此，对于给定的 h 和 g 的设定，为了计算目标函数 $S(\boldsymbol{\beta})$ 的值，只需要对回归函数进行一次计算即可。

为了执行 Ichimura 估计量的运算，我们（又一次）要求助于“老朋友” `fmincon`。根据方程 9-23 和方程 9-24 可知，对 $\boldsymbol{\beta}$ 的估计需要执行如下两步：

(i) 给定 $\boldsymbol{\beta}$ 和 h，计算 $S(\boldsymbol{\beta})$；

(ii) 同时选择 $\boldsymbol{\beta}$ 和 h，以最小化 $S(\boldsymbol{\beta})$。

为了执行第一步的计算，我们编写函数 `MSEg`，该函数计算的是带宽和参数向量给定情况下均方误差的值。然后将此函数传递给 `fmincon`，搜索对这些参数的最优选择。

我们接下来的任务是：首先设定一个数据生成过程，并由此生成模拟数据；然后以模拟数据为出发点，用 Ichimura 估计量将数据生成过程估计出来。那么，我们首先来执行数据模拟，假设数据生成过程如下（当然，读者尽可以尝试其他过程）：

$$y_i = (\boldsymbol{X\beta})^2(1 + \sin(\boldsymbol{X\beta}))\varepsilon_i. \tag{9-26}$$

其中，$X_1, X_2 \sim U(-1,1)$，且 $\varepsilon \sim \mathcal{N}(0,1)$。

令 $\boldsymbol{\beta} = [1,3]'$，根据以上数据生成过程，抽取出 1000 组观测值的代码如下：

```
%----- Set Parameters & DGP ---------------
N = 1000;
X = -1 + 2*rand(N,2);
beta = [1;3];
Xbeta = X*beta;
y = Xbeta.^2.*(1 + sin(Xbeta)) + randn(N,1);
```

我们的任务是从模拟数据中恢复 β 和链接函数。为此我们定义函数 MSEg，该函数计算的是带宽和参数向量给定情况下目标函数的值。函数的前两个输入项是数据向量，最后一个输入项是候选的参数向量。param 的第一个元素给出了非参数回归的带宽，其余元素给出了系数向量 $\boldsymbol{\beta}$。函数首先根据参数向量 param 为新变量 h 和 beta 赋值，然后在第 20 行以匿名函数的形式定义高斯核函数，以用于非参数链接函数的估计。

函数的主体位于代码的第 3 部分。函数根据调用者设定的 h 和 $\boldsymbol{\beta}$ 的值，计算核权重，以及解释变量每个观测点对应的回归函数的估计值，并将重要的计算结果分别存储在 ghat、weights、weightall 等变量里。第 37 行和第 38 行根据给定的参数值以及方程 9-25 来计算 $S(\boldsymbol{\beta})$ 的值。

MSEg.m

```
1  function Sbeta = MSEg(X, y, param)
2  %-----------------------------------------------------
3  % PURPOSE: implements Ichimura's SIM estimator
4  % imposing beta(1) = 1 as the normalization
5  % condition
6  %-----------------------------------------------------
7  % INPUTS:      y : n-by-1 dependent variable
8  %              X : n-by-K independent variable
9  %          param : (1+K)-by-1 vector of
10 %                  parameters (bandwidth and beta)
11 %-----------------------------------------------------
12 % OUTPUT: Sbeta : MSE of leave one out estimator
13 %-----------------------------------------------------
14 h=param(1) ;
15 beta=param(2:end) ;
16 N = length(y);
17 Xbeta = X*beta;
18 
19 %----- (1) Declare kernel ----------------------
20 krnl = @(u) exp(-(u.*u)/2)/sqrt(2*pi);
21 
22 %----- (2) Declare summary vectors -------------
23 yhat = NaN(N,1);
24 weight_i = NaN(N,1);
25 weight_sum = NaN(N,1);
26 
27 %----- (3) NW regression & save weights --------
28 for i = 1:N
29     u = (Xbeta - Xbeta(i))/h;
30     Ku = krnl(u);
31     weight_i(i) = Ku(i);
32     weight_sum(i) = sum(Ku);
33     yhat(i) = sum(Ku.*y)/sum(Ku);
34 end
```

```
%----- (4) Calculate leave-1-out MSE -----------
residual=(y - yhat)./(1-(weight_i./weight_sum));
Sbeta = sum(residual.^2);

return
```

设定好了目标函数 MSEg，为了执行优化过程，还需要设定约束条件以及待搜索变量 $\boldsymbol{\beta}$ 和 h 的初始值。代码 SIMScript.m 首先使用 OLS 和常用的带宽为 $\boldsymbol{\beta}$ 和 h 设定初始值；然后设定用于描述等值约束的矩阵 Aeq 和 beq，这是在设定 $\beta_1 = 1$，即（前文讨论过的）对 $\boldsymbol{\beta}$ 的识别条件。将此约束优化问题的各个元素传递给 fmincon，由它执行通过搜索最优的参数向量 p 实现留一均方误差 MSEg 的最小化。

估计过程的最后一步是还原链接函数。使用估计出来的参数向量 Param，将解释变量转换为 Xbeta，将其与最优带宽 opth 一起传递给第 8 章中构建的核回归函数 Kreg。

SIMScript.m

```
%----- (1) Starting values ----------------------
y_ = y - X(:,1);
X_ = X(:,2:end);
beta0 = (X_'*X_)\X_'*y_;
beta0 = [1; beta0];

% starting values for the h's (Bowman and
% Azzalini (1997))
x_ = X*beta0;
hx=median(abs(x_-median(x_)))/0.6745*(4/3/N)^0.2;
hy=median(abs(y-median(y)))/0.6745*(4/3/N)^0.2;
h=sqrt(hy*hx);

% param starting value
param0 = [h;beta0];

%----- (2) Optimal constraints ------------------
Aeq = zeros(1, length(param0));
Aeq(2) = 1;
beq = 1;

% lower boound on h
lb = [0;-Inf(length(beta0),1)];

%----- (3) Optimize beta and h ------------------
options = optimset('Display', 'off',...
'Algorithm', 'sqp', 'MaxFunEvals', 1e5,...
'MaxIter', 1e5,'TolX',1e-10, 'TolFun',1e-10);
```

```
Param = fmincon(@(p) MSEg(X, y, p), param0,...
[], [], Aeq,beq,lb, [], [] ,options);

opth = Param(1);
optbeta = Param(2:end);

%----- (4) Recover link function ----------------
Xbeta = X*optbeta;
xbeta = [-4:0.1:4]';
ghat = Kreg(Xbeta, y, xbeta, opth);
```

图 9-3 显示了从模拟数据中还原出来的非参数链接函数，可以看到，指数函数本身的起伏被我们的计算过程成功地捕捉到了。也就是说，用眼睛直观地看，我们的计算过程运行得令人满意！而且程序计算出来的参数向量对真值的还原程度也很高。

```
>> optbeta = Param(2:end)

optbeta =

1.0000
3.0874
```

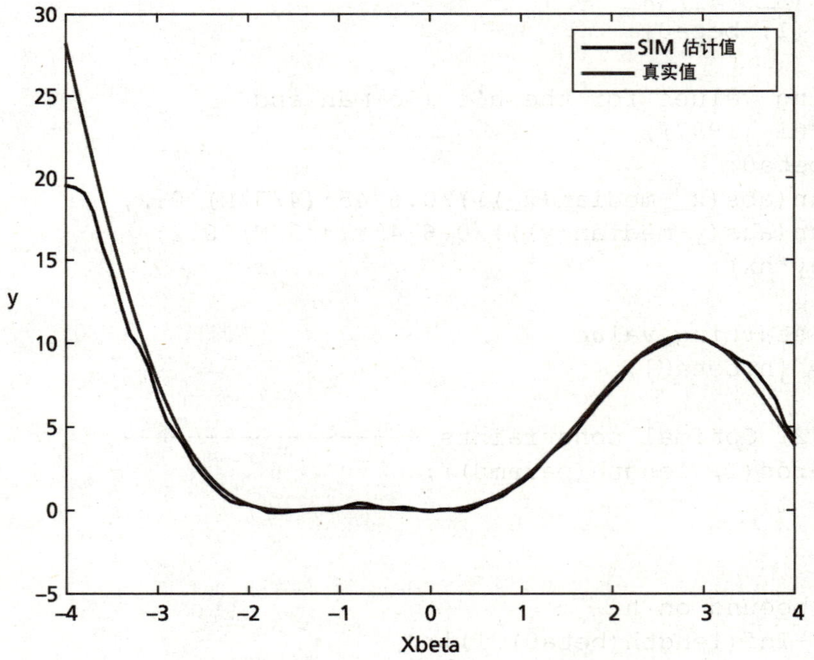

图 9-3 还原链接函数

思考一下，如果 $\beta_1 \neq 1$ 的话，该如何评估输出结果的准确程度？

如果你在研究实践中需要用到这个估计量，那么请注意，能否正确地得到估计值可能会受到调用 fmincon 时所使用的搜索变量的初始值以及搜索的停止条件等设定的影响。当 $S(\boldsymbol{\beta})$ 是非凸的或者多峰的函数时，MATLAB 的最优化求解过程可能会对上述设定非常敏感。

9.5 复习与习题

为了读者复习方便，我们将本章用到的全部 MATLAB 命令都列示在表 9-1 中。

表 9-1 第 9 章用到的 MATLAB 命令

命令	简要描述
scatter3	绘制 3D 散点图
setdiff	判断两个数组中的不同元素
surf	绘制 3D 彩色曲面

延伸阅读

关于半参数回归的全面介绍，请参阅 Härdle 等（2004）、Pagan 和 Ullah（1999）以及 Yatchew（2003）的教科书。关于半参数方法的综述，请参阅 Delgado 和 Robinson（1992）、Ichimura 和 Todd（2007）以及 Powell（1994）。

本章介绍了单指数模型（SIMs）的部分内容。估计 SIMs 的方法主要有两种：迭代逼近和平均导数估计。我们介绍了半参数最小二乘估计量，这是迭代逼近法的一个例子。当因变量是离散的时，可以考虑使用 *伪最大似然估计* 方法（简称 PML）。习题 (iii) 会邀请你编程实现 Klein 和 Spady（1993）PML 估计量的计算。Manski（1975）和 Horowitz（1992）为半参数二元选择模型提供了最大得分和平滑最大得分两个估计量。

另一种直接对 SIM 进行估计的方法是 *平均导数估计*，该方法由 Stoker (1986) 首次提出，并由 Powell 等 (1989) 扩展到加权情况。其基本思想来自这样一个事实：如果条件平均值是一个单一的指数，那么条件平均值的平均导数的向量在一定程度上决定了 $\boldsymbol{\beta}$。习题 (iv) 引导读者完成对 Stoker (1986) 估计量的实现。

加性模型 是另一类重要的半参数估计量。它们假设解释变量可分离，但除此之外的其他方面是非参数的，即：$y = g_1(x_1) + g_2(x_2) + \ldots + g_K(x_K)$。这些模型可以通过 *逆向拟合*（bakcfitting）算法求解（见 Hastie 和 Tibshirani（1990））。估计出的子函数的图表显示了感兴趣变量的边际效应。习题 (v) 将引导读者了解加性模型的逆向拟合

过程。加性模型已经被推广到允许非参数的链接函数。Hastie 和 Tibshirani（1990）描述了如何修改逆向拟合程序以适应二元响应和生存数据。对于未知的链接函数，请参见 Linton 等（1997）的交替条件期望过程。

“半参数”这个术语也被用于那些在参数方面是线性的，但是在条件方差上（即 $\text{Var}(y|\boldsymbol{X}) = \sigma^2(\boldsymbol{X})$）有灵活模型的模型。事实上，半参数方法的发展可以追溯到截尾回归和样本选择模型的识别和估计。请参见 Powell (1994) 对这一方法的论述。

习题

(i) 请模拟具有四个高斯分布的高斯混合模型。估计密度，并使用 MATLAB 的函数 `contour` 绘制 `pdf` 的等高线。提示：如果您还没有编写双变量核密度估计量的代码，请参阅第 8 章的习题 (i) 了解单变量情况。

(ii) 请使用四次核调整 Ichimura（1993）SLS 估计量的代码，以同样返回边际效应。

(iii) Klein and Pady (1993) 的估计量是适用于二元响应数据的 PML 方法，请编写执行它的函数。请注意，如果误差项的分布是已知的，则经典的 MLE 要最大化：

$$L_N(\boldsymbol{\beta}) = \sum_{i=1}^{N} y_i \log(F(\boldsymbol{X}_i\boldsymbol{\beta})) + (1 - y_i)\log(F(\boldsymbol{X}_i\boldsymbol{\beta})).$$

(a) 使用 logit 回归获得 $\boldsymbol{\beta}$ 的起始值（见第 4 章）。

(b) 构造约束矩阵 `A` 和 `b`，以满足条件 $\hat{\boldsymbol{\beta}}^1 = 1$。

(c) 创建一个函数来计算：对于任意给定的 $\boldsymbol{\beta}$，求 $\hat{F}(\boldsymbol{X}_i\boldsymbol{\beta})$ 的值；然后算出 $\hat{L}_N(\boldsymbol{\beta})$ 的相反数。这是我们要用到的损失函数。

(d) 使用 `fmincon` 求解有约束的损失函数的最小化。

(e) 修改我们的函数，同样计算边际效应。

(iv) 可以证明：对于单指数模型，条件均值的平均导数向量决定了参数 $\boldsymbol{\beta}$ 以某个尺度为单位的值：

$$\boldsymbol{\delta} = \mathbb{E}[g'(\boldsymbol{X}\boldsymbol{\beta})]\boldsymbol{\beta}$$

其中，$g'(\boldsymbol{X}\boldsymbol{\beta})$ 是尺度。这成为加权平均导数（WAD）估计量的依据，其中的权重值来自观测值的密度函数，密度加权平均导数估计量如下所示：

$$\hat{\boldsymbol{\delta}} = -\frac{1}{N}\sum_{i=1}^{N} y_i f'(\boldsymbol{X}) \tag{9-27}$$

请使用四次内核创建一个返回 WAD 估计值的函数。

(v) 请编写函数，使用逆向拟合法估计下式：

$$y_i = \beta_0 + \cos(X_{1i}) + X_{2i}^3,$$

其中，$X_1, X_2 \sim U(0,20)$。请注意，模型的一般形式为：$y_i = \beta_0 + \sum_{k=1}^{K} f_K(X_{ki}) + \varepsilon_i$，且：

$$E\left(y_i = \beta_0 + \sum_{k \neq j}^{K} f_K(X_{ki}) | X_{ji}\right) = f_j(X_{ji}).$$

使用逆向拟合，我们可以迭代地估计加性函数。

(a) 运行一个以 $\boldsymbol{X}$ 和常数为自变量、y 为因变量的 OLS 回归，以生成起始值。

(b) 对每个 $j = 1, \ldots, K$，令：

$$f_k = \hat{\beta}_0 + \sum_{k \neq j} f_k.$$

使用核回归来估计 f_k。

(c) 迭代。使用 `while` 语句重复如上操作，直至两次迭代得到的 f_k 之间的差足够小。

第五部分

速度

10
快码佳编

这封信比平时长了一些，因为我没有时间写得更短了。

布莱斯·帕斯卡[1]

10.1 导言

到目前为止，我们在书中呈现的程序都以直观易读为目标，并没有刻意去追求运行速度。好消息是，MATLAB 语言提供了很多可以信手拈来的“小妙招”，帮助编程者写出效率更高的代码。作为本书的最后一部分，本章就来讨论一下如何利用一些小妙招来提高代码的运行速度。

需要指出的，编程者的编程决策跟经济学的最优选择一样，也面临着权衡取舍：编程者是该花很多编程时间推敲代码以提高程序的运行速度，从而节约程序运行的时间呢？还是该在编程时不花那么多的时间打磨代码的执行效率，但需要接受程序的运行时间比较长的事实？[2] 可见，编程时间和程序运行时间都是宝贵的。因此，本章将重点介绍如何在 MATLAB 中简单快捷地提高代码效率。当然，如果您愿意花费更多的编程时间打磨出运行速度 非常快 的代码，我们也会给出相关的指引。

10.2 巧妙地编程

为了提高程序运行速度，最容易的途径是：编程时要始终遵循如下几个基本的规则。既然是规则，就是要尽一切可能地遵循，况且这些规则执行起来并不麻烦。

10.2.1 矢量化和预分配

规则 *1*：你应该矢量化。从 MATLAB 的名字就可以看出，它天生就是用来做矩阵运算的，所以在设计 MATLAB 时，用上了很多巧妙的线性代数算法以提高它做矩阵运算的速度。因此，应该尽可能避免在 MATLAB 中使用循环语句，要善用矩阵运算来执行循环功能。如果可以一次性地对整个矩阵进行运算，就不要逐个元素地对矩阵进行运算。

---

[1] Pascal, B., *Provincial Letters: Letter XVI* (1656).

[2] 当然，这个问题的最优解取决于所编程序的运行频率：如果它只需要运行一次或少数几次，那么似乎就不需要花费很长时间来优化代码提高运行速度；如果它会被运行很多次，那就有必要花时间提高程序的效率了。

规则 2：如果必须要用循环，那么应该预分配。在本书的很多地方，当我们需要通过一个循环为一个矩阵赋值时，我们总是要首先初始化这个矩阵，即在循环开始之前就按照需要的行数和列数创建一个矩阵，并让它的每个元素的值都是 NaN。这样做是不是有点多此一举？难道不可以在执行循环时一行一行地增加矩阵的行数？回答很简单：预分配是为了节约时间。首先，临时增加矩阵的维度需要时间，因此，尽可能选定矩阵的维度，然后保持不变。其次，以逐段的方式创建的矩阵，在内存的存储空间可能是不连续的，也就是说，它可能会被分别存储在内存中许多不同的位置，那么后续对它的访问也会消耗不必要的时间。

为了说明这两个规则带来的好处，函数 TimeTests 以四种不同的方式创建矩阵，并使用 MATLAB 的 tic 和 toc 命令来计算各种操作所耗费的时间（感兴趣的读者不妨在命令行试验一下这两个命令的用法）。

TimeTests.m

```
function[ratio1, ratio2, ratio3] = TimeTests(n)
%-------------------------------------------------
% PURPOSE: Test performance of loops vs
%          vectorized code
%-------------------------------------------------
% INPUTS: n : The size of the vector that should
%             be filled
%-------------------------------------------------
% OUTPUT: ratio1 : ratio of using a row loop vs
%                  vectorizing
%         ratio2 : ratio of using a column loop
%                  vs vectorizing
%         ratio3 : ratio of a preallocated loop
%                  vs vectorizing
%-------------------------------------------------


%----- (1) Generate n x 1 vector of ones in 4
%          different ways --
tic; vectones = ones(n,1); vect=toc;

tic; for i=1:n
    rowloopones(1,i) = 1;
end; rowloop=toc;

tic; for i=1:n
    loopones(i) = 1;
end; loop=toc;

preloop = NaN(n,1);
tic; for i=1:n
    preloop(i) = 1;
```

```
end; prealloc = toc;

%----- (2) Calculate ratio of slow methods to
%          fast method -----
ratio1 = rowloop/vect;
ratio2 = loop/vect;
ratio3 = prealloc/vect;
return
```

TimeTests 以四种不同的方式构建一个元素都是 1 的 N 维向量：(1) vect，直接创建一个 $N \times 1$ 维的、元素都是 1 的向量（即矢量化方式）；(2) rowloop，通过行向量循环建立向量并赋值；(3) loop，通过列向量循环建立向量并赋值；(4) prealloc，首先为向量预分配出存储空间，然后通过向量循环为该向量赋值。

我们给向量维度 N 取一个很大的值，比如 $N = 1000000$，运行上述函数，得到：

```
>> [r1,r2,r3]=TimeTests(1000000);
>> [r1,r2,r3]

ans =

   90.9239 80.0123 22.9465
```

虽然 TimeTests 这个例子有些刻意为之，但它还是能传达出一个重要的信息：如果我们用矢量化替代简单的循环语句，代码运行速度可以提高 80 到 90 倍；如果我们用矢量化替代的循环语句在循环之前首先执行了预分配，那么代码运行速度的提高倍数将减少为 20 倍左右。[1]

10.2.2 稀疏矩阵

在这本书中，我们已经使用过 MATLAB 的与 sparse 相关的命令。这组命令帮助我们有效地处理包含了大量零元素的矩阵，通过 sparse 来告诉 MATLAB：仅存储矩阵中的非零元素。

在许多微观计量的计算中都可以看到“稀疏矩阵”的身影。比如，一组记录个体在一系列商品中选择购买的矩阵（这组商品中大多数都不会被选到），动态选择是不同时期之间状态转换矩阵（相对于各种可能状态的整体而言，个体只在相对较少的几种状态之间转换），以及我们经常会用到的单位矩阵（对角线以外的元素都是零）。

如何在编程时善用稀疏矩阵，以提高程序的运行速度、节约存储空间？幸运的是，在 MATLAB 中，这并不什么难事。下面的代码展示了在 MATLAB 中利用稀疏矩阵可以在节约内存空间和提高运行速度方面带来的改善。

[1]读者可能会问，为什么 MATLAB 处理列向量比处理行向量效率更高？这与它在内存中存储数组的方式有关。因此，我们又得出一条有用的通用规则：在使用 MATLAB 时，列向量应该比行向量更优先使用。

SparseTests.m

```
%-----(1) Set up test size, prefill results vector
N       = 1000;
Factor = NaN(N,2);

%-----(2) Test memory improvement of sparse v
%         non-sparse -----
for i = 1:N
    naive = eye(i);
    cool = speye(i);

    mem_n = whos('naive');
    mem_n = mem_n.bytes;
    mem_c = whos('cool');
    mem_c = mem_c.bytes;

    Factor(i,1) = mem_n/mem_c;
    clear naive cool
end

%----- (3) Test speed improvement of sparse v
%          non-sparse ------
for i = 1:N
    naive = eye(i);
    cool = speye(i);

    tic; inv(naive); n=toc;
    tic; inv(cool); c=toc;

    Factor(i,2) = n/c;
    clear naive cool
end

%----- (4) Graphical output ----------------------
subplot(2,1,1)
plot(1:N,Factor(:,1), 'LineWidth', 2)
xlabel('Size of Matrix (N\times N)',...
       'FontSize', 10)
ylabel('Proportional Saving in Memory',...
       'FontSize', 10)

subplot(2,1,2)
scatter(1:N, Factor(:,2), 'LineWidth',2)
xlabel('Size of Matrix (N\times N)',...
       'FontSize', 10)
ylabel('Proportional Saving in Time',...
       'FontSize', 10)
```

如图 10-1 所示，在程序中调用 `sparse` 相关的命令是很值得的：随着矩阵维度的递增，稀疏矩阵相较于非稀疏矩阵所带来的存储效率的提升也在线性递增，所带来的计算效率的提升也几乎是直线式地增加。

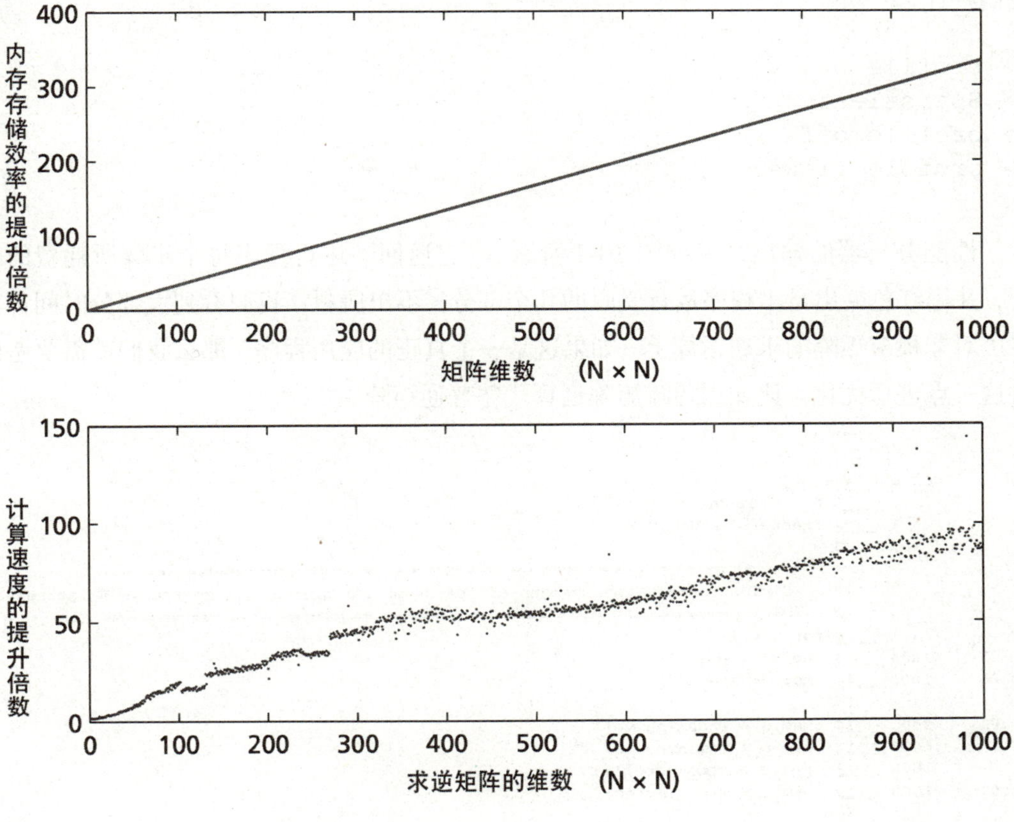

图 10-1 为什么要用稀疏矩阵?

尽管在创建稀疏矩阵时,必须使用与 `sparse` 相关的命令(例如上文中的 `speye`),但是稀疏矩阵一旦被创建出来，在对它们进行矩阵运算时使用的命令，就与普通矩阵运算所使用的命令相同了，此时并不需要特殊说明，Malab 就已经知道要按照稀疏矩阵来进行处理。例如，如果我们对稀疏矩阵进行 `sum` 运算，那么就会得到一个稀疏向量，它的元素数目等于原矩阵中非零列的数目。

10.2.3 代码的性能分析

在前文中的函数 `TimeTests` 里，我们在程序的不同位置使用 `tic` 和 `toc` 来报告代码运行所耗费的时间长短。我们常常需要对整个函数的运行进行监测，以发现哪一部分代码是制约整个函数运行效率提高的瓶颈。好消息是，此时我们并不需要在代码里置入太多计时器，MATLAB 为我们提供了一个名为 **profiler** 的工具，可以称之为性能分析器，其工作原理在本质上就是置入了一系列的 `tic` 和 `toc`。它会报告代码在每个点耗费的运行时间，提示哪些位置存在瓶颈，以及哪些地方需要我们格外留心。

我们不妨用性能分析器来分析上一节用过的 `SparseTests` 程序，看看它告诉会我们些什么：

```
>> profile on
>> SparseTests
>> profile off
>> profile viewer
```

性能分析器的输出结果如图 10-2 所示。[1] 它返回了运行程序每个步骤所耗费的时间，并用红色突出显示程序运行受阻的几个部分。不出所料，我们看到大部分时间都花在了对非稀疏矩阵的求逆运算上。如果这是一个真正的应用程序，那么我们就需要考虑对这一点进行优化（比如用稀疏矩阵运算代替普通矩阵）。

```
 time    calls  line
             1    6 N    = 1000;
             1    7 Fxactor   = NaN(N,2);
                  8
                  9 % =========================================================
                 10 %  (2) Test memory improvement of sparse matrix versus non-sparse as N increases
                 11 % =========================================================
             1   12 for i = 1:N
  0.27    1000   13  naive = eye(i);
 <0.01    1000   14  cool = speye(i);
                 15
 <0.01    1000   16  mem_n = whos('naive');
          1000   17  mem_n = mem_n.bytes;
          1000   18  mem_c = whos('cool');
 <0.01    1000   19  mem_c = mem_c.bytes;
                 20
 <0.01    1000   21  Factor(i,1)= mem_n/mem_c;
  0.06    1000   22  clear naive cool
          1000   23 end
                 24
                 25 % =========================================================
                 26 %  (3) Test time improvement for sparse versus non-sparse
                 27 % =========================================================
             1   28 for i = 1:N
  1.06    1000   29  naive = eye(i);
  0.02    1000   30  cool = speye(i);
                 31
 26.04    1000   32          tic; inv(naive); n=toc;
  0.39    1000   33          tic; inv(cool); c=toc;
                 34
 <0.01    1000   35          Factor(i,2) = n/c;
  0.38    1000   36          clear naive cool
          1000   37 end
```

图 10-2 MATLAB 的性能分析窗口

[1] 此外，它还返回了一个逐行的函数列表，但在这里我们只关注图形输出，对其他输出也感兴趣的读者不妨自行关注。

10.2.4 等待

在前面几节里，我们一直认为代码不仅应该被不断优化，而且能够被不断优化。然而事实经常是，即使我们已经竭尽全力对代码进行优化了，可是仍然在相当多的情况下并不能立等可取程序运行的结果，很多程序的运行时间仍然相当漫长。此时，我们只能在运行程序的同时，先去做其他事情，并希望在程序运行结束时，MATLAB 能够以某种方式通知我们。好消息是，内置命令 `sendmail` 就可以完成这个任务：它允许 MATLAB 直接向您的收件箱发送电子邮件，甚至可以将运行结果作为附件一同发送。

`sendmail` 命令使用起来很简单，它只需要一个收件人的电子邮件地址，如果需要，还可以设置主题、消息和附件。然而，如果你的电子邮件发送服务器需要密码，那么就需要再格外处理一些细节问题，函数 `MailResults` 就是帮 `sendmail` 处理这些细节的，它包含了对电子邮件首选项的设置，可用于在程序运行结束时通知自己。

MailResults.m

```
function MailResults(ResultsLabel, MatrixOut,...
YourEmail);
%-------------------------------------------------
% PURPOSE: Sends an email once containing
%          MATLAB's results
%-------------------------------------------------
% INPUTS: ResultsLabel : The name of the results
%                        matrix
%          MatrixOut: A results matrix to send
%          YourEmail: Your email address (in
%                     single quotes)
%-------------------------------------------------
% OUTPUT: none
%-------------------------------------------------

%----- (1) Basic Email Preferences --------------
mail = 'MyEmailAddress@MyMailProvider.com';
password = 'MyPassword';

%----- (2) Advanced settings --------------------
setpref('Internet','SMTP_Server',...
'smtp.MyMailProvider.com');
setpref('Internet','E_mail',mail);
setpref('Internet','SMTP_Username',mail);
setpref('Internet','SMTP_Password',password);
props = java.lang.System.getProperties;
props.setProperty('mail.smtp.auth','true');
props.setProperty('mail.smtp.socketFactory.class',...
'javax.net.ssl.SSLSocketFactory');
props.setProperty('mail.smtp.socketFactory.port',...
```

```
'465');

%----- (3) Send email along with time spent
%          running program -------
MyToc = toc;
dlmwrite('MatlabResults.csv', MatrixOut,...
'precision','%10.10f')
sendmail(YourEmail,ResultsLabel,...
strcat('toc = ', num2str(MyToc)),...
'MatlabResults.csv')

return
```

这里要注意的是，在以上代码中将有关邮件地址、密码以及服务器设置等根据您自己的邮件服务商提供的具体信息加以替换。一切就绪后，我们可以通过在 MATLAB 的命令行中运行以下代码来试用：

```
>> tic;
>> matrix = magic(10);
>> MailResults('magicmatrix', matrix,...
   'MyEmailAddress@MyMailProvider.com')
```

试试看，您的收件箱中是不是可以收到这个“神奇”的运行结果？

10.3 并行计算

所谓并行计算，简而言之，就是允许将一个计算密集的大型任务分解成多个独立运行的分块。常见的应用场景有蒙特卡洛模拟以及那些由多个彼此独立的运算过程构成的应用。

现代计算机通常包括多个集成处理器，即 CPU。MATLAB 在进行计算和模拟时，这些 CPU 就是执行主力。我们可以用如下语句检查我们的计算机有几个 CPU 内核：

```
>> feature('numCores')

ans =

    12
```

我们可以明确地给 MATLAB 下达指令，要求它使用多个 CPU 执行运算，在大部分情况下，这会大大加快计算速度。好消息是，只要我们的 MATLAB 中安装了并行计算工具箱，那么 MATLAB 就可以非常容易地执行并行计算了，简单到只需要用 `parfor` 循环语句替代 `for` 循环语句就可以了！下面的代码提供了一个简单的例子，并演示了一些常见的陷阱。

ParforBasics.m

```
%----- (1) Basic illustration of parfor ---------
matlabpool open
tic
parfor count = 1:12
    count
    pause(1)
end
toc

%----- (2) consider a problem that is not
%          parallelizable -----
fibonacci     = zeros(15, 1);
fibonacci(1) = 1;
fibonacci(2) = 1;

for c = 3:size(fibonacci, 1)
    c
    fibonacci(c) = fibonacci(c - 1) + ...
                   fibonacci(c - 2);
end

%--- (3) this IS parallelizable, but needs
%        careful construction -----
%MyObviousMatrix   = NaN(10, 2);
MyObviousMatrix1 = NaN(10, 1);
MyObviousMatrix2 = NaN(10, 1);

parfor count = 1:10
    count
    %MyObviousMatrix(count, 1) = 1;
    %MyObviousMatrix(count, 2) = 2;

    MyObviousMatrix1(count) = 1;
    MyObviousMatrix2(count) = 2;
end
MyObviousMatrix = [MyObviousMatrix1,
MyObviousMatrix2];

return
```

命令 matlabpool open 告诉 MATLAB 要同时使用多个 CPU 核展开运算。在本书写作时所使用的电脑上，我们正在使用 12 个核。在上述代码的第 (1) 部分，我们使用了一个 parfor 循环，要求计算机执行 12 次循环，每次循环只执行一个任务：暂停一秒钟。如果程序以非并行的方式运行，当然需要大约 12 秒；然而，我们使用的是 parfor 循环，就只需要一秒钟，因为每个 pause 都被发送到一个单独的 CPU。

代码的第（2）和第（3）部分展示了某些*无法使用*并行编程的情况。因为 `parfor` 是把一个循环分割成多个分任务在多个 CPU 上分别执行，所以，如果随着循环的递进需要进行信息的传递，并行计算无法做到这一点。简言之，并行计算只能适用于“可并行化”的问题，即它需要能被分割成多个小块问题，而且每个小块分别运算完毕之后才进行整合。但上述代码在计算 Fibonnaci 序列时，每次计算都建立在之前两次计算结果的基础上，因此这一计算是*顺序*进行的，是不可并行化的。

在微观计量经济学中存在一些很容易被并行化处理的问题。以自举（bootstrap）算法为例。它就很适合用 `parfor` 循环来实现。让它执行的每个循环，都是完成一部分的自举抽样的任务，在所有循环都结束后，汇总所有的运行结果并计算最终的标准误差。不妨用我们熟悉的数据集 `auto.csv` 来试验一下。代码 `BootstrapOLS.m` 通过对线性模型进行自举抽样来估计标准误差。程序表明，虽然引入并行计算需要付出一点代价，但是它的确让程序的计算速度有了一定的提高。[1]

BootstrapOLS.m

```
clear
rng(1)

if matlabpool('size') == 0
    matlabpool(4)
end

%--(1) Open regression data --------------------
DataIn = dlmread('auto.csv');
X = DataIn(:, 2:3);
X = [X, ones(74, 1)];
y = DataIn(:, 1);
N = size(X, 1);

[Beta, se] = regress(y, X);
[Beta, se]

%--(2) Bootstrap standard errors (100,000
%      draws) ----
reps          = 100000;
BootstrapBeta = NaN(reps, 3);

tic
parfor count = 1:reps
    MyIndex   = randi(N, N, 1);
    BootX     = X(MyIndex, :);
    BootY     = y(MyIndex, :);

```

[1] 如果我们想将其与 Stata 进行比较，可以键入：`bootstrap, reps(10000):reg mpg price weight`。

```
    BootstrapBeta(count, :) = [regress(BootY,...
                                       BootX)]';
end
toc

[Beta, se, mean(BootstrapBeta)',...
 std(BootstrapBeta)']
```

10.4 使用 GPU 进行并行计算

我们刚刚看到：MATLAB 将一个大任务拆分为多个较小的任务，然后采取并行计算的方式运行这些小任务。这有效地节约了运行时间，但是，我们还可以做得更好！在上一节中，我们使用了 12 个核。如果我们能将其增加到 20、100 甚至 1000 个核，那不是很酷吗？

虽然在一台个人电脑上安装 1000 个 CPU（中央处理器）不太可行，但是它的 GPU（图形处理单元）里却包含了许多小型处理器，系统要用这些小处理器并行地进行像素渲染。这对于像我们这样的人而言是个好消息，因为我们可以“诱骗”这些小型处理器来处理数字而不是像素，从而帮我们处理微观计量经济分析中的并行计算任务。GPU 上的并行计算现在被用于包括经济学在内的很多领域。相关此类计算的示例，请参见 Aldrich (2011)。

MATLAB 构建了大量帮助用户利用 GPU 进行计算的函数。要使用这些 GPU 函数，我们需要两个东西：（1）一个能处理这些计算的 GPU，以及（2）MATLAB 的并行计算工具箱。到本书撰写时为止，MATLAB 只允许用户使用 NVIDIA 品牌的 CUDA GPU。这是一种非常常见的 GPU 类型，您的计算机中安装的可能就是这种类型的 GPU，可以在 MATLAB 命令行中键入 `gpuDevice` 来查看。如果你的电脑同时安装了工具箱和 NVIDIA GPU，你应该会看到以下信息：[1]

```
>> gpuDevice

ans =

  CUDADevice with properties:
                      Name: 'GeForce GT 630M'
                     Index: 1
         ComputeCapability: '2.1'
            SupportsDouble: 1
```

[1] 如果您安装了 Parallel Computing Toolbox，但没有安装 NVIDIA GPU（或未安装适当的软件），您将看到类似以下的提示：“`Error using gpuDevice (line 26). There is a problem with the CUDA driver associated with this GPU device.`”。如果您没有安装 Parallel Computing Toolbox，您将看到提示“`Undefined function or variable 'gpuDevice'.`”。

```
           DriverVersion: 5.5000
          ToolkitVersion: 5
```

如果用户的计算机已经达到了上述硬件和软件的要求，那么接下来的工作就相对容易了。就像 MATLAB 使用 sparse 命令一样，它的 GPU 命令也需要首先定义不同类型的矩阵，然后普通的 MATLAB 命令就能够知道我们正在处理的是 GPU 计算。本质上，我们是让 MATLAB 向 GPU 发送一个矩阵，在那里（以并行方式）运行计算，然后把处理好的信息从 GPU 传回到 CPU。以下代码将随机抽样的向量传递给 GPU，获取每行的平均值，然后将其返回：

```
>> N      = 10000;
>> GM     = gpuArray(rand(N));
>> tic; Gmean = mean(GM); G=toc
G =
   9.500e-04

>> Gback = gather(Gmean);
```

现在，让我们在不使用 GPU 的情况下试试完成同样的事情：

```
>> CM     = rand(N);
>> tic; Cmean = main(CM); C=toc

C =
    0.0439

>> ratio = C/G

ratio =
      46.4349
```

这个非常简单的计算表明，我们已经通过使用 GPU 将速度提高了大约 45 倍（尽管这会随着使用的 GPU 类型和可用内核数量的不同而变化很大）。最后，如果我们看看这些变量的类型，我们将会明白 GPU 数组与正常变量的区别：

```
>> whos
  Name      Size           Bytes   Class        Attributes

  C         1x1                8  double
  CM 10000x10000 800000000  double
  G         1x1                8  double
  GM 10000x10000           108  gpuArray
  Gback  1x10000         80000  double
  Gmean  1x10000           108  gpuArray
  N         1x1                8  double
  Cmean  1x10000         80000  double
  ratio  1x1                   8  double
```

现在有了一个新的矩阵类型 gpuArray，这类矩阵会被传递给 GPU，然后使用命令 gather 从 GPU 取回的数据，就变回正常的双精度数字构成的向量。

在结束对 GPU 的讨论之前，需要再强调一下：工具的适用度，完全取决于需要解决的任务。如下函数 GPUExample 运行一个相对简单的任务：分别在 GPU 和 CPU 上计算 $(\boldsymbol{X}'\boldsymbol{X})^{-1}\boldsymbol{X}'\boldsymbol{y}$。

GPUexample.m

```
function Betas = GPUExample(N,k,method)
%-------------------------------------------------------
% PURPOSE: Creates and inverts matrices using GPU
%          computing
%-------------------------------------------------------
% INPUTS:       N: The number of rows in the X
%                  and y matrices
%               k: The number of columns in the
%                  X matrix
%          method: calculation method. Must be
%                  'GPU' or 'CPU'
%-------------------------------------------------------
% OUTPUT: Betas : result of inv(X'X)*(X'y)
%-------------------------------------------------------

if method=='GPU'
   X = gpuArray(rand(N,k));
   y = gpuArray(rand(N,1));
elseif method=='CPU'
   X = rand(N,k);
   y = rand(N,1);
end
tic
Betas = mldivide((X'*X),(X'*y));
toc
return
```

我们会发现，这个函数在 GPU 上运行的时间比在 CPU 上运行的要长。

```
>> GPUExample(1000,3,'GPU')
Elapsed time is 0.000845 seconds.

ans =

    0.3274
    0.2976
    0.3014

>> GPUExample(1000,3,'CPU')
Elapsed time is 0.000155 seconds.
```

```
ans =

    0.3274
    0.2976
    0.3014
```

10.5 其他技巧

本章的主题是如何提高 MATLAB 代码的运行速度。到目前为止，本章介绍的都是“低成本”的方法。在结束本章之前，我们再来列出几个比较复杂的方法，供感兴趣的读者自行搜索相关资料加以学习和探索。

首先，您可以使用 MATLAB 的 MEX 文件。这类文件使得 MATLAB 能够运行用 Fortran 或 C/C++ 编写的代码，或者说，这类文件使得用 Fortran 或 C/C++ 编写的代码能够像“插件”一样被嵌入 MATLAB 语言。这既方便了 MATLAB 对“插件”调用的灵活性，又保持了 Fortran 或 C/C++ 代码的运行速度。尽管这的确可以加强程序的运行效率，但是，为了能够驾驭这种工具，用户需要付出学习成本以掌握 Fortran 或 C/C++ 的语法。这是一件不得不加以权衡的问题。

其次，您可以考虑在线云计算。在本章中，我们提到了使用 parfor 和使用计算机的 GPU 进行并行计算。然而，这两者都受到个人电脑硬件的固有限制。如果需要利用巨大数量的核展开计算，那么可以考虑利用最新推出的云计算。云计算使用的不是用户本地机器的核，而是通过登录云计算的网站，获得该网站为用户提供的权限，使用“虚拟核”运行用户自己的代码。这是一种基础设施，用户通过它就可以使用几乎不限制数量的、位于“云上”的核，程序运行结束时退出登录就可以了。这尤其适用于临时需要进行一次性的、大规模计算的场景。目前提供云计算的服务商有两个，一个是亚马逊 EC2，[1] 另一个是 PiCloud。二者都可以与 MATLAB 配合使用，而且在 MATLAB 网站上，还提供了与亚马逊 EC2 相关的文档。

[1]亚马逊 EC2，又被称为亚马逊弹性计算云，是云计算领域的领导者，提供可按小时租用的计算资源。

11
行稳致远

现在这还不是结束，这甚至不是结束的开始，但这也许是开始的结束。

温斯顿·丘吉尔[1]

上船，上船，你船上的帆已经鼓满了风，真正的研究在等你！

本书介绍了 Matlab 的基础知识，但是请不要忘记，我们的目的是作出有经济理论支撑的经验研究。为了实现这个目标，我们需要具备：有趣的想法、能够刻画这个想法的数学模型、能够求解和估计这个模型的工具与方法。学习了本书所介绍的工具与方法，最终是为了帮助读者作出自己的研究。在本书的最后，我们给出作研究的基本步骤，供读者参考：

(i) 在真实世界中找到值得研究的问题。本书中大量使用了模拟出来的数据，它们是出于教学的目的而虚构出来的场景。一旦开始作真正的研究，我们面对的就是来自真实世界的数据，要利用我们所学去探索现实中真正存在着的某种关联。要想作出有经济理论支撑的经验研究，我们将会遇到的最大挑战是：面对这个各种关联交织在一起的错综复杂的真实世界，该如何建立与研究问题相对应的理论模型？我们无法照搬教科书中的标准模型，因为现实数据所蕴含的经验场景与标准的理论场景之间，既会有相同的部分，又会有不能完全一一对应的部分。

(ii) 自己动手构建理论模型，并把它编成 Matlab 函数。理论模型与函数代码一定要去繁就简，尽量作到简洁高效。随着研究的展开，事情必然会变得越来越复杂。

(iii) 选择估计方法（最大似然、最大模拟似然、广义矩方法、线性规划，等等）。因为估计过程也是求解有约束的最优化问题的过程，所以需要定义相应的目标函数，并把它编成 Matlab 函数。

(iv) 模拟、模拟、模拟。模拟的作用至少有三个：通过模拟来调试代码，确保它逻辑正确；通过模拟来检验理论模型，确保它准确传递了建模者的想法；通过模拟来生成大型数据集，进而对这些模拟数据进行估计，确保估计方法能够重现模型参数的取值。

---

[1]Churchill, W., *The End of the Beginning*, The Lord Mayor's Luncheon, Mansion House (1942).

(v) 终于万事俱备了，拿到真实世界的数据后，开始执行估计吧。虽然选择研究问题、建立理论模型、选择估计方法、调试 MATLAB 代码等各项繁杂的准备工作都已各就各位，但是在真正执行估计的时候，也一定要作到谨小慎微、时时检视。应该避免试图一蹴而就、一锤定音的诱惑，不要指望运行一次估计量就可以大功告成。正确的作法是：首先检查估计量是否能在参数空间的某个限定区域中返回合理的结果，然后再逐渐扩大范围进行更广泛的搜索。在从真实数据中成功地得到参数的估计值之后，还要使用这些参数值对模型执行模拟和估计，确保一切顺畅。

(vi) 再思考、再精练、再修改，再来一遍。

如果你没能体会到乐趣，那一定是有些事情你还没做对。

马克斯[1]

[1]译者注：原书中此句引文标记的作者为 Marx，但并未标记引文出处。中文读者看到“Marx”，往往会认为这可能是指“卡尔·马克思”，但这句引文实则是来自一位名叫 Groucho Marx 的演员。为免歧义，此处音译为“马克斯”。

参考文献

[1] Acemoglu, D. (2008). *Introduction to Modern Economic Growth*. Princeton, New Jersey: Princeton University Press.

[2] Adda, J., and Cooper, R. (2000). Balladurette and Juppette: A Discrete Analysis of Scrapping Subsidies. *Journal of Political Economy*, 108(4), 778–806.

[3] Adda, J., and Cooper, R. (2003). *Dynamic Economics*. Cambridge, Massachusetts: MIT Press.

[4] Aldrich, E. M., Fernández-Villaverde, J., Ronald Gallant, A., and Rubio-Ramírez, J. F. (2011). Tapping the Supercomputer Under Your Desk: Solving Dynamic Equilibrium Models with Graphics Processors. *Journal of Economic Dynamics and Control*, 35(3), 386–93.

[5] Bajari, P., Hong, H., Krainer, J., and Nekipelov, D. (2010). Estimating Static Models of Strategic Interactions. *Journal of Business & Economic Statistics*, 28(4).

[6] Bellman, R. (1957). *Dynamic Programming*. Princeton, New Jersey: Princeton University Press.

[7] Berry, S. T. (1992). Estimation of a Model of Entry in the Airline Industry. *Econometrica*, 889–917.

[8] Bond, S., and Söderbom, M. (2005). Adjustment Costs and the Identification of Cobb Douglas Production Functions. Economics Papers 2005-W04, Economics Group, Nuffield College, University of Oxford.

[9] Bowman, A. W., and Azzalini, A. (1997). *Applied Smoothing Techniques for Data Analysis: The Kernel Approach with S-Plus Illustrations*. Oxford: Oxford University Press.

[10] Bresnahan, T. F., and Reiss, P. C. (1990). Entry in Monopoly Markets. *The Review of Economic Studies*, 57(4), 531–53.

[11] Bresnahan, T. F., and Reiss, P. C. (1991a). Empirical Models of Discrete Games. *Journal of Econometrics*, 48(1), 57–81.

[12] Bresnahan, T. F., and Reiss, P. C. (1991b). Entry and Competition in Concentrated Markets. *Journal of Political Economy*, 977–1009.

[13] Cameron, A. C., and Trivedi, P. K. (2005). *Microeconometrics: Methods and Applications*. New York: Cambridge University Press.

[14] Casella, G., and Berger, R. L. (2002). *Statistical Inference*. Pacific Grove, California: Duxbury Press/Thomson Learning, 2 edn.

[15] Ciliberto, F., and Tamer, E. (2009). Market Structure and Multiple Equilibria in Airline Markets. *Econometrica*, 77(6), 1791–828.

[16] Collard, F. (2013). Dynamic Programming. URL http://fabcol.free.fr/pdf/lectnotes7.pdf.

[17] de Paula, A., and Tang, X. (2012). Inference of Signs of Interaction Effects in Simultaneous Games with Incomplete Information. *Econometrica*, 80(1), 143–72.

[18] Delgado, M. A., and Robinson, P. (1992). Nonparametric and Semiparametric Methods for Economic Research. *Journal of Economic Surveys*, 3, 201–49.

[19] Dixit, A. K. (1990). *Optimisation in Economic Theory*. Oxford: Oxford University Press.

[20] Eisenhauer, P., Heckman, J. J., and Mosso, S. (2014). Estimation of Dynamic Discrete Choice Models by Maximum Likelihood and the Simulated Method of Moments. NBER Working Paper 20622, National Bureau of Economic Research.

[21] Fafchamps, M., McKenzie, D., Quinn, S., and Woodruff, C. (2014). Microenterprise Growth and the Flypaper Effect: Evidence from a Randomized Experiment in Ghana. *Journal of Development Economics*, 106, 211–26.

[22] Fan, J., and Gijbels, I. (1996). *Local Polynomial Modelling and its Applications*. London: Chapman and Hall.

[23] Friedman, J. (1984). A Variable Span Scatterplot Smoother. Tech. Rep. 5, Stanford University.

[24] Geweke, J., Keane, M. P., and Runkle, D. (1994). Alternative Computational Approaches to Inference in the Multinomial Probit Model. *The Review of Economics and Statistics*, 76(4), 609–32.

[25] Gole, T., and Quinn, S. (2014). Committees and Status Quo Bias: Structural Evidence from a Randomized Field Experiment. University of Oxford Department of Economics Discussion Paper, No. 733.

[26] Gourieroux, C., and Monfort, A. (1997). *Simulation-Based Econometric Methods*. Oxford: Oxford University Press.

[27] Grieco, P. L. (2014). Discrete Games with Flexible Information Structures: An Application to Local Grocery Markets. *The RAND Journal of Economics*, 45(2), 303–40.

[28] Hahn, B., and Valentine, D. (2013). *Essential MATLAB for Engineers and Scientists*. Waltham, Maryland: Academic Press/Elsevier, 5 edn.

[29] Hall, A. R. (2005). *Generalized Method of Moments. Advanced Texts in Econometrics*. Oxford: Oxford University Press.

[30] Hansen, L. P. (1982). Large Sample Properties of Generalized Method of Moments Estimators. *Econometrica*, 50(4), 1029–54.

[31] Härdle, W. (1991). *Applied Nonparametric Regression*. Cambridge: Cambridge University Press.

[32] Härdle, W., and Linton, O. (1994). *Handbook of Econometrics*, vol. 4, chap. Applied Nonparametric Methods, pp. 2295–339. Amsterdam: Elsevier.

[33] Härdle, W., Hall, P., and Ichimura, H. (1993). Optimal Smoothing in Single-Index Models. *Annals of Statistics*, 21(1), 157–78.

[34] Härdle, W., Werwatz, A., Müller, M., and Sperlich, S. (2004). *Nonparametric and Semiparametric Models*. Berlin Heidelberg: Springer.

[35] Hastie, T., and Tibshirani, R. (1990). *Generalized Additive Models*. London: Chapman and Hall.

[36] Heckman, J. J. (1978). Dummy Endogenous Variables in a Simultaneous Equation System. *Econometrica*, 931–59.

[37] Heckman, J. J., Ichimura, H., and Todd, P. (1998). Matching as an Econometric Evaluation Estimator. *Review of Economic Studies*, 65, 261–94.

[38] Hodges, J. L., and Lehmann, E. L. (1956). The Efficiency of Some Nonparametric Competitors of the t-Test. *Annals of Mathematical Statistics*, 27, 324–35.

[39] Horowitz, J. (1992). A Smoothed Maximum Score Estimator for the Binary Response Model. *Econometrica*, 60, 505–31.

[40] Ichimura, H. (1993). Semiparametric Least Squares (SLS) and Weighted SLS Estimation of Single-Index Models. *Journal of Econometrics* 58, 71–120.

[41] Ichimura, H., and Todd, P. (2007). *Handbook of Econometrics*, vol. 6B, chap. Implementing Non-parametric and Semiparametric Estimators, pp. 5369–468. Elsevier.

[42] Judd, K. L. (1998). *Numerical Methods in Economics*. Cambridge, Massachusetts: MIT Press.

[43] Keane, M., and Wolpin, K. (1994). The Solution and Estimation of Discrete Choice Dynamic Programming Models by Simulation and Interpolation: Monte Carlo Evidence. *The Review of Economics and Statistics*, 76(4), 648–72.

[44] Keane, M. P., and Wolpin, K. I. (1997). The Career Decisions of Young Men. *Journal of Political Economy*, 105(3), 473–522.

[45] Klein, R., and Spady, R. (1993). An Efficient Semiparametric Estimator for Binary Response Models. *Econometrica*, 61, 387–421.

[46] Laibson, D. (1997). Golden Eggs and Hyperbolic Discounting. *Quarterly Journal of Economics*, 112(2), 443–77.

[47] Li, Q., and Racine, J. (2006). *Nonparametric Econometrics: Theory and Practise*. Princeton, New Jersey: Princeton University Press.

[48] Linton, O., Chen, R., Wang, N., and Härdle, W. (1997). An Analysis of Transforms for Additive Nonparametric Regression. *Journal of the American Statistical Association*, 92, 1512–21.

[49] Ljungqvist, L., and Sargent, T. J. (2000). *Recursive Macroeconomic Theory*. Cambridge, Massachusetts: MIT Press, 2 edn.

[50] Loftsgaarden, D. O., and Queenberry, C. P. (1965). A Nonparametric Density Function. *Annals of Mathematical Statistics*, 36, 1049–51.

[51] Manski, C. (1975). Maximum Score Estimation of the Stochastic Utility Model of Choice. *Journal of Econometrics*, 3, 205–28.

[52] McFadden, D. (1974). The Measurement of Urban Travel Demand. *Journal of Public Economics*, 3(4), 303–28.

[53] McFadden, D. L. (2000). Economic Choices. Nobel Prize in Economics documents 2000-6, Nobel Prize Committee.

[54] Michie, D. (1968). 'Memo' Functions and Machine Learning. *Nature*, 218(5136), 19–22.

[55] Morris, S., and Shin, H. S. (2003). Global Games: Theory and Applications. *Econometric Society Monographs*, 35, 56–114.

[56] Nadaraya, E. A. (1964). On Estimating Regression. *Theory of Probability and Its Applications*, 9, 141–2.

[57] Pagan, A., and Ullah, A. (1999). *Nonparametric Econometrics*. Cambridge: Cambridge University Press.

[58] Parzen, E. (1962). On the Estimation of a Probability Density Function and Mode. *Annals of Mathematical Statistics*, 33, 1065–76.

[59] Powell, J. (1994). *Handbook of Econometrics*, chap. Estimation of Semiparametric Models, pp. 291–316, 75. Amsterdam: Elsevier.

[60] Powell, J., Stock, J., and Stoker, T. (1989). Semiparametric Estimation of Index Coefficients. *Econometrica*, 57(6), 1403–30.

[61] Ramsey, F. P. (1928). A Mathematical Theory of Saving. *The Economic Journal*, 38(152), 543–59.

[62] Robinson, P. M. (1988). Root-N-Consistent Semiparametric Regression. *Econometrica*, 56(4), 931–54.

[63] Rosenblatt, M. (1956). Remarks on Some Nonparametric Estimators of a Density Function. *Annals of Mathematical Statistics*, 27, 832–7.

[64] Rust, J. (1994a). Estimation of Dynamic Structural Models, Problems and Prospects: Discrete Decision Processes. Proceedings of the 6th World Congress of the Econometric Society. Cambridge University Press.

[65] Rust, J. (1994b). *Handbook of Econometrics*, vol 4, chap. Structural Estimation of Markov Decision Processes, pp. 3081-143. Amsterdam: Elsevier.

[66] Rust, J. (2000). Parametric Policy Iteration: An Efficient Algorithm for Solving Multidimensional DP problems. Mimeo, University of Maryland.

[67] Sargent, T., and Stachurski, J. (2013). Quantitative Economics. URL http://quant-econ.net/.

[68] Silverman, B. (1986). *Density Estimation for Statistics and Data Analysis*. London: Chapman and Hall.

[69] Stachurski, J. (2009). *Economic Dynamics: Theory and Computation*. Cambridge, Massachusetts: MIT Press.

[70] Stoker, T. (1986). Consistent Estimation of Scaled Coefficients. *Econometrica*, 54, 1461-81.

[71] Stokey, N., and Lucas, R. (1989). *Recursive Methods in Economic Dynamics*. Cambridge, Massachusetts: Harvard University Press.

[72] Sweeting, A. (2009). The Strategic Timing Incentives of Commercial Radio Stations: An Empirical Analysis Using Multiple Equilibria. *RAND Journal of Economics*, 40(4), 710-42.

[73] Tamer, E. (2003). Incomplete Simultaneous Discrete Response Model with Multiple Equilibria. *Review of Economic Studies*, 70, 147-65.

[74] Todd, P., and Wolpin, K. I. (2006). Assessing the Impact of a School Subsidy Program in Mexico: Using a Social Experiment to Validate a Dynamic Behavioral Model of Child Schooling and Fertility. *American Economic Journal*, 96(5), 1384-417.

[75] Train, K. E. (2009).*Discrete Choice Methods with Simulation*. Cambridge: Cambridge University Press.

[76] Wan, Y., and Xu, H. (2014). Semiparametric Identification of Binary Decision Games of Incomplete Information with Correlated Private Signals. *Journal of Econometrics*, 182(2), 235-46.

[77] Watson, G. (1964). Smooth Regression Analysis. *Sankhya Series A*, 26, 359-72.

[78] Wolpin, K. I. (1984). An Estimable Dynamic Stochastic Model of Fertility and Child Mortality. *Journal of Political Economy*, 92(5), 852–74.

[79] Wolpin, K. I. (2013). *The Limits of Inference Without Theory*. Cambridge, Massachusetts: MIT Press, 2 edn.

[80] Wooldridge, J. M. (2010). *Econometric Analysis of Cross Section and Panel Data*. MIT Press, 2 edn.

[81] Xu, H. (2014). Estimation of Discrete Games with Correlated Types. *The Econometrics Journal*, 17(3), 241–70.

[82] Yatchew, A. (2003). *Semiparametric Regression for the Applied Econometrician*. Cambridge: Cambridge University Press.

译后记

- 本书作者在全书最后引用了 Groucho Marx 的一句话，并将其单独成页：“如果你没能体会到乐趣，那一定是有些事情你还没做对。”如此安排深意何在？
- 2011 年，复旦大学宋铮老师及其合作者的论文《中国式增长》发表在《美国经济评论》上[1]，激发了国内学者使用 结构 模型的方法解释中国 宏观 经济现象的热情。
- 近年来，越来越多的经济学家开始用 结构 方法解释中国的 微观 经济现象。
  - 2019 年第 1 期，《经济资料译丛》，美国克拉克大学经济系教授张俊富的论文《模型在微观实证研究中的作用——以城市和区域经济学为例》，呼吁国内的经济学研究者使用结构方程的方法开展微观经济应用研究。
  - 2021 年，复旦大学陈钊、刘志阔两位老师及其杜克大学经济系的合作者的论文《中国通过削减企业所得税鼓励企业进行研发投资》发表在《美国经济评论》上[2]。
  - 2023 年 12 月 3 日，在第二十三届中国经济学年会上，北京大学博雅特聘教授、北京大学国家发展研究院教授、《经济学》(季刊)执行主编易君健以“结构方程计量经济学：回顾与在中国应用的展望”为题发表主旨演讲。
- 可是，作为初学者，该从哪里开始？本书提供了一个不错的入口。如果读者能够从中体会到结构方程计量模型的乐趣，那一定是这本书做对了一些事情。
- 感谢东北财经大学出版社李季老师一直以来给我们的信任和支持。
- 译本中的错漏之处，恳请各位老师和同学及时指出，联系邮箱：d.p.f@163.com。

段鹏飞 冯文成

2024 年 1 月

[1]Song, Zheng, Kjetil Storesletten, and Fabrizio Zilibotti. 2011. "Growing Like China." *American Economic Review*, 101 (1): 196-233.

[2]Chen, Zhao, Zhikuo Liu, Juan Carlos Suárez Serrato, and Daniel Yi Xu. 2021. "Notching R&D Investment with Corporate Income Tax Cuts in China." *American Economic Review*, 111 (7): 2065-2100.